Electra versus C

Iki Freud

Electra versus Oedipus

Het drama van de moeder-dochterrelatie

Van Gennep 2002

Vijfde, geheel herziene druk

Nieuwezijds Voorburgwal 330, 1012 RW Amsterdam
Binnenwerk Hannie Pijnappels, Amsterdam
Ontwerp omslag Jolijn van de Wouw
Afbeelding omslag Bavaria Bildagentur, München
Foto auteur Jutka Halberstadt
ISBN 90-5515-283-8 / NUGI 711

Inhoud

Voor mijn dochter Jutka H.

Woord vooraf

Dit is een boek over vrouwen, dat hopelijk leidt tot beter inzicht in de materie betreffende moeders en dochters. In de veertig jaar ervaring, opgedaan als psychoanalytica, was een heroriëntatie op de vrouwelijke ontwikkeling voor mij steeds duidelijker onontkoombaar. Het resultaat van mijn overpeinzingen was *Electra versus Oedipus*, voor het eerst uitgekomen in 1997.

In mijn proefschrift, in 1979 gepubliceerd bij de Arbeiderspers als *Het sadomasochisme. Proust en Freud*, beschreef ik mijn ervaringen met perversies, die ik door de schrijver Marcel Proust beter had leren begrijpen. In dat boek ging het over de verwrongen relaties die mannen met hun moeder kunnen hebben. Langzamerhand begon het me steeds meer op te vallen dat vrouwen nog veel vaker in de betrekkingen met hun moeder verstrikt zijn. Bij hen leidt dit echter niet tot seksuele perversies, ze hebben er alleen maar last en geen plezier van.

Deze verknoopte moeder-dochterrelaties zetten me aan het denken over de theorie en wat daarin niet klopte. Was het Oedipuscomplex, zoals dat bijna een eeuw lang gehanteerd werd en inmiddels gepopulariseerd is, wel zonder meer van toepassing op de vrouw? Zoekt een vrouw een man uit die op haar vader lijkt, omdat ze als klein meisje al verliefd was op deze eerste held in haar leven? Dat zou volgen uit de sjablone: een jongetje is verliefd op zijn moeder, een meisje op haar vader en beiden zoeken ze later iemand uit die hun wens naar voortzetting van deze idylle kan verwezenlijken. Het bleek echter anders te zitten.

Voor jongens is de moeder de eerste die ze op deze wereld tegenkomen, met alle lotsbepalende gevolgen van dien. Het wordt te vaak vergeten dat voor meisjes hetzelfde geldt – ook voor hen gaan hun liefdesrelaties terug op hun eerste liefdesobject en dat is de moeder, niet de vader. De laatste dertig jaar is er veel meer helderheid gekomen in de lotgevallen van de vrouwelijke ontwikkeling. Toch is die fundamentele basissjablone nooit echt aangetast. De mythe van Oedipus bleef gelden voor mannen en vrouwen. Mede daardoor bleef het geheim van de vrouw voor een deel een duister continent, waartoe maar weinigen zich ingang konden verschaffen.

Het werd tijd om de fundamentele mythe van de psychoanalyse aan te passen en uit te breiden om deze beter op vrouwen van toepassing te maken. Het resultaat van deze queeste is grondig bewerkt naar aanleiding van het commentaar van lezers en dat heeft deze geheel herziene versie opgeleverd.

Ik wil bij deze heruitgave nog eens herhalen dat ik mijn patiënten dank voor het in mij gestelde vertrouwen en voor alles wat ik leerde dankzij hen.

1
Liefde en haat tussen moeders en dochters

De figuur van Electra stamt uit de mythologie van de Griekse Oudheid. Zowel Aeschylus als Sophocles en Euripides wijdden tragedies aan haar, en vooral bij de laatste staan moeder en dochter centraal. Alles wat er mis kan gaan tussen die twee staat in deze werken beschreven. Na de Oudheid is Electra niet voor niets door de eeuwen heen vele auteurs blijven inspireren.

De legendarische Electra was veel meer gepreoccupeerd met haar moeder, die ze haatte, dan met haar vader, die ze adoreerde. Haar vader Agamemnon was al tien jaar van huis. Hij was destijds als legeraanvoerder naar Troje vertrokken om te vechten voor de vrijlating van de geroofde schone Helena – aanleiding of oorzaak van de Trojaanse oorlog. Electra's moeder Clytaemnestra had inmiddels een nieuwe minnaar. Electra voelde zich door haar verwaarloosd en afgewezen. Zij was jaloers op haar moeder, maar ook op de minnaar van haar moeder. Buiten iedere intimiteit gesloten liep ze jammerend en scheldend rond het paleis.

Electra was ontevreden met haar rol als vrouw. Seksualiteit wees ze af. Ze wilde niet trouwen, en als dat dan toch moest in ieder geval geen kinderen krijgen. Electra was het prototype van een vrouw met vrouwenproblemen. Haar wat mannelijke en rancuneuze houding boezemde alom afkeer in.

Ze is een dominerende figuur, die haar onzekerheid en verlangen naar moederliefde achter veel lawaai weet te verbergen. Ze kleineert haar meer vrouwelijke zuster en gebruikt haar broer Orestes als instrument om zich op haar moeder te wreken. Haar enige doel in het leven is wraak te nemen op deze gehate moeder. Haar jeugd, haar schoonheid, alles offert ze daaraan op. Na vele bittere, verdrietige jaren vol pijn slaagt ze in haar opzet. Haar moeder wordt jammerend om genade vermoord.

Kort geschetst is dit het beeld dat we zien als we van buiten tegen Electra aankijken. Maar hoe beleeft een Electra zelf haar dilemma's, hoe ziet haar innerlijke of psychische realiteit eruit, wat zijn haar onbewuste conflicten?

De figuur van Electra laat, zoals alleen een kunstwerk dat kan, in kort bestek en uitvergroot, vele van de onbewuste preoccupaties zien waar vrouwen met problemen mee worstelen. Angst om door de almachtige moederfiguur verzwolgen te worden, een hopeloos verlangen naar liefde en genegenheid van haar, maar ook masochistische klachten, depressies en seksuele remmingen komen veelvuldig voor. Het zijn allemaal problemen die teruggaan op het allereerste liefdesobject, de moeder, net als bij Electra.

De cultuur is veranderd en veranderlijk, maar de problemen zijn blijkbaar veelal onveranderd gebleven. Dat komt doordat bepaalde lotgevalen nu eenmaal vaststaan. Meisjes beginnen hun leven in een liefdesrelatie met een vrouw. Anders gezegd, zij beginnen met een homoseksuele band, waar pas later de heteroseksuele aan wordt toegevoegd. Meisjes verlangen de medewerking van hun moeder om van haar los te kunnen komen, hoe paradoxaal dat ook klinkt. Soms ontbreekt die kans op zelfstandigheid en moeten vrouwen tussen de Scylla van Electra's moordende haat en de Charibdys van totale symbiose door zien te zeilen. Beide extremen neigen tot een masochistische ontknoping van de moeder-dochterband. De gulden middenweg is als altijd de enige die tot een gezonde ontwikkeling kan leiden.

De vader wordt vaak geïdealiseerd, en net als bij Electra in zijn afwezigheid gemist of betreurd. Vaders zijn nog steeds vaak afwezig, of te weinig betrokken op hun kinderen, die daardoor op hun moeder aangewezen zijn. Het meisje poogt zich op haar vader te richten als die beschikbaar is. Zo niet, dan moet ze het doen met haar fantasie. Soms krijgt ze bij haar vader een tweede kans om de liefde te ontvangen waar ze naar hunkert en die ze bij haar moeder mogelijk gemist heeft. Soms mislukt die poging. Een tweede teleurstelling is dan het treurige gevolg. Maar ook als het wel lukt, blijft haar moeder het eerste doelwit van haar verlangen, dat hoogstens overgeheveld wordt naar de vader of de man.

Voor een gezonde ontwikkeling is het vervolgens nodig dat het beeld van de almachtige moeder, de godin of de koningin uit de kinderfantasie opgegeven wordt. Soms wordt deze figuur wel de fallische moeder genoemd, omdat ze als het ware man en vrouw tegelijk is. Het verschil tussen de geslachten is voor kleine kinderen immers nog niet zo duidelijk. De fantasie dat iemand man en vrouw tegelijk kan zijn, wordt maar moeizaam opgegeven. Meisjes en vrouwen blijven ook ten aanzien van zichzelf vaak worstelen met hun seksuele identiteit.

Wat betreft Freuds theorie: het Electracomplex kan het Oedipuscomplex niet vervangen en dat is ook niet de bedoeling. Honderd jaar psychoanalyse is een rijk en onvervangbaar erfdeel. Zoals de vader de moeder aanvult, zo vult mijn Electracomplex het Oedipuscomplex aan als centraal paradigma van de vrouwelijke ontwikkeling.[1] De nieuwe ontdekkingen rond de klippen die de vrouw in haar ontwikkeling moet omzeilen passen mijns inziens beter in een model waarin niet de vader, maar de moeder centraal staat.

Ik noemde al even het begrip symbiose. Dit is niet zozeer een normale ontwikkelingsfase, zoals vaak gedacht werd, als wel een stoornis die de normale uitgroei belemmert. In dat geval is er sprake van iets wat ik de *symbiotische illusie* heb genoemd. De homoseksuele (in de strikte definitie van gelijkgeslachtelijke, niet zozeer seksuele) band tussen moeder en dochter blijft onopgelost en laat geen ruimte voor andere betrekkingen. Anders dan mannen, die normaal gesproken separeren van hun moeder en dat ook van meet af aan mogen, hoeft het meisje maar gedeeltelijk van haar moeder los te komen. Het is zelfs zo dat totale separatie ongunstig is. Een meisje blijft haar moeder nodig hebben als voorbeeld en raadsvrouw. Is deze lijn geblokkeerd, dan brengt dat schade toe, zoals blijkt bij de postnatale depressie. Door de open grenzen tussen moeders en dochters worden stijlen van moederen en moederschap van generatie op generatie overgebracht. Dit kan gunstig of schadelijk zijn. Transgenerationele transmissie van trauma's is een bekend verschijnsel, natuurlijk niet alleen langs de vrouwelijke lijn, maar daar wel extra zichtbaar, hevig en onontkoombaar.

De innerlijke band met de moeder kan voor een vrouw een bron van kracht zijn, maar ook van frustratie. De eerste relatie bepaalt voor een groot deel de identiteit en het gevoel van eigenwaarde, vooral voor vrouwen. Latere liefdesrelaties kunnen geschaad worden als een vrouw zichzelf als het narcistische verlengstuk van haar moeder beleeft. Moeder en dochter blijven zich dan in elkaars beeld spiegelen, zoals in het sprookje van Sneeuwwitje: Spiegeltje, spiegeltje, aan de wand, wie is de mooiste in het land? Zo een dochter blijft ongewild met lichaam en ziel deel uitmaken van haar moeders invloedssfeer. Zij moet de denkbeeldige wensen van haar moeder vervullen in plaats van haar eigen verlangens. Ook voor haarzelf vaak verborgen vijandigheid is hiervan het onwillekeurige gevolg.

Hoe onbewuste haatgevoelens het emotionele leven van een dochter kunnen kleuren en bepalen is het voornaamste thema van dit boek. Separatie is gerelateerd aan autonomie. Vrouwen zien in het zich losmaken vaak een vorm van agressie die de moeder kwaad kan doen. Ze neigen er daarom toe hun boosheid te verbergen en die tegen zichzelf te keren in de vorm van hoofdpijn, schuldgevoel of masochisme. Het doel van dit boek is de noodlottige strijd van Electra te gebruiken als paradigma van de vrouwelijke ontwikkeling en het verwerven van haar eigen identiteit.

Een goede theorie is een onmisbaar hulpmiddel om de werkelijkheid te lijf te gaan, maar het meest fascinerend is toch de dagelijkse praktijk. Kort geleden kwam Tessa, een mooie en ontwikkelde jonge vrouw, mijn spreekkamer binnen met een geheimzinnige geamuseerde trek op haar gezicht. Deze bedeesde vrouw met zachte stem lachte me toe met een mengsel van 'blij je te zien', een angstige blik en een onmiskenbare triomf, iets meewarigs bijna. Desgevraagd barstte ze uit in een onbedwingbare schaterlach, die haar tegelijk beschaamde, alsof ze daarmee iets van zichzelf verried dat beter verborgen had kunnen blijven. Vervolgens ontvouwde zich een heel panorama rond haar en haar al vroeg gescheiden ouders.

Tessa's moeder had moeite om naar haar te luisteren en zich voor haar te interesseren, terwijl haar vader, een kinderlijke egocentrische man, meer verleidend dan belangstellend, haar tegenover anderen steeds de hemel in prees. Dit leidde regelmatig tot voor haar gênante scènes, waarbij zij als pronkstuk van de vader naar voren geschoven werd. Met haar moeder speelde ze een tegenovergesteld scenario. Klein en hulpeloos zijn zonder een spoor van vijandigheid leverde bij deze afstandelijke en overbelaste moeder tenminste nog wat extra aandacht op. Meer op de voorgrond treden zou alleen maar afwijzing uitlokken, zo vreesde Tessa.

Bij nader inzien blijkt dat Tessa altijd bang is geweest voor de jaloezie van haar moeder. Ze was zeer verbaasd toen ik die mogelijkheid voor het eerst opperde. Haar moeder, die zelf weinig opleiding heeft genoten, heeft nooit goed geweten wat haar dochter studeerde. Tijdens de therapie werd algauw duidelijk welk taboe erop rustte om met mij als vrouw te concurreren. Deze ambitieuze, sterk rivaliserende jonge vrouw heeft geleerd te leven met een verborgen identiteit. Ze is doodsbang voor de moorddadige afgunst die zij, in haar fantasie, zou kunnen oproepen als ze succes zou hebben, en heeft zodoende geleerd haar triomfen onder groot vertoon van bescheidenheid te verbergen.

Dit voorbeeld illustreert hoe het Oedipusverhaal over de vadermoord en de moederliefde van het jongetje niet zonder meer van toepassing is op het meisje. Natuurlijk is er een vitale aantrekkingskracht tussen de seksen en blijft het verschillend zijn het spannendste wat er is. Maar de bevrediging van de meeste verlangens van een meisje is toch afhankelijk van de welwillendheid die zij aan haar moeder(imago) toeschrijft.

2
De symbiotische illusie

Wat is een symbiotische illusie?

De moeder is in het merendeel van de gezinnen de meest invloedrijke persoon en wordt dan ook verantwoordelijk gesteld voor alles wat er in de opvoeding mis kan gaan. Omdat ideale moeders even zeldzaam zijn als modelkinderen, kunnen de twee gemakkelijk in elkaar teleurgesteld raken.

Moeders kunnen te veel of te weinig aandacht geven, en kinderen kunnen zich daardoor verwaarloosd of belast voelen. Maar ouderschap bestaat uit meer dan de bewuste interactie met kinderen. Nog belangrijker zijn de boodschappen die onbewust worden overgedragen. Ook speelt de herhalingsdwang in de opeenvolgende generaties een grote rol. Een moeder die in haar eigen moeder teleurgesteld is, zal vermoedelijk een meer dan gewoon ambivalente relatie met haar dochter hebben. Een angstige moeder zal minder goed in staat zijn de angsten van haar kind binnen de perken te houden.

Afhankelijk van de ervaringen in hun eigen jeugd zullen ouders de realiteit weergeven of verdraaien, de werkelijkheid door een gekleurde bril zien. Grootouders zijn op die manier twee generaties later terug te vinden als een invloed van belang. Veel ervaringen van ouders worden zonder meer op de volgende generatie, op de kinderen geprojecteerd. Een vader die zich door zijn vader afgewezen voelt, zal ertoe neigen zijn zoon af te wijzen, al is het maar zo nu en dan, of – omgekeerd – zich door zijn zoon afgewezen voelen. Het stempel dat het kind opgedrukt krijgt via zijn eerste liefdesrelatie, die met zijn vader en moeder, zal aanleiding geven tot soortgelijke patronen in latere generaties. Dit geldt vooral wanneer er ervaringen van traumatische aard in het gezin voorkwamen. Zoals Tolstoj schrijft: alle gelukkige gezinnen lijken op elkaar, maar ongelukkig zijn ze allemaal op hun eigen manier.

Aida

Aida is een veel te dikke studente die aan hevige hoofdpijnen lijdt en zich altijd gespannen voelt. Ze vertelt dat haar moeder haar iedere dag belt en haar altijd vaker wil zien dan een keer per week, zoals nu gebeurt. Ze houden dan lange gesprekken, meer discussies over hoe je moet leven, waarover haar moeder allerlei theorieën heeft. Aida vraagt dan advies en steun voor haar problemen.

Met mij als haar therapeute probeert Aida een soortgelijke relatie op te bouwen als met haar moeder. Ze zit altijd op het puntje van haar stoel, ontspant geen moment en plukt voortdurend aan haar lippen. Ondertussen probeert ze naar aanleiding van iedere opmerking die ik maak een discussie uit te lokken. Ze maakt op mij de indruk van iemand die behoefte heeft aan een overmaat aan interactie: er moet tussen ons steeds iets heen en weer schieten, alsof ze geen moment aan zichzelf overgelaten kan zijn als ze in mijn buurt is. Ik moet over alles mijn mening geven en als ik dat doe, moet ik weer bewijzen dat ik gelijk heb – en zo ad infinitum.

Bij alles wat ik zeg onderbreekt Aida me met een 'maar'. Daarna volgt een argument om te betwijfelen wat ik zojuist gezegd heb, gevolgd door een smeekbede om haar twijfels weg te nemen. Of ze begint het tegendeel van mijn suggestie te beargumenteren. Het geeft een gevoel alsof het nooit goed is, nooit genoeg is en er nooit een rustpunt of tevredenheid kan volgen. Alles blijft één grote frustratie. Het is alsof haar symbiotische behoeften nooit ten volle kunnen worden bevredigd.

Haar rol in het gezin van herkomst was en is nog steeds om zo veel mogelijk aan de behoeften van anderen tegemoet te komen. Zij was altijd de gehoorzame dochter, in tegenstelling tot haar drie broers heeft zij haar ouders nooit problemen bezorgd. Aida heeft bovendien altijd voor haar grootmoeder van vaderskant gezorgd. Aida's studie gaat goed, terwijl haar broers werken noch studeren. Zij leven met vrouw en kinderen van de bijstand. Afhankelijk te zijn in plaats van onafhankelijk en zelfstandig lijkt het levensthema van de kinderen in dit gezin. Als Aida niet voortdurend in contact staat met haar moeder, voelt ze zich schuldig, net als haar moeder, die zich tegenover haar ook altijd tekort voelt schieten. Geen van beiden kan de teugels vieren en de ander zijn gang laten gaan.

Aida is een oorlogsgetraumatiseerde van de tweede generatie, haar vader zat in de oorlog ondergedoken. Als klein jongetje verloor hij zijn vader, die gedeporteerd werd en in Auschwitz vermoord. Na de oorlog werd hij opgevoed door zijn moeder en grootmoeder. Zijn moeder is een echte overlevingskunstenares, die zwaar op Aida leunt terwijl ze haar voortdurend tot grotere prestaties aanspoort. Aida voelt zich verantwoordelijk voor deze inmiddels zeer oude en lastige grootmoeder, vooral ook omdat haar ouders niet te veel last van haar willen hebben en de zorg merendeels aan Aida overlaten.

Aida's vader bewaart een veilige afstand van het gezin door zich in zijn werk te begraven. Hij heeft een vrouw getrouwd die haar eigen ongelukkige jeugd probeert te repareren door haar man en kinderen overmatig te beschermen. Alleen bij haar dochter Aida slaagt ze daar evenwel volledig in. Ze wil alles van haar weten en zich eindeloos met haar bemoeien. Van haar kant stimuleert Aida die houding ongewild. Deze twee, moeder en dochter, gedragen zich alsof ze met elkaar getrouwd zijn in plaats van met hun mannelijke partner. De symbiotische illusie die hen samenbindt is schadelijk voor Aida's ontwikkeling als zelfstandige vrouw en schept problemen die bijdragen aan haar vetzucht, dwangmatig gepieker en hoofdpijnklachten.

Emma

Een ander voorbeeld is Emma, een vrouw van in de vijftig, eenmaal weduwe met twee kinderen, nu weer gelukkig gehuwd. Haar kinderen zijn volwassen, het ontbreekt haar in materieel opzicht aan niets, en toch klaagt ze dat ze geen rust kan vinden. Ze moet presteren, studeren, werken, reizen. Ze moet zichzelf constant verbeteren, piekeren of ze het wel goed aanpakt met haar kinderen en stiefkinderen, haar man. Ze is moe en wil van deze levenshouding af, maar kan het allemaal niet loslaten.

Emma heeft op driejarige leeftijd haar moeder verloren en werd opgevoed door een afstandelijke vader en een vijandige stiefmoeder, beiden zeer veeleisende strenge calvinisten. Althans zo heeft zij het beleefd. Ze ontvluchtte het ouderlijk huis toen ze achttien was, ging werken, trouwde en kreeg kinderen. Ze had echter al spoedig het gevoel dat zij en haar man niet bij elkaar pasten. Ze voelde zich opgesloten in een kooitje, het was alsof ze stikte. Ze was nooit in staat echte emotie te tonen tegenover haar man, zodat de seksualiteit ook een probleem was. Haar man was voor haar de plaatsvervanger van haar koude en afstandelijke stiefmoeder geworden. Ze realiseerde zich nooit dat het allemaal iets te maken zou kunnen hebben met het gemis aan een lieve moeder, een gemis waar ze toch zwaar onder geleden had.

Gedurende een zomervakantie werd ze plotseling hevig verliefd op een andere man, die naar haar zeggen de grote liefde van haar leven was. Toeval of niet, haar echtgenoot werd spoedig daarop ernstig depressief en pleegde zelfmoord. Emma voelde zich erg schuldig en beschaamd, een gevoel dat tot op de dag van vandaag is gebleven. Niet lang daarna stierf ook haar geheime vriend. Voor de tweede keer moest ze de meest geliefde persoon in haar leven verliezen.

Emma's eerste man leek voor haar gevoel op haar stiefmoeder, maar de band met haar geliefde vertegenwoordigde meer het oergevoel dat ze met haar eigen moeder ooit gehad moet hebben. Haar huidige man is een overlevende van de oorlog en zoals dat in huwelijken wel meer gebeurt, zou het heel goed kunnen dat hij de incarnatie is van het verlies dat zij geleden heeft. Ze beleeft aan hem wat ze zelf niet goed durft te beseffen, namelijk dat ze haar moeder altijd zo gemist heeft. Op die manier kan ze zich met haar man identificeren en hoeft ze niet verder stil te staan bij het grote gemis in haar leven.

Wat mij het meest aan Emma opviel was dat ze eigenlijk helemaal geen nadruk legde op het feit dat haar moeder zo jong overleden was. Het verdriet daarover hoorde zozeer tot haar prehistorie dat ze er zelf niets mee kon, totdat we het in de therapie naar voren haalden. Mijn vermoeden was dat in dit onverwerkte verdriet de grootste oorzaak van haar onbehagen lag. Ze had haar hele jeugd als het ware onder vreemden doorgebracht, zonder enig gevoel van intimiteit. Bij mij voelde ze zich daarentegen opvallend en verrassend snel op haar gemak. Na een aantal zittingen begon ze te huilen en zei dat ze zich zo diep geroerd voelde door haar bezoeken aan mij, terwijl ze niet goed snapte waarom dat zo was. Ze probeerde juist altijd zo gedistantieerd en rationeel mogelijk te zijn. Mijn indruk was dat ze een sterke aanhankelijkheid uitstraalde.

Nadat we haar rouw alsnog voor een stuk hadden doorgewerkt en verbanden hadden gelegd met haar huidige leven, werden haar emoties voor haar meer herkenbaar en werd ze rustiger, minder gedreven. Ze hoefde niet meer zo veel intense actie in de buitenwereld te zoeken om niet te merken wat er eigenlijk in haar binnenwereld aan de hand was. Ik had sterk het idee dat ze in de behandeling via de overdracht op mij een oud gevoel had teruggevonden dat oorspronkelijk bij haar kleinemeisjesgevoel voor haar moeder thuishoorde. Die band, die was doorgesneden voordat ze oud genoeg was om zich te realiseren wat er gebeurde, had ze teruggevonden in het heden. Daarmee kwam de symbiosewens tot een oplossing en kon ze ook tevreden bij mij vertrekken.

Verliefdheid

Verliefd worden lijkt in veel opzichten op de eerste idealiserende band die de baby met zijn moeder probeert aan te gaan. Desondanks is deze eerste relatie voor jongens en meisjes heel verschillend. Moeders neigen ertoe, heel subtiel uiteraard, deze band met jongens meer te erotiseren, terwijl ze dat aspect met meisjes meestal juist proberen af te remmen. Meisjes zijn over het algemeen niet alleen meer seksueel geremd, ze blijven ook op andere manieren dan jongens naar hun eerste liefdesobject verlangen. De onbevredigde symbiotische behoefte van vrouwen kan een bron van lijden en depressie zijn en drijft hen er vaak toe een psychotherapeut op te zoeken.

Naar mijn ervaring hebben vrouwen de neiging om, voor henzelf vaak onmerkbaar, verliefd te worden op hun vrouwelijke therapeut of juist voor haar op de vlucht te slaan, afstand te willen houden, of boos te worden teneinde maar niet te intiem te zijn. Sommige vrouwen zijn onmiddellijk en onverklaarbaar vijandig tegenover hun vrouwelijke therapeut en verdwijnen al na een enkele zitting. Andere blijven een eeuwige onoplosbare ambivalentie voelen. Ze vermijden nabijheid in welke vorm dan ook en zijn angstig zonder te weten waarom. Ze zijn bang dat ze niet meer los kunnen komen, zoals dat met hun moeder ook nooit goed gelukt is.

De idealiserende symbiotische atmosfeer van woordloos

wederzijds begrip, van samen één zijn, van solidariteit door dik en dun, van bewondering, ontstaat opvallend veel vaker met vrouwen dan met mannen. Natuurlijk neigen zowel mannen als vrouwen ertoe de therapeute als een moederfiguur te beschouwen. Dit kan verschillende betekenissen aannemen, van een gevoel van veiligheid tot woordloze grote aanhankelijkheid en angst om verzwolgen te worden. Naar mijn ervaring kunnen mannen wel verliefd worden op hun therapeute en zelfs wat onhandige verleidingspogingen doen om het maar niet te hebben over waar ze voor kwamen. Maar vrouwen zijn zich er vaak helemaal niet van bewust hoe sterk ze hun, meestal niet seksueel getinte, gevoelens van verliefdheid uiten tegenover hun vrouwelijke therapeut. Het is alsof zij in de therapeutische situatie op een heel speciale manier verliefd worden, namelijk alsof ze hun eerste liefdesobject, hun moeder, hebben teruggevonden – of de moeder die ze nooit hebben gehad, de moeder die niet of niet genoeg van hen hield en naar wie ze altijd verlangd hebben.

Vrouwen krijgen in de overdrachtsrelatie vaak idyllische, onbewuste fantasieën omtrent hun therapeute. Ze weten de liefde voor hun moeder wel deels op een man over te dragen, maar dit slaagt nooit voor de volle honderd procent. Vrouwen die hun eerste liefdesobject, de moeder, verwisseld hebben voor hun vader en dol op hem zijn geworden en later op een man, schijnen nog steeds een geheime en diep verborgen wens te koesteren. Een verlangen dat mannen niet op die manier hebben of beter kunnen bevredigen. Het schijnt dat een man bij zijn vrouw of geliefde kan vergeten wat hij mist, of dat compleet weet te compenseren. Het contact met het vervangende object is zelfs beter dan hij met zijn moeder ooit gehad heeft. En als een man klaagt over gebrek aan vermogen tot liefhebben of onmacht om tot intimiteit of duurzame relaties te komen, zal blijken dat hij met zijn therapeute dezelfde moeilijkheid heeft en niet gemakkelijk een vertrouwelijke relatie weet op te bouwen. Vrouwen daarentegen lijken niet in staat alles bij een man te vinden, of ze nu al of niet een succesvolle relatie met een man hebben. Ze blijven een onbestemd verlangen naar vrouwen koesteren en zoeken vrouwenvriendschappen of de (meestal niet seksuele) liefde van een vrouw.

Liefde en haat: Marie

Dat de symbiotische verlangens naar moederliefde veel haat kunnen verbergen, kan geïllustreerd worden aan het voorbeeld van Marie. Inmiddels is zij moeder van twee kinderen, maar na de geboorte van de eerste kwam ze bij me wegens een postnatale depressie. Tot haar grote woede en verdriet had haar moeder het gepresteerd te overlijden vlak voordat zij haar eerste kind op de wereld bracht. Daarnaast heeft ze een zwaar gehandicapte jongere zus, waardoor haar hele kindertijd en jeugd zwaar belast is geweest.

Haar moeder leed aan allerlei al of niet imaginaire kwalen en lag vaak in bed of in het ziekenhuis. Daarbij deed zij een voortdurend beroep op haar dochter, die er moest zijn, aandacht moest geven, nooit te ver van huis mocht gaan, niets mocht doen zonder dat uitvoerig met haar moeder te bespreken. Marie was dol op haar vader, een rustige man die nooit veel zei, maar ook niet tussenbeide kwam als moeder en dochter het te bont maakten door al te kleverig met elkaar om te gaan. Als hij al eens haar kant koos, voelde Marie zich schuldig tegenover haar moeder.

De postnatale depressie volgde uiteraard op problemen van veel oudere datum. Marie huilde veel en was doodongelukkig, want ze kon het voor haar gevoel nooit goed of goed genoeg doen. Ze probeerde het iedereen altijd maximaal naar de zin te maken. Omdat ze ook op haar werk tegen niemand nee kon zeggen, raakte ze totaal uitgeput.

Marie had het gevoel dat haar moeder haar juist op het moment dat zij haar het meeste nodig had in de steek had gelaten en miste haar voortdurend. Tegelijk begon ze zich langzamerhand te realiseren dat haar moeder haar eigenlijk nooit enige steun had kunnen geven, maar meer op haar had geleund. De warme symbiotische relatie die ze zich meende te herinneren en waar ze zo naar terugverlangde, bleek meer een elkaar mateloos claimen. Ze was zich er nooit van bewust geweest dat ze boos was op haar moeder; ze had haar irritatie altijd moeten onderdrukken om de quasi-intieme sfeer te beleven waar beiden zo van hielden.

Weliswaar babbelden moeder en dochter druk en veel, maar het gesprek ging eigenlijk nooit ergens over, terwijl Marie een intelligente vrouw is. Iets vertrouwelijks of persoonlijks werd er niet uitgewisseld. Zeggen wat ze van haar moeder vond, laat staan enige vorm van kritiek, was strikt taboe. Vaak verveelde Marie zich bij haar moeder en voelde ze zich leeg en onbevredigd. Ze had de sensatie thuis opgesloten te zijn, wat haar dan weer schuldig maakte tegenover haar goedwillende ouders.

Het wederzijdse stilzwijgende contract bestond uit de verplichting om elkaar zo veel mogelijk ter wille te zijn, ook al ging dat ten koste van Maries vrijheid. Haar moeder wachtte altijd tot ze 's avonds thuiskwam. Al wilde ze dat liever niet, moeder bleef wakker, hoe laat het ook werd. Marie voelde zich dan schuldig, maar het werd nooit openlijk besproken: er hing altijd een impliciet verwijt in de lucht, dat was alles. Marie probeerde haar moeder in alles tegemoet te komen, al voelde ze zich nog zo onvrij. Ze is nooit van haar moeder losgekomen en altijd het afhankelijke aanhankelijke kind gebleven.

'Ik kan haar wel vermoorden en ik kan niet zonder haar,' zegt Marie over haar dode moeder. 'Toen ze nog leefde was ik altijd bezig haar op een afstand te houden en tegelijkertijd verlangde ik steeds naar haar.' Hetzelfde patroon herhaalt zich met haar kleine dochterje, dat zeer dwingend kan zijn. Het maakt haar woedend dat het kind precies oproept wat haar in haar moeder zo stoorde. Toch probeert ze aan iedere gril van haar dochtertje te voldoen. Het kind is bang voor heksen; daarop wordt kennelijk de agressie geprojecteerd die tussen moeder en dochter niet opgemerkt mag worden.

Vrouwen als Marie voelen zich eenzaam en verlaten als niemand hun op de nek zit. Is een relatie niet parasitair, dan betekent dat dat je niet van elkaar houdt. Dezelfde gedachten denken, dezelfde gevoelens voelen, op elkaar lijken en hetzelfde willen, dat alles behoort tot de bedrieglijke wereld van de symbiotische illusie. Bedrieglijk, want bij nadere beschouwing blijken de twee betrokkenen minder met elkaar gemeen te hebben naarmate de illusie sterker is. Kleffe intimiteit is nu eenmaal iets anders dan werkelijke uitwisseling of belangstelling voor wat de ander denkt. Het spreekt nooit vanzelf, het is zelfs zeldzaam dat een ander hetzelfde vindt en denkt. Marie vindt het nodig om met de ander steeds op één lijn te zitten. Zij wil bij alles wat ze doet mijn goedkeuring. Ze zit steeds in angst dat ik iets niet goed zal vinden. Ze heeft het gevoel dat ze zich klein en afhankelijk moet opstellen om de goedkeuring van moederfiguren te verdienen.

Symbiose nader bezien

Het moge duidelijk zijn dat de symbiotische fase, een term die meer op idealisering dan op de werkelijkheid wijst,[1] vaak niet optimaal of zelfs maar harmonisch verloopt. De idylle van de moeder met het kindje als heilige twee-eenheid is bedrieglijk.

Symbiose werd lang beschouwd als een normale fase in de vroege ontwikkeling van het kind. Moeder en kind zijn een tijdlang natuurlijk heel hecht verbonden, en er zijn zeker gelukzalige momenten van twee-eenheid te bespeuren. Maar de moeder is uiteindelijk toch haar eigen baas, en niet afhankelijk van het kind zoals het kind dat is van haar. Zij heeft een eigen leven los van het kind, zij heeft een liefdesrelatie met haar man, waar het kind buiten staat. Als het goed gaat met de moeder, is er dus geen wederzijdse afhankelijkheid. Bij een ongezonde ontwikkeling is dat wel het geval.

Sommige kinderen, zoals Emma, missen een nauwe band met een moeder, omdat die te vroeg uit hun leven verdwenen is. Andere moeders hebben geen behoefte aan lichamelijk contact of tederheid en blijven afstandelijk tegenover hun kind. Dit zijn twee uitersten, uiteraard geen van beide ideaal. De derde ongezonde mogelijkheid is de symbiose. Als de moeder emotioneel op haar kind steunt, als het kind het centrum van haar aandacht is met uitsluiting van alle andere belangen (of als zij doet alsof dit zo is), als alle bevrediging in haar leven van haar kind afhangt, zal dit een ongunstige uitwerking hebben op zijn ontwikkeling.

Voor het duivelspact dat aldus ontstaat, heb ik zoals gezegd de term symbiotische illusie bedacht. Er is sprake van een dyade, een tweetal dat aan elkaar gekluisterd is, meer door schuldgevoel dan door liefde, en de blijken van aanhankelijkheid zijn nooit voldoende of bevredigend. Het is een benauwende interactie, die zich bij moeders en dochters vaker voordoet dan bij moeders en zoons. In dat laatste geval zijn de uitkomsten opvallender, zoals we aan een aantal voorbeelden zullen zien.[2]

Het gaat er bij de symbiotische illusie om dat de moeder het kind alleen liefde geeft wanneer het zich totaal uitlevert. Dat het evenwicht van de moeder afhankelijk is van haar satelliet blijft verborgen. De laatste, ook al is die inmiddels volwassen, moet, althans voor zijn gevoel, steeds laten blijken niet zonder de moeder te kunnen. Dat stelt haar gerust, dan is ze onmisbaar en een goede moeder. De symbiotische illusie is een sterk narcistische band, die dient om het volgens het kind kwetsbare gevoel van eigenwaarde van de moeder zo veel mogelijk intact te laten.

Zwakke moeders kunnen als buitengewoon dwingend beleefd worden, net als onmacht, ziekte of kwetsbaarheid dwingend kunnen zijn. Het dyadische van de symbiose komt tot uiting in het uitsluiten van een derde partij. Terwijl er overmatige identificatie met een ouder, meestal de moeder, plaatsvindt, wordt de ander buiten het bondje gehouden. Aldus belemmert het symbiotische verbond de triangulatie, een ander woord voor de oedipale of driehoeksrelatie tussen ouders en kind. Tevens wordt de separatie en individuatie erdoor bemoeilijkt.

Het zelfgevoel van het kind, zijn gevoel van eigenwaarde wordt beknot vanwege de te grote afhankelijkheid, die een beleving van falen met zich meebrengt. Anderzijds wordt een onafhankelijke opstelling, een zich losmaken van de moeder, vaak als agressie beleefd. Vooral vrouwen hebben hier last van. Als een meisje zich van haar moeder losmaakt wordt het een regelrechte aanval. Als moeder daar niet tegen kan doet het haar verdriet of erger. Het verstoort het evenwicht van de onmisbare symbiotische twee-eenheid als het meisje haar eigen gang gaat. Veel vrouwen neigen ertoe hun conflicten masochistisch op te lossen, door vijandigheid en agressie op zichzelf te richten. Boosheid of rebellie past niet in de idyllische liefdesrelatie van het de symbiotische paar.

Psychische klachten hebben maar al te vaak te maken met dit relatiepatroon. Moeder en kind zijn zodanig aan elkaar vastgekluisterd dat er geen sterveling tussen kan komen. Elkaar stevig vasthouden voorkomt dat je elkaar kunt slaan, het verhindert rivaliteit, het is kortom een manier om agressie uit de weg te gaan – een ongezonde situatie, die zich in de babytijd kan ontwikkelen en het latere leven kan beheersen. Het gaat hierbij niet om een reële of zelfs levende, maar om een geïnternaliseerde moeder (c.q. ouder). Dat wil zeggen, de moeder zit bij het kind in het hoofd, ook al is ze allang dood, zoals bij Maria het geval was.

Wanneer de vader emotioneel of fysiek afwezig is en niet tussenbeide komt of kan komen om de symbiose uit de vroege kindertijd te doorbreken, wanneer hij in de beleving van de moeder geen rol speelt als de vader van haar kind, wanneer de moeder haar vervulling bij het kind zoekt, dan wordt de moeder-kinddyade geen triade. De oedipale fase of triangulatie, waarbij het kind moet erkennen dat het niet alleen met zijn moeder op de wereld is, wordt gebrekkig of helemaal niet bereikt. In de overdracht zien we een herhaling van het genoemde relatiepatroon. Er wordt een schijn van eensgezindheid met de therapeute overeind gehouden, zonder openlijke agressie. Verborgen woede en angst leiden dan tot dromen waarin veel moord en doodslag voorkomt, of tot nauw verholen gewelddadige fantasieën.

Hoewel ik de symbiotische illusie aanvankelijk het duidelijkst meende aan te treffen bij de perversies, blijkt ze zeker niet tot die gevallen beperkt, maar als grondstructuur veel verder verbreid te zijn. Bij de psychose is deze stand van zaken vaak duidelijk herkenbaar, maar ook bij minder kwaadaardige stoornissen zoals de psychoneurosen zijn er mijns inziens belangrijke invloeden van aan te wijzen, evenals bij borderlinepatiënten.

In de behandeling dient de overdracht en tegenoverdracht steeds zorgvuldig doorgewerkt te worden alvorens meer individuatie mogelijk wordt. De illusie is gestoeld op de schijngedachte: 'Wij houden alleen van elkaar, er is niemand anders op de wereld die ertoe doet', hetgeen een valse harmonie inhoudt. Het contract dat impliciet wordt afgesloten is een ruil in de trant van: 'Als ik niet zeg dat ik jou geen goede moeder vind, laat jij niet merken dat je me haat als ik niet doe wat je wilt.' Integendeel: 'Als ik jou het gevoel geef dat je een goede moeder bent door precies te doen wat je verwacht en verlangt, wil jij misschien de liefdesbetuigingen geven waar ik behoefte aan heb.' Zelfstandigheid ingeruild tegen liefde wordt beloond met verwenning of lichamelijke zorg.

Mijn interpretatie van de 'nachtkus-episode' bij de Franse schrijver Marcel Proust kan hier als illustratie dienen.[3] De moeder sluit een pact met haar zoon, de vader wordt bij die gelegenheid buitenspel gezet, de zoon blijft gehoorzaam thuis, zijn moeder doet nu in het vervolg wat hij verlangt, hij krijgt de nachtkus waarzonder hij niet slapen kan. Proust illustreert in zijn roman *Jean Santeuil*, in zijn korte verhalen en in *Op zoek naar de verloren tijd* hoe een homoseksuele en nogal perverse jongeman zijn zelfstandigheid probeert te redden uit de overmatige vereenzelviging met zijn moeder. Zij raadt hem af uit te gaan met vrienden, hij kan beter zijn huiswerk doen, niet zijn tijd verbeuzelen. Van uitgaan en plezier maken word je maar ziek, het is gevaarlijk voor hem, kortom, hij kan veel beter veilig bij zijn moeder blijven. Hij verbergt zijn woede, heeft stiekeme verhoudingen en voelt zich schuldig.

De hoofdpersoon of de verteller is trouwens steeds astmatisch, net als Proust zelf. Deze ziekte helpt het pact met zijn moeder te bezegelen. Zij zegt als het ware: 'Zolang je ziek en afhankelijk bent, zal ik lief voor je zijn. Zodra je me verlaat voor een ander haat ik je.' Het kind vreest die haat en blijft volgzaam doen wat de moeder nodig heeft. De verwenning die daarop volgt gaat samen met duidelijke verwaarlozing, in die zin dat het kind niet als een aparte persoon wordt gezien. Het voelt zich slechts het verlengstuk van zijn moeder. Zijn eigen wensen, die losstaan van haar, tellen niet. Deze vertroeteling kan gemakkelijk tot een schier incestachtige intimiteit leiden. De verhouding is grensoverschrijdend en vormt een psychische aanranding, die niet minder ernstig is dan een fysieke.

Hierna volgen enkele mannelijke voorbeelden, omdat die de situatie minder verhuld weergeven en een duidelijker taal spreken dan bij vrouwen veelal het geval is. Bij mannen treden meer bizarre syndromen op vanwege het geslachtsverschil en de maatregelen die dat nodig maakt om de mannelijke identiteit te beschermen.

Ernst

Ernst is een begaafde veertigjarige man, een natuurkundige die met ernstige sociale problemen kampt. Hij leeft alleen en is homoseksueel. Hij en zijn moeder zijn altijd erg met elkaar bezig geweest. Toch bestond er geen werkelijk contact tussen hen. Ze wisten eigenlijk heel weinig van elkaars gedachten. Ze wisselden nooit iets uit. Zij was er gewoon altijd voor hem. Hij was haar idool. Na haar dood was hij niet in staat iets als rouw te voelen. Of hij haar mist weet hij niet.

De moeder verloor haar broer, die in de oorlog gedeporteerd werd. Dit trauma is nooit verwerkt of geverbaliseerd, maar het gemis hing loodzwaar in de lucht. Ernst voelde dat hij iemand moest vervangen, tot troost voor zijn moeder moest dienen, haar moest steunen in haar onuitgesproken verdriet. Zij zond voortdurend nonverbale boodschappen uit die hij moest ontcijferen. Hij maakte het haar zo veel mogelijk naar de zin. In ruil daarvoor kreeg hij haar onvoorwaardelijke genegenheid en goedkeuring. Hij telde meer dan haar echtgenoot, die steeds op de achtergrond bleef.

Hoewel er tussen moeder en zoon niet veel warmte heerste, bleef de haat die er ongetwijfeld ook was, diep verborgen. Pas ver in zijn behandeling begint Ernst te twijfelen of het wel allemaal zo ideaal geweest is. Hij gedraagt zich alsof zijn moeder nog in leven is, al is ze al tien jaar dood. Zijn symbiose met haar is nooit opgelost. Hij is nog steeds één met haar. Zijn geïnternaliseerde moeder is zijn beschermengel die altijd op zijn schouder zit, hij is nog steeds haar kleine kind. Soms heeft hij het gevoel dat hij letterlijk zijn moeder wordt, bijvoorbeeld wanneer hij gastheer is en zich meer gastvrouw voelt en alles doet zoals zijn moeder het placht te doen.

Tijdens zijn analyse wordt deze symbiotische twee-eenheid volkomen op mij overgedragen. We kunnen het nooit een moment oneens zijn, onze band is vanzelfsprekend, hij maakt het me naar de zin en wil mijn onvoorwaardelijke aanwezigheid als beloning. Als ik op vakantie ga, ontstaat er een probleem. Mijn afwezigheid wordt geloochend. Hij vergeet aangekondigde data. Hij gaat vreemde dingen doen en krijgt bizarre waandenkbeelden tijdens onderbrekingen in de behandeling. Dat kan variëren van heftige hypochondere aanvallen, de aidsinfolijn bellen of hij mogelijk aids kan hebben (weliswaar zonder enig seksueel contact of enig risico te hebben genomen), een been breken, de meubels van zijn moeder verkopen (zoals Marcel in *Op zoek* deed met de meubels van tante Léonie), zijn kop kaal scheren en dergelijke meer. Het minst afwijkende dat kan gebeuren is dat hij verliefd wordt op een nogal onwaarschijnlijke partner.

Het merkwaardige hierbij is dat Ernst nooit enig verband ziet tussen zijn capriolen en ongelukken tijdens mijn afwezigheid en zijn emotionele reactie op scheiding en verlating. De loochening gaat ten koste van de realiteit. Moeder is er altijd, en als ze er niet zou zijn zou dat hun pact zo doorbreken dat het volslagen ondenkbaar is. Maar afhankelijkheid is even ondenkbaar als gescheiden zijn. Niets van dat al bestaat in de extreme vorm van de symbiotische illusie. Hij reageert door van zijn kant alle verbindingen en alle verbanden onbewust te verbreken. Dat is zijn afweermechanisme en overlevingsstrategie. Hij mist nooit iemand, hij kent dat gevoel eenvoudig niet.

De symbiotische illusie functioneert in een apart afgesplitst deel van het bewustzijn. Haat en agressie zijn opgeborgen in een apart deel van de computer die hersenen heet. De gewone realiteit bestaat ook, in het meer bewuste deel. Ernst leeft vaak in een cocon, hij ziet de ander alleen voorzover deze zijn behoeften kan dienen, hij is verdiept in zijn eigen fantasie. De idylle met de innerlijke moeder waar Ernst in leeft, sluit niet alleen verschil van mening uit, maar ook gescheiden zijn. Ook het verschil in geslacht of generatie bestaat niet. Ernst denkt dat hij en ik van dezelfde leeftijd zijn, terwijl ik in werkelijkheid een stuk ouder ben.

Peter

Een voorbeeld uit de sfeer van de perversies kan de symbiotische illusie verder illustreren, omdat hier, net als in de droom, een vaak karikaturaal scenario de manifestatie van een nader te ontcijferen latente inhoud in zich bergt. Peter gaat in behandeling vanwege huwelijksproblemen en regelmatige travestie-episodes. In de loop van de therapie ontdekt hij steeds meer dat hij zich altijd verhult en verstopt voor anderen. Hij doet alsof, en zijn hele leven is als het ware één doorlopende travestie. Hij probeert zijn tegenspeler ongemerkt te manipuleren en te bezweren om deze ertoe te brengen hem te bevestigen. Het is nodig om steeds met de ander op één lijn te zitten, onenigheid, laat staan openlijk protest of verzet is onmogelijk.

Zijn contact bestaat uitsluitend uit berekeningen hoe hij iemand ertoe kan brengen te zeggen dat hij gelijk heeft, het goed doet en dergelijke. Hij wil steeds geprezen worden of op z'n minst gerustgesteld. Zijn vrouw moet steeds opnieuw bevestigen dat ze van hem houdt, tot vervelens toe, ook al weet hij dat ze genoeg heeft van zijn ondervragingen. De relatie met zijn moeder is opvallend. Zij bepaalt liefst nog altijd wat goed voor hem is en welke kleren hij, en ook zijn kinderen, het beste kunnen dragen. Ze maakt of koopt die dan ongevraagd. Hij is niet in staat deze bemoeienissen van haar tot staan te brengen. De enige manier die hij kent om zich aan haar invloed te onttrekken is uit haar buurt te blijven, want hij is niet tegen haar inspinnerij bestand.

De travestie lijkt een middel om althans symbolisch zijn moeder tegelijk te ontgaan, te overtroeven en te worden. Tegenover haar heeft hij het duidelijkst het gevoel niemand te zijn. Hij weet geen zinnig argument te bedenken om haar tot andere gedachten te brengen. Al was het alleen maar omdat hij het gevoel heeft dat ze helemaal niet naar hem luistert, hem niet erkent en niet ziet als een zelfstandige, aparte persoon met een eigen wil.

Deze moeder lijkt mede zo sterk en dominerend doordat ze een zwakke partner (gekozen) heeft. In feite beleeft Peter haar als zo angstig en krenkbaar, dat ze haar kind volledig moet manipuleren om van hem bevestiging te kunnen krijgen. De vader komt in het hele verhaal van Peter nauwelijks voor. Net als zijn vader heeft Peter zelf ook moeite om zich tegenover zijn vrouw te handhaven, en net als hij heeft hij de opvoeding van de kinderen aan haar overgelaten.

Peter ontdekt langzamerhand dat hij bij iedereen die hij ontmoet dezelfde angst heeft om ontkend te worden als bij zijn moeder, al had hij voor zichzelf allang besloten dat hij onafhankelijk was geworden van haar en haar invloed. Hij leeft voortdurend in angstige spanning of het hem zal lukken zich tegenover willekeurig wie dan ook staande te houden. Zoals hij voor zijn onzekere moeder nog steeds iemand is die haar moet bevestigen en die zelf niets in te brengen heeft, zo voelt hij zich altijd en overal angstig en machteloos, terwijl hij, een grote sterke kerel, een parade van onverstoorbaarheid opvoert.

Peter kan anderen uitsluitend als bedreigend voor zijn gevoel van eigenwaarde ervaren, en moet hen door veel praten en weinig luisteren inspinnen, zoals zijn moeder met hem doet. Angst voelt hij nooit, al is die voor de buitenstaander wel duidelijk merkbaar. Uitsluitend tijdens de travestie-episodes heeft hij het gevoel dat hij zich kwetsbaar opstelt. Tegelijk voelt hij zich sterk alsof hij alles durft, al flanerend en exhibitionerend op straat met zijn vrouwenkleren en hoge hakken.

Zoals hij zijn moeder niet kan afvallen, kan hij in de overdracht tegenover mij ook geen negatieve gevoelens uiten. Hij moet blijven suggereren dat de symbiotische sfeer die hij creëert geen illusie is, terwijl hij anderzijds als vanzelfsprekend uitgaat van wederzijds impliciet manipuleren.

Moeders en baby's

Wie moeders met jonge kinderen behandelt, ervaart het ontstaan van de symbiotische illusie uit de eerste hand. Het gaat daarbij om moeders die hun eigen agressie tegen het kind niet kunnen verdragen. Ze moeten alles rond de baby en het kleine kind als idyllisch beleven, wat natuurlijk lang niet altijd klopt met de werkelijkheid. Zijn huilen en onvrede betekenen angst en onlust voor de onzekere moeder. Boosheid op haar kind of irritatie kan deze moeder zichzelf niet toestaan, dat geeft haar het angstige gevoel geen goede moeder te zijn. Iedere activiteit die niet ten behoeve van het kind verricht wordt, heeft schuldgevoel tot gevolg. Deze moeder kan het kind geen moment met rust laten. Ze wil versmelten met de baby. Deze kan hierdoor gemakkelijk een slaapstoornis ontwikkelen.

Als het kind niet wil gaan slapen betekent dat meestal dat het de scheiding van de moeder niet kan verdragen. Dat is het geval als de moeder op hem het gevoel overbrengt dat ze geen minuut zonder hem kan. Zijn niet slapen is voor haar het bewijs dat het kind haar nodig heeft, dat zij de hele nacht bij hem moet blijven, dat ze haar echtgenoot moet verwaarlozen, dat ze het kind tussen hen beiden in in bed moet leggen en zo meer.

Het gevoel geen goede moeder te zijn gaat meestal tenminste een generatie terug. Het is van belang de moeder-dochterrelatie uit een vorige generatie in alle overwegingen te betrekken. Mogelijk was er al vijandigheid jegens de eigen moeder die door liefdesbetoon overdekt moe(s)t worden. De symbiose bestond dan al en bleef zo onopgelost, dat het zwaan-kleef-aan-effect overgedragen wordt op de volgende generatie.

Het idee van de symbiotische fase in de babyontwikkeling is afkomstig van de Amerikaanse psychoanalytica en kinderonderzoekster Margaret Mahler.[4] Zij onderzocht moeders en kleine kinderen, aan vaders besteedde ze helaas heel weinig aandacht, daar kom ik nog op terug. In latere jaren heeft Mahler haar licht over de moeder-dochterrelatie laten schijnen.[5] Ze ontdekte hoe een zogenaamd ongestoorde symbiotische ontwikkeling geen ideaal vertegenwoordigt, maar tot ziekelijke uitwassen leidt. Oorspronkelijk sloeg de term trouwens ook op kinderen met een psychotische ontwikkeling. Later werd hij nader uitgewerkt en van toepassing geacht op een periode in de normale ontwikkeling. Mahler erkende ten slotte zelf dat er in plaats van de gelukzaligheid waar zij eerder van uitging, veel vijandigheid in het spel kan zijn. Vooral wanneer de moeder de baby gebruikt voor haar eigen welzijn.

Achteraf gezien gaf Mahler echter in 1975 al een uitstekend voorbeeld van een parasitaire relatie van een moeder met haar baby Wendy.[6] Deze moeder is hartstochtelijk verliefd op haar baby en wordt volledig door haar in beslag genomen. Ze is buitengewoon kwetsbaar en voortdurend in de weer om de onderzoekers te bewijzen dat ze een perfecte moeder is. Steeds als het kind probeert haar sociale horizon te verbreden en contact te leggen met iemand anders dan haar moeder (rapprochementfase), wordt deze meteen actief en bezitterig tegenover Wendy. Haar kind moet haar bevestigen door steeds, dag en nacht, signalen af te geven dat het haar nodig heeft. Mahler spreekt hier van een aangeboren gevoeligheid van het kind. Wendy was namelijk met vier maanden al voortdurend bezig in te zoomen op de verlangens van haar moeder. De moeder was niet in staat de individuatie van de baby op een speelse manier toe te staan. Het leidde tot spanning en dat voelde het kind maar al te goed. Het lijkt er mijns inziens meer op dat de baby al vroeg geleerd heeft zich met al haar antennes op de onbewuste behoeften van de moeder af te stemmen. Ze voelde de afwijzing van de moeder als ze zich afwendde, zoals baby's voor iedere stemming gevoelig zijn.

Later onderzoek heeft dit 'intunen' van baby's ook wel bewezen. Dat gebeurt al vanaf de geboorte[7] en heeft weinig met aangeboren aanleg te maken. Die is er natuurlijk ook, maar wat er in de interactie gebeurt is mede bepalend, zelfs vormend voor het uiteindelijke resultaat. En zeker als het een heel vervormd samenspel betreft.

Wendy is niet in staat alleen te spelen. Ze probeert steeds wanhopig in het centrum van de aandacht te blijven en is nooit tevreden. We zien hier het ontstaan van een kwetsbare narcistische persoonlijkheid in een notendop. De situatie doet denken aan die van Aida, boven beschreven. Daar zagen we hoe deze interactie algauw tot wederzijdse afhankelijkheid wordt. Het kind van zijn kant stimuleert de moeder om met haar gestoorde gedrag door te gaan. Er is algauw een patroon van wederzijdse bevrediging gevormd. De moeder geeft signalen af dat zij iedere afwijking van haar verwachtingen als een afwijzing beleeft. Op die manier stimuleert ze het schuldgevoel in het kind.

Wendy toonde een sterk verminderde behoefte om de omgeving te verkennen, doordat haar moeder afkeurende nonverbale tekens gaf zodra ze daartoe aanstalten maakte. Al heel vroeg ontstaat zo een intense separatie-angst. Een allesoverheersend verlangen naar nabijheid verdrong bij Wendy iedere andere behoefte, zoals interesse in de wereld om haar heen. Totaal afhankelijk als kinderen zijn leerde ze om alleen belangstelling te tonen voor mensen die haar moeder subtiel merkbaar goedkeurde. Ze was altijd doende haar moeder te behagen en deed dat door te regrediëren naar de woordloze intimiteit van de moeder-babyrelatie. Wanneer de moeder er niet was, was Wendy ontstemd en zat bozig te pruilen – een teken van de verlammende ambivalentie in de relatie tussen hen twee. Boosheid kwam tevoorschijn jegens anderen dan de moeder en werd aldus opgesplitst en op de buitenwereld gericht. Als de moeder erbij was, gedroeg Wendy zich passief en baby-achtig. Het leek alsof ze vasthield aan de illusie, die alleen aan het begin van het leven misschien gewoon is en eigenlijk zelfs dan maar ten dele of momentaan, dat ze één was met haar moeder. Tegelijk was ze altijd bang dat haar moeder haar zou afwijzen als ze het haar niet genoeg naar de zin maakte. Moeder en kind hadden behoefte aan constante wederzijdse bevestiging en geruststelling.

Wendy was een narcistisch zeer kwetsbaar kind, met een laag gevoel van eigenwaarde en zichtbaar onzeker over haar positie. Er bestond een voelbare spanning tussen moeder en kind. Als ze samen waren, maakte Wendy een opvallend gespannen indruk. De ambivalentie van deze angstige en gespannen moeder riep soortgelijke gevoelens in het kind op. Wendy probeerde haar moeders vijandigheid te ontgaan en haar angst te bezweren door haar eigen verlangen naar onafhankelijkheid op te geven. Moeder en dochter ontwikkelen zo een spiegelrelatie, want ieder is afhankelijk van de ander voor de vervulling van haar respectieve en wederzijdse narcistische behoeften.

Op deze manier ontwikkelt het kind een 'as-if' persoonlijkheid zoals Peter deed: iemand die probeert de wensen van de ander te vervullen in plaats van zijn eigen gang te gaan. Als volwassenen hebben zulke mensen vaak geen idee wie ze zijn of wat ze eigenlijk willen. Hun aanpassing lijkt op die van de hoofdpersoon in de film *Zelig* van Woody Allen: hij wordt een Indiaan onder de Indianen en een Chinees onder de Chinezen, hij kan iedere gewenste kleur en houding aannemen. Deze mensen zijn niet geïnteresseerd in de ander als persoon, maar zien hem meer als een automaat die behoeftebevrediging verschaft. Net als bij een krokettenautomaat stop je er iets in en ontvang je het gewenste ervoor terug. Deze mensen kunnen niet uit hun narcistisch bolwerk ontsnappen, hun behoefte aan aandacht en bevestiging bepaalt hun gedrag.

Niet alleen onbewuste emoties en houdingen van de ouders, ook hun onderlinge relatie wordt in het innerlijk behang van het kind weerspiegeld. Als de moeder mannen haat omdat ze door de vader van het kind verlaten is, kan ze deze attitude bij het kind inplanten of op hem projecteren. Depressieve moeders hebben een overheersende invloed op de stemming van hun baby, die ook depressief wordt – of hyperactief om zijn moeder uit haar desolate stemming te lokken. Het geval van Wendy illustreert wat er gebeurt als er een symbiose ontstaat met daadwerkelijke wederzijdse afhankelijkheid. Deze interactie creëert niet alleen een illusie, maar soms zelfs een waan, in ieder geval een valse idylle van eensgezindheid, van 'wij lijken op elkaar', van een tweetal dat geen derde verdraagt. In deze setting is geen ruimte voor openlijk verzet of boosheid, die wordt buiten de dyade elders geventileerd, blijft onbewust, of verkeert in masochisme.

Tweelingen

Tweelingen hebben een geheel eigen psychologie, die nog volstrekt onvoldoende beschreven is. Tweeling zijn is een spontaan ontstane natuurlijke symbiose tussen twee mensen. Soms compenseert de tweelingbroer of -zus een ontbrekende hechte band met de moeder. Soms hebben tweelingen meer met elkaar uitstaande dan met wie dan ook, inclusief de moeder. Haat tussen tweelingen is ook heel opvallend. Ze kunnen elkaar vaak niet uitstaan, al houden ze nog zo innig van elkaar. Ze kunnen niet met elkaar en niet zonder elkaar. De separatie is niet zelden dramatisch. Als ze volwassen zijn en ieder hun eigen leven moeten gaan leiden, volgt vaak een depressie. Anderzijds kunnen ze elkaar wel vermoorden.

Meestal vertegenwoordigt een van de twee het tweetal naar buiten toe, deze ontwikkelt zich op sociaal vlak meer en heeft een grotere mond. Soms slaat die balans helemaal om, bijvoorbeeld op het moment dat de twee het huis uitgaan en voor zichzelf moeten opkomen. Tweelingen ontmoeten vaak problemen als ze hun eigen aparte identiteit trachten te vestigen. De meer introverte helft heeft meer kans om in een psychotherapeutische behandeling terecht te komen. Zij denigreert zichzelf bijvoorbeeld en idealiseert de ander, die veel geslaagder lijkt in de buitenwereld, maar soms toch weer doodongelukkig blijkt.

Fransje was erg jaloers op haar succesvolle, maar onvruchtbare zus. Ze besloot als draagmoeder op te treden, met zaad van de man van haar zus. Toen het kind geboren was, bleek waar wat ze al die tijd al vermoedde. Het kind was van haar en haar man, want ongeveer gelijktijdig met de kunstmatige inseminatie had ze ook seksueel contact met haar man gehad. Dit moest natuurlijk geheim blijven, vooral voor haar zus, aan wie ze de baby inmiddels had afgestaan. Tot overmaat van ramp voelde ze zich niet alleen erg schuldig, maar in stilte triomfeerde ze ook over haar tweelingzus, die ze nu eens flink bij de neus had genomen.

Bij mij kwam Fransje niet alleen haar gevoel van nietswaardigheid ten opzichte van haar zus spuien, maar ook haar rancune. Ze gaf blijk van een buitengewoon masochistische zelfontsierende instelling, die in haar hele lichaamshouding tot uiting kwam: ze zat ineengekrompen als iemand die straf verdient. Ze was intussen ook een sadomasochistische relatie begonnen waarin ze zich liet vernederen. Perverse seks is seks waarbij de ander niet als persoon geldt, maar meer als gebruiksvoorwerp. Zo delgde ze haar schuldgevoel, dat al levenslang bestaan moet hebben, en beleefde er lust aan op de koop toe. Fransjes moeder kwam in het verhaal eigenlijk helemaal niet voor, iets wat bijzonder zeldzaam is, maar bij tweelingen vaker voorkomt omdat ze volledig op elkaar ingesteld zijn. Alles speelde zich af tussen Fransje en haar tweelingzus.

Een andere vrouw, Alicia, iemand met een ernstige borderlinestoornis, kon al evenmin uit de relatie met haar tweelingzus loskomen. Ze was erg jaloers op haar meer succesvolle zus. Tegelijk voelde ze zich vreselijk schuldig tegenover haar. De aanleiding was een gebeurtenis in hun kindertijd, die diepe indruk op haar had gemaakt en ook ernstige gevolgen had gehad. Ze had met vuur gespeeld en per ongeluk het nylonjurkje van haar zus in brand gestoken. Deze draagt nog steeds ontsierende sporen van de brandwonden en is zichtbaar beschadigd. Alicia is emotioneel beschadigd. Zij is volkomen verlamd en niet in staat iets van haar leven te maken. Op een dwangmatige manier waar niets tegen te beginnen is moet ze zichzelf voortdurend naar beneden halen. Deze trieste vrouw leefde onbewust met de angst dat ze een moordaanslag op haar zus op haar geweten had, waarvoor ze levenslang moest boeten.

Bekend is ook de problematiek van de overlevende van een tweeling waarvan één kind al in de baarmoeder of vlak na de geboorte overleden is. Een levenslang schuldgevoel is vaak het gevolg. Bovendien het gevoel, misschien door de ouders ingeplant, dat de verkeerde het overleefd heeft. Over de doden niets dan goeds: zo worden dode kinderen vaak geïdealiseerd ten koste van de levende.

Bij tweelingen kan de symbiotische illusie net zo invaliderend werken als bij moeders en dochters het geval is. Jaloezie, haat, boosheid moeten allemaal worden ontkend of omgesmeed tot masochisme. Het gevoel van eigenwaarde heeft geen kans gekregen als er geen aparte persoonlijkheidsontwikkeling los van de ander heeft plaatsgevonden. Zoals de Siamese tweeling lichamelijk vervlochten is, zo is de gewone tweeling psychisch verstrengeld.

Pia, eveneens een van een tweeling, ontwikkelde geen symbiose met haar zuster. Ze is juist heel afstandelijk tegen haar, iets wat opvalt omdat het zo zeldzaam is. Deze vrouw heeft een paranoïde moeder die haar altijd wegduwde, haar liefdesbetuigingen afwees en haar op afstand hield. Ze is lesbisch en hoopt de door haar gemiste moederliefde misschien op die manier alsnog binnen te halen. Ze werd erg verliefd op haar therapeute en bleef steken in een gevoel van teleurstelling in het leven.

Waarschijnlijk was ik de eerste persoon die echt naar haar luisterde, wat bij deze ernstig gedepriveerde vrouw sluimerende verlangens naar moederliefde op gang bracht. Ze zag mij bijna waanachtig als depressief en behoeftig. Ik had haar nodig, al wilde ik dat niet bekennen. Ze moest voor me zorgen, vond ze. Dit was haar niet uit het hoofd te praten, een kenmerk van wanen. Ze voelde zich vaak door mij teruggeworpen, een herhaling in de overdracht van haar ervaring met haar moeders afwijzende, zelfs afstotende houding. Ook hier viel weinig aan te doen. Heftig idealiseren en nauw verholen woede wisselden elkaar bij Pia af.

Multigenerationele verbanden en de symbiotische illusie

De schrijver Louis Couperus geeft in zijn *Van oude mensen de dingen die voorbijgaan* duidelijk blijk van inzicht in de multigenerationele transmissie van trauma's. Oma's minnaar vermoordde haar man en sinds deze geheime verzwegen episode rust er een vloek op de volgende generaties, die allemaal vreemde symptomen vertonen die verband houden met de verzwegen moord en het nooit gedelgde schuldgevoel van oma.

De invloeden die van de ene op de andere generatie overgaan zijn tussen moeders en dochters bijzonder opvallend, zoals al een paar maal werd geconstateerd. Moeders vormen nu eenmaal een essentiële verbinding tussen de generaties onderling. Moederschap is tenminste een driegeneratie-ervaring, die oude angsten en conflicten tot leven wekt. De vrouwelijke afstammingslijn is, door de sterke wederzijdse betrokkenheid van moeders en dochters en door de gelijkheid in geslacht, de machtigste overbrenger van wat dan ook. Zowel goede eigenschappen als tekorten worden doorgegeven, zonder de heilzame tussenkomst van het geslachtsverschil, dat helpt verschillen te erkennen en toe te staan.

De oorspronkelijke homoseksuele (in de zin van gelijkgeslachtelijke) band tussen moeders en dochters mist zijn uitwerking op de vrouwelijke ontwikkeling niet.[8] De noodzaak dat een meisje zich identificeert met haar moeder, gevoegd bij de gelijkheid van geslachtelijke en vrouwelijke identiteit, creeert gelijkgerichtheid en de daarmee vaak samengaande illusie hetzelfde te zijn. 'Moeder en dochter eten samen becel of slankamel' en dergelijke reclames spelen daarop in. Dit is allemaal niets nieuws. Toch wordt maar al te vaak vergeten dat vooral vrouwen het best gezien kunnen worden in de context van voorgaande en volgende generaties, met name wanneer er problemen zijn, zoals postnatale depressie.

Een aanstaande moeder heeft soms de fantasie dat al haar verlangens, aspiraties en onvervulde idealen door haar dochter vervuld zullen worden. Als de afstand tot de reële baby niet te groot is, zal de fantasiebaby de reactie op de werkelijke baby niet storen. Maar als de moeder erg onzeker is en narcistisch kwetsbaar, zich bedreigd voelt in haar gevoel van eigenwaarde of depressief is, zal ze de fantasiebaby en de echte baby niet goed uit elkaar weten te houden. Ze ziet dan in de wieg wie ze hoopt te zien – of juist degene die ze niet wilde terugzien –, in plaats van het kind dat daar ligt met zijn eigen wezen en verschijningsvorm.

Ze ziet haar gehate moeder in de wieg liggen en reageert met vooroordelen: 'Ze wilde al meteen na de geboorte niets van me weten', 'Ze wilde nooit aangeraakt worden', 'Ze was altijd al heel afstandelijk', enzovoorts. Ze ziet de behoeften van het kind over het hoofd als die niet met haar bedoelingen of angsten stroken. Ze verbeeldt zich dat de baby haar vijand is of juist een deel van haar lichaam en geest. In het laatste geval gaat ze de baby als een onmisbaar verlengstuk van zichzelf zien. Het kind krijgt te eten als de moeder honger heeft, of krijgt aandacht als zij behoefte heeft aan bevestiging.

Dit alles gebeurt vaker wanneer de moeder nog onvoldoende is losgekomen van haar eigen innerlijke moederbeeld. Ze voelt zich vijandig en bedreigd door het kind, tenzij het haar behoeften bevredigt. Daarom kan ze ook niets toestaan dat op separatie of individuatie lijkt. Haar infantiele homoseksuele band met haar eigen moeder is nooit voldoende opgelost om een andere relatie volledig mogelijk te maken. Ze is wel getrouwd, heeft wel een man of een vriend of een speciale vriendin, maar zit nog met een onzichtbare navelstreng aan haar moeder vast. Ze is meer dyadisch gebleven dan triadisch ontwikkeld.

Zoals haar vader al een geringe rol in haar leven heeft gespeeld, zo is de plaats van haar partner ook onduidelijk. Zijn rol is beperkt. Ze is niet erg heteroseksueel ingesteld. Na de geboorte van hun kind hebben deze vrouwen vaak geen enkele behoefte meer aan een seksuele relatie. De man wordt kwalijk genomen dat hij de band met de moeder of de vriendin verstoort. Zo'n moeder neigt ertoe helemaal op te gaan in haar baby. Ze heeft geen eigen leven meer. Ze interesseert zich niet meer voor de buitenwereld.

Zoals we al zagen is het tot elkaar veroordeeld zijn een bron van frustratie en agressie. 'Een van beiden legt het loodje. Ik ga dood of mijn moeder' is een veel gehoorde fantasie. De autonomie van een van beiden is levensbedreigend voor de ander. Soms wordt de vader de slechterik over wie de moeder tegen haar dochter roddelt.

Moeder en dochter hebben een onderhandelingspact waarin ze voor wat hoort wat uitwisselen. Het is een duidelijk soort ruilhandel.[9] Als de tekenen van 'ik heb jou nodig' niet komen, verkeert de liefde in blinde haat. Angst om verzwolgen te worden leidt tot een soort symbiosefobie: blijf zo ver mogelijk bij moeder uit de buurt, vooral wanneer je net een kind hebt gebaard. Zij zou het kind uit pure jaloezie kunnen afpikken of vernietigen, zoals de kwade fee in boze sprookjes doet. Verlies van de eigen identiteit wanneer moeder in de buurt zou komen, maakt deze dochters panisch.

Bij mannen leidt de symbiose met hun moeder tot bedreiging van hun seksuele identiteit. De man moet immers op haar lijken, hetzelfde voelen en denken en vinden als zij. Dit houdt in dat hij vrouw met de vrouwen moet zijn, zodat hij vrouwen misschien wel leuk vindt, maar hen als seksuele partner mijdt. Of hij heeft wel een vrouwelijke partner en neemt zijn toevlucht tot vreemde seksuele scenario's waarin de dreiging wordt uitgespeeld, bijvoorbeeld in een masochistisch spel zonder daadwerkelijk castratiegevaar. Angst en opwinding vloeien dan samen in de overwinningsroes die orgasme heet.

Zulke seksuele scenario's hebben een droomkwaliteit en kunnen als dromen op hun betekenis onderzocht worden. De latente betekenis gaat schuil achter de manifeste inhoud. Bij vrouwen is dit soort scenario's veel zeldzamer, hoewel zeker niet onbekend. Vrouwen hebben een ander soort castratieangst dan mannen, maar zijn niet minder bang voor beschadiging of zelfs totale vernietiging door hun imaginaire moeder, die dan lijkt op de boze heks uit de sprookjes.

Als een dochter zwanger wordt, voelt ze soms twee rivaliserende dyades ontstaan. Ze moet loyaal zijn aan haar moeder, maar heeft ook haar kind om voor te zorgen. Er wordt van twee kanten een beroep op haar gedaan. De grootmoeder en de baby strijden om de aandacht van de jonge moeder. Zij vreest de jaloezie van haar moeder op het kind, dat nu alle aandacht krijgt. Vervolgens wordt ze overspannen, depressief en woedend, meestal op haar man. Al doet die nog zo zijn best, hij kan geen goed meer doen.

De vrouw kan dit dilemma alleen oplossen door haar moeder, haar kind of zichzelf heftig te gaan haten. Als ze de baby haat en dit niet kan verdragen vanwege het schuldgevoel, zal ze heel erg haar best gaan doen om hem juist goed te verzorgen. Ze vormt op die manier een barrière tegen haar eigen moordneigingen. Ze wordt overbezorgd, komt aan zichzelf niet meer toe en kan de baby niet alleen laten. Het huilen van haar baby wordt een aanklacht, maar ook haar eigen verdriet: ze voelt een hevige wens om zelf baby te zijn, maar moet dit uit schaamte ontkennen. Ze verlangt naar een lieve zorgzame moeder die er voor haar is en die ze hevig mist.

Lea heeft een ernstige postnatale depressie. Ze beleeft haar moeder als dwingend, intrusief en bemoeizuchtig. Tegelijk geeft ze aan dat ze iets heel speciaals met haar moeder heeft. De ambivalentie ligt er dus dik bovenop. Het is alsof ze in twee werelden leeft, of dat haar hoofd in twee helften is verdeeld. In de ene helft is haar moeder een heel innig en nabij, in de andere voelt ze het gemis aan een moeder waar ze iets aan heeft. Als ik haar vraag waar het goede contact met haar moeder uit bestaat, wordt ze verdrietig en weet niets te antwoorden. De illusie wordt verstoord door erover na te denken.

Eigenlijk praat ze nooit met haar moeder, de laatste klaagt en zij hoort dat, soms geërgerd, aan. Ze hoopt altijd nog op die heerlijke momenten die er zouden kunnen zijn, maar die niet komen. Ze wil graag één zijn met haar moeder. Anderzijds is ze bang dat haar moeder haar leven overneemt en dat ze haar eigen koers verliest. Als haar moeder bijvoorbeeld zegt dat ze zo blij is met haar schoonzoon, kan Lea haar man opeens niet meer uitstaan. Haar moeders wens moet vooral niet de hare worden, anders houdt ze geen eigen leven meer over. 'Mijn moeder annexeert mij helemaal, het is alsof ik totaal verdwijn.' Deze combinatie van levenslang verlangen en steeds terugkerende teleurstelling in hun moeder is voor vrouwen niet ongebruikelijk.

Het is moeilijk om levenslange wensen en verlangens op te geven en je te realiseren dat het er nooit van zal komen. Lea's moeder kan nooit een steun voor haar zijn, omdat ze het niet verdraagt als het met Lea niet goed gaat. Dan voelt ze zich zelf ziek. Het is een op z'n kop gezette relatie, waarin haar moeder steeds een beroep op Lea doet. Ze moet voor haar gevoel haar moeder onvoorwaardelijk steunen, ook tegen haar vader. Een werkelijke dialoog waarin naar Lea wordt geluisterd is volgens haar niet mogelijk. Haar preoccupaties tellen niet echt voor haar moeder, die het te druk heeft met haar eigen gevoel van verwaarlozing. Dat is niet zonder reden: ze was zelf een verlaten kind. In hoofdstuk 7 zal ik uitvoeriger op de postnatale depressie ingaan.

Een ander voorbeeld van meergeneratieproblemen is Sandra. Zij klaagt dat haar moeder niet luistert en alleen over zichzelf praat. Ze haat haar moeder heftig en weet zich daar geen raad mee. Ze is in haar adolescentie opgenomen geweest vanwege zwaar dwangneurotische verschijnselen, wanen en angsten. Ze lijdt, ondanks een succesvolle carrière, nog steeds aan een asbestangst. Ze vreest steeds in asbest te trappen en vervolgens iedereen in haar omgeving daarmee te besmetten. Hierover kan ze uren piekeren. Het gaat om een waan, ze weet dat het niet waar is, maar gelooft het desondanks. Ik vraag haar met haar moeder te komen en bij die gelegenheid zie ik inderdaad dat de moeder niet luistert, niet van Sandra's klachten wil horen, alles positief labelt en inadequaat lief doet, terwijl haar dochter duidelijk geërgerd en vervolgens depressief is. Sandra zit er meer en meer bij als een geknakte bloem.

De voorgeschiedenis van de moeder verklaart het een en ander. Ze was een ongewenst kind en de liefdeloze relatie tussen haar en haar moeder leidt nu tot niet erkende haat tussen haar en haar dochter. Terwijl de moeder probeert zoete broodjes te bakken en de haat te verbloemen, lukt dat de dochter maar ternauwernood. Het dwangmatige asbestverhaal is te vertalen als: 'Moeder – die een stukje asbest in haar fossielenverzameling heeft – zou het beste tot as kunnen worden', maar zoiets ergs kan Sandra natuurlijk niet toegeven. Ze gaat toch al gebukt onder schuldgevoel vanwege haar onbewuste moorddadige fantasieën.

Mijn conclusie is dat enige mate van intacte symbiose, al is het maar ten dele en in de fantasie, onmisbaar is voor een harmonische ontwikkeling van een dochter. Een totaal ontbreken van deze gevoelsschakering, van het gevoel samen te zijn, is even traumatisch als het tegenovergestelde: een quasi-, want niet realistische intimiteit zonder grenzen, waar iedere gescheidenheid geloochend wordt. Een leven zonder illusies is ondenkbaar. Dit gevoel van momentane gelukzaligheid kunnen we vinden in de beleving van kunstwerken, bij het zien van een mooi landschap of in een innig contact, zoals bij verliefdheid.

De muziek is voor velen een geschikt medium. Clara Schumann verloor op jeugdige leeftijd door de scheiding van haar ouders haar moeder en bleef achter met een hardvochtige vader. Toch was ze in staat momenten van gelukzaligheid te beleven. Zelfs met haar vader, die van haar hield op voorwaarde dat zij presteerde wat hij verlangde. Vermoedelijk wist ze via de muziek in haar innerlijk een beeld te bewaren van haar moeder, die een begaafd pianiste en zangeres was.[10]

Een dochter hoeft haar moeder niet te verloochenen om zelfstandig te worden. Een absolute wisseling van object is al evenmin wenselijk, zoals we in hoofdstuk 5 zullen zien. De dochter zal in moeilijkheden raken bij extreme oplossingen naar de ene of de andere kant – hetzij dat ze haar moeder ontvlucht of afwijst in een poging om zelfstandig te worden, hetzij dat ze aan haar vast blijft houden, meent voor haar welzijn te moeten zorgen en dergelijke meer. Sommige vrouwen groeien op zonder moeder en blijven altijd een pijnlijk gemis voelen. Een totaal gemis aan enige symbiotische ervaring geeft evenzeer een leegte als een overmatig vervloeien met een liefdesobject. Sommige moeders sterven of verlaten hun kinderen, of hebben zoveel kinderen dat er geen aandacht is voor ieder afzonderlijk. In de meeste gevallen zien we gelukkig de gulden middenweg. De moeder dient een dochter tot voorbeeld, geeft haar een gevoel van steun en helpt haar zelf moeder te worden.

We kunnen ons afvragen hoe deze veel voorkomende kwaal die symbiotische illusie heet tot stand komt. Maar ook wat de historisch gegroeide werkelijkheid is van de beleving van de moeder. Zij voelt zich te vaak alleen en aangewezen op haar kind, en ook het kind heeft te vaak alleen zijn moeder. Het dyadisch tweetal dat elkaars liefdesbehoeften moet bevredigen is in isolement geraakt. De vader die de moeder kan steunen en tussen haar en het kind in kan gaan staan zodat symbiose tot individuatie kan leiden, ontbreekt vaak in onze 'vaterlose Gesellschaft'.[11] Is hij in de loop van de nieuwe geschiedenis, na eeuwenlange absolute macht, de buitengeslotene geworden? Vechten feministen tegen papieren tijgers als het om vaders gaat?

In onze tijd hebben moeders vaak het idee dat ze de idylle van de gelukzalige moeder met haar kind moeten realiseren binnen het eigen gezin. Ze zijn bang te falen als dat niet goed lukt. Langzamerhand ontdekken we dat moederliefde niet de enige vorm van liefde is, maar dat vaderliefde ook bestaat, ja zelfs vanaf het prilste begin, en dat deze band even onmisbaar is.

Kortom, ik stel voor het begrip symbiose letterlijk op te vatten, waarbij de rol van beide partijen wordt uitgewerkt. Het dient dan als metafoor om een remmende interdependentie tussen twee personen aan te duiden. Stoornissen in de kinderontwikkeling en de ouder-kindrelatie worden begrijpelijker door de wisselwerking tussen het onbewuste van ouders en kinderen te bestuderen over drie generaties.

Mahler beschrijft de moeder-kindrelatie vooral vanuit de optiek van de baby. Ze laat de onbewuste fantasieën van de moeder grotendeels buiten beschouwing, in tegenstelling tot bijvoorbeeld Lebovici.[12] Hij beschrijft de belevingswereld van moeders die voor hun emotionele welzijn afhankelijk zijn van hun baby, evenals Castoriadis-Aulagnier.[13] Het over het hoofd zien van de rol die het onbewuste van de moeder speelt heeft historische wortels. Freud legde weinig interesse voor de moeder aan de dag. Latere onderzoekers, zoals Anna Freud en Margaret Mahler, beschreven veelvuldig de moeder-kindrelatie. De moeder werd dan vooral gezien vanuit de beleving van het kind, terwijl de vader als factor grotendeels onzichtbaar bleef.

Het historische gebrek aan interesse voor de rol van de moeder bij de meeste onderzoekers (uitgezonderd Hélène Deutsch, die haar masochisme benadrukte) heeft verstrekkende gevolgen gehad. Daardoor bleef bijvoorbeeld de neurotische variant van de postnatale depressie grotendeels onopgemerkt.

Nogmaals, bij een symbiotische beleving is er mijns inziens sprake van een ongezond samenspel dat ligt op het terrein van de pathologie. Daarbij gaat het niet zozeer om het gedrag als wel om de rol die beide partners van de illusie in elkaars fantasie vervullen. De lotgevallen van deze gedeelde illusie heb ik aan de praktijk proberen te illustreren.

Hoewel het begrip symbiose als fase in de ontwikkeling omstreden is,[14] is het inmiddels gemeengoed geworden. Het wordt te pas en te onpas gehanteerd om diverse stoornissen te verklaren. De problemen van de volwasssene worden teruggeprojecteerd in de kindertijd en toegeschreven aan faseproblematiek, zoals een gemiste symbiotische en/of separatiefase. Mahler was zelf verrast hoe veelvuldig haar begrippenapparaat als uitleg van borderline en narcistische persoonlijkheidstoornissen gebruikt werd.[15]

Ik wil trachten een andere wending aan de discussie te geven door het begrip symbiose ten eerste zijn letterlijke betekenis van wederzijdse afhankelijkheid terug te geven en het ten tweede voor de pathologie te reserveren. Het zou jammer zijn de symbiose als begrip te verliezen, omdat het zo bij uitstek geschikt is om een ongezond samenspel aan te duiden. De wederzijdse psychologische betrokkenheid die tot interdependentie leidt waar voor de verdere ontwikkeling autonomie, of separatie, of individuatie nodig is, noem ik de symbiotische illusie. Enerzijds duidt dit op het ongesepareerd zijn van vooral de innerlijke objectrelaties, anderzijds verwijst het illusionaire naar het fantasmatische aspect, dat door de twee partijen, ieder vanuit een eigen optiek, gedeeld wordt. Verre van zich tot ouder en kind te beperken kan de illusie op iedere leeftijd als innerlijk interactiescenario worden aangetroffen.

3
Geschiedenis van de moederliefde

There is nothing either good or bad,
but thinking makes it so.
William Shakespeare

Om ons eigen wereldbeeld te begrijpen en te relativeren is enig historisch besef vereist. Laten we eens nagaan hoe het met moeders en kinderen door de eeuwen heen gesteld was. Dan zal blijken dat de norm verschoven is van betrekkelijke verwaarlozing van kinderen in grote gezinnen naar een vaak exclusieve band met de moederfiguur.

Als moederliefde altijd al vanzelfsprekend was, waarom werd die dan van moeders geëist? We realiseren ons onvoldoende dat de aansporingen tot grotere moederliefde pas een paar honderd jaar gelden.[1] De eisen aan moeders zijn begonnen met de Verlichting. Deze nieuwe moraal was blijkbaar nodig omdat verwaarlozing en ongeïnteresseerdheid in het kind te vaak een probleem vormden. Te veel kinderen stierven te vroeg. Dat was onvoordelig voor de economie: er waren arbeidskrachten nodig bij de opkomst van de industriële revolutie.

De betrekkingen tussen ouders en kinderen worden bepaald door plaats en tijd. Dat wil zeggen, niet alleen door de cultuur van een streek, een sociale klasse, een etnische groep, maar ook door het moment in de geschiedenis. Als we het moederschap in de westerse wereld onder de loep willen nemen, moeten we ook kijken naar het verleden en naar de ontstaansgeschiedenis van het allerminst vanzelfsprekende begrip moederliefde.

In Noordwest-Europa en Amerika vonden de laatste tweehonderd jaar meer psychosociale veranderingen plaats dan ooit eerder in de geschiedenis. Het ancien régime, de tijd van vóór de Franse revolutie, was voorgoed voorbij. Weliswaar gold de nieuwe tijd allereerst uitsluitend voor de bourgeoisie en drongen de gunstiger omstandigheden pas veel later door tot de gehele bevolking, maar toch was er een duidelijke mentaliteitsverandering gaande. Vanzelfsprekend had de nieuwe houding tegenover kinderen grote gevolgen, niet alleen voor hun dagelijkse levensomstandigheden, maar ook voor het innerlijk leven in de nieuwe tijd.

De moederliefde staat sinds de achttiende eeuw meer in de aandacht dan ooit tevoren. Vooral sinds de industriële revolutie en de verstedelijking, toen huis en werk gescheiden werden, kreeg de moeder haar centrale plaats bij het kind en lag haar taak in het gezin. De familie werd een soort veilige haven,[2] een aparte wereld.[3] Zoals we zullen zien ontwikkelt de speciale interesse voor de opvoeding van kinderen zich in de negentiende eeuw zelfs tot allerlei angstige preoccupaties.[4]

Na 1900 breidt de belangstelling voor kinderen zich verder uit en neemt een andere wending, mede als gevolg van Freuds ontdekkingen. De psychoanalyse stimuleert de interesse voor de gevoelens en fantasieën van het kind. Daarenboven zet na het einde van de Tweede Wereldoorlog een geheel nieuwe tendens zich in beweging als gevolg van het duidelijk worden van de trauma's van verlies, scheiding en verlating. De exclusiviteit en intensiteit van de moeder-kindrelatie krijgt in de geestelijke gezondheidszorg steeds meer nadruk. Moederzorg wordt tot een nieuwe moraal, het hoogste goed om na te streven.[5]

Moederliefde is de zorg van alle verantwoordelijke ouders geworden sinds de popularisering van de psychoanalyse een feit is. Sterk vermeerderde kennis over de vroege kinderontwikkeling heeft ouders geholpen, maar hen ook, en dan vooral moeders, meer bezorgd en schuldig gemaakt. Het huidige post-Spock tijdperk past in een grotere historische beweging die al veel langer gaande is. Hoe is het allemaal zo gekomen?

De psychosociale geschiedenis en de mentaliteitsgeschiedenis kunnen ons daarover inlichten. Deze vertellen ons over de manier van denken en het dagelijks leven van onze nabije en niet zo nabije voorouders. Diverse nieuwe bronnen van onderzoek zijn aangeboord: beeldmateriaal, zoals oude schilderijen en prenten, kerkregisters, gerechtelijke uitspraken, testamenten, dagboeken, brieven, de aantekeningen van artsen en vroedvrouwen. Al deze bronnen vormen een goudmijn die door historici pas laat werd ontdekt, namelijk toen men wat uitgekeken raakte op koningen en generaals als de enige interessante figuren uit ons verleden. De komst van de computer maakte demografisch materiaal pas goed toegankelijk, en het historische denken is daardoor gedemocratiseerd.

Aldus ingelicht over ons verleden kunnen we eigenlijk nu pas onze leefpatronen vergelijken met die van vroeger, zoals de antropologie ons al eerder in staat stelde ons te vergelijken met onze ver en minder ver verwijderde tijdgenoten. Aan de hand van historische literatuur[6] zal ik proberen na te gaan hoe ouders zich in vroeger tijden tegenover hun kinderen gedroegen en voelden. Vergelijking tussen vroeger en nu relativeert vanzelfsprekendheden, omdat we beter zien dat iedere tijd zijn eigen aanpak heeft.

De vraag is hoe de moderne norm van de exclusiviteit van de moederliefde zich verhoudt tot de nagestreefde psychische gezondheid. Exclusiviteit stelt hoge eisen aan de kwaliteit van de relatie. De emotionele gezondheid van de moeder wordt een bepalende factor wanneer vooral aan haar de verzorging en opvoeding van het kind wordt overgelaten. Doordat bovendien de rol, ja, de onmisbaarheid van de vader te vaak over het hoofd wordt gezien, wordt pathologie mogelijk juist in de hand gewerkt. Welke emotionele stoornissen kunnen daaruit voortkomen?

De moederliefde vóór de achttiende eeuw

Alle geraadpleegde literatuur wijst erop dat de geschiedenis van de moederliefde globaal verdeeld kan worden in twee tijdperken. De tweede periode kwam voorzichtig op gang in de tweede helft van de zeventiende eeuw. Toen begon moederliefde voor het eerst een filosofisch ideaal te worden. Het werd een doel om na te streven en een onderwerp van handboeken over moraal en opvoeding. Globaal gesproken was de moederliefde vóór de achttiende eeuw net zo min een onderwerp van gesprek als de seksualiteit dat ooit geweest was. Kinderen waren vaak eerder een last dan een kostbaar goed. Denk ook aan onze vader Cats, die door mijn moeder nog geregeld werd aangehaald als ze ons vervelend vond: 'Kinderen zijn hinderen', zei ze dan.

Nu is het wel zo dat de moederliefde historici verdeeld houdt. Er zijn voor- en tegenstanders van de pionier Ariès, die voor het eerst de kinderzorg onder het ancien régime beschreef. Volgens hem werd het kind in de Middeleeuwen beter behandeld dan later, nadat het strenge en vaak hardvochtige protestantisme zijn intrede had gedaan. Maar toch was er volgens Ariès over het geheel gezien in vroeger tijden weinig speciale aandacht voor kinderen. De maatschappij was een bonte mengeling van rangen en standen waarin iedereen zijn van God gegeven plaats kende. Kinderen en volwassenen verkeerden weliswaar in elkaars gezelschap, maar speciale interesse voor de belevingswereld van het kind ontbrak.

Le Roy Ladurie is het daar niet mee eens.[7] Hij beschrijft een bergdorp in de Pyreneeën, een gebied dat tot Zuid-Europa behoort, waar mogelijk andere gewoonten heersten dan in meer noordelijke streken. Hij baseert zich op de archieven van de Inquisitie, die de daar wonende Katharen als ketters hardvochtig vervolgde en strafte. In meer welvarende streken met mildere klimaatsomstandigheden, zoals het zuiden van Frankrijk, was tederheid tegenover kinderen niet onbekend. Het sadisme van de inquisiteurs en de ascese van de Kathaarse ketters doen echter een grote gehardheid bij deze mensen vermoeden, hetgeen toch iets met hun opvoeding te maken moet hebben.

Een andere Franse studie is het evenmin eens met Ariès. De auteurs laten aan de hand van beeldmateriaal zien dat er wel degelijk aan het belang van het kind gedacht werd, en dat men moeite deed om zijn ontwikkeling te bevorderen door veel aparte aandacht en ook door speelgoed te geven.[8] De zogenoemde Cambridge Group van onderzoekers vond duidelijk verschil tussen Noordwest-Europa, waar het altijd al beter met kinderen gesteld was, en de rest van de wereld. Zij stellen dat het kerngezin en de intimiteit die dat kan verschaffen altijd al bestaan heeft in bepaalde streken, zoals Engeland. Zelf veronderstellen ze dat de Galliërs in de tijd van Julius Caesar mogelijk al een nucleair gezin kenden en veel kindvriendelijker waren dan de hardvochtige Romeinen.

Deze historici zijn het niet eens met het evolutiemodel van Ariès. Zij zien geen geleidelijke verandering van slecht naar beter, maar nemen aan dat er altijd al grote regionale verschillen waren. De 'ruwe barbaren' waren in feite minder hard en wreed voor hun kinderen en meer geïnteresseerd in het familieleven dan de Romeinen. In de klassieke wereld bestond bijvoorbeeld geen equivalent voor het woord baby, en discipline betekende letterlijk hetzelfde als straf. Kinderen, vrouwen en slaven bezetten allemaal een even marginale plaats in de antieke maatschappij. Die situatie is pas met de komst van het christendom veranderd.

Het hoopvolle ontwikkelingsmodel, dat inhoudt dat er een

betere wereld op komst is, lijkt mij ook minder waarschijnlijk als je kijkt naar de Derde Wereld en hoe het daar toegaat. Sommige culturen neigen ertoe zich te verbeteren door hard werken, door het menselijk potentieel te benutten, door privacy te creëren of onderlinge menselijke relaties tot grotere intimiteit uit te bouwen. Bij andere culturen zal het mogelijk nooit die richting op gaan.

Achter ons liggen duizenden jaren van vanzelfsprekend omgaan met (kleine) kinderen, zoals door gewoonte en traditie ingegeven. Augustinus schonk in de vierde eeuw na Christus als een van de eersten bescheiden aandacht aan moeders en kinderen bij het beschrijven van zijn eigen jeugd. Erg vriendelijk jegens de laatsten was hij niet gestemd. Hij nam aan dat kinderen verre van onschuldige zieltjes waren. Integendeel, ze moesten stevig gedisciplineerd worden om tot godvruchtige wezens uit te groeien.

Hoe de bovenvermelde discussie over de kindertijd in vroeger jaren ook wordt beslecht, specifieke kennis omtrent het kind heeft altijd grotendeels ontbroken. De Mause, weliswaar geenszins onomstreden, ziet het somber in: 'De geschiedenis van de kindertijd is een nachtmerrie waaruit we pas sinds kort beginnen te ontwaken', schrijft hij.[9] Naarmate het lot van de mensen door de omstandigheden harder en triester was, traden ze mijns inziens ook meedogenlozer tegen hun kinderen op.

De wanhopige armen hebben hun kinderen altijd geaborteerd, gedood, te vondeling gelegd, in de steek gelaten, verkocht en aan prostitutie uitgeleverd. En in de Derde Wereld doen ze dat nog steeds. De vroege dood van ouders had tot gevolg dat kinderen vaak elders opgevoed werden. Dat is nog twee van mijn eigen grootouders overkomen.

Infanticide was in de klassieke Oudheid, met name in Griekenland, niet ongewoon. Denk aan Agamemnon, die eerst de baby van Clytaemnestra vermoordde voordat hij met haar trouwde, en daarna Iphigenia offerde om van de goden een gunstige wind voor zijn vloot te bedingen. Ook in het Oude Testament ontbrak de kindermoord geenszins, al sprak Jesaja er al een verbod over uit. Denk aan Abraham die Isaac op het offerblok legde om zijn God gunstig te stemmen. Dat was blijkbaar het excuus: de goden willen het zo. Bij de Kelten en Germanen bestond infanticide eveneens als een vorm van geboorteregeling na de geboorte. Het werd als kinderoffer aangeprezen of op andere manieren gerationaliseerd.

Gebrek aan voedsel en onmacht tegenover de voortplanting heeft altijd tot het openlijk of verkapt doden van kinderen geleid, en doet dat op het platteland van China nog steeds. Het jodendom heeft het opofferen van de voorhuid als pars pro toto en symbool van het hele kind gehandhaafd. Oorspronkelijk was het offeren van de eerste zoon aan de almachtige godheid een verplichting, die soms met dierenoffers kon worden afgekocht. Het christendom gebruikt het offeren van de zoon zelfs als fundamentele oorsprongsmythe en als metafoor voor goddelijke goedertierenheid. Het openlijk doden van kinderen werd in de vroege Middeleeuwen, ongeveer vanaf de vierde eeuw, door de Kerk tegengegaan. In de vijftiende eeuw werd dit gebruik min of meer officieel tot staan gebracht. De schuldig geworden infanticide werd vervolgens op de joden geprojecteerd, een sprookje dat, bijvoorbeeld op het platteland van Oostenrijk, tot op de dag van vandaag te beluisteren valt. De ambivalentie die kinderen oproepen leeft eveneens voort tot op de dag van vandaag.

Het te vondeling leggen van kinderen was lang een gebruikelijk middel om zich van ongewenst nageslacht te ontdoen. In de Middeleeuwen werd tussen de 20 en 40 procent van alle kinderen geaborteerd, gedood of te vondeling gelegd.[10] In de achttiende eeuw namen te vondeling leggen en bij een voedster onderbrengen in het arme rooms-katholieke deel van Europa weer sterk toe, ondanks de officiële lijn van de Kerk die daar tegenin ging. In Wenen werd aan het begin van de negentiende eeuw nog 50 procent van alle kinderen te vondeling gelegd.[11] In het negentiende-eeuwse Londen werden regelmatig babylijkjes in de goot of op de vuilnishoop aangetroffen. Door de bevolkingsgroei veranderde de demografie en vormden kinderen een veel groter deel van de bevolking. Het gevolg was dat armoedige bendes rovende en stelende kinderen de grote steden onveilig maakten, zoals nu nog in Zuid-Amerika gebeurt.

In Frankrijk kwam aan het op grote schaal te vondeling leggen pas rond 1900 een einde. Weliswaar konden kinderen sinds het ontstaan van liefdadigheidsinstellingen in wees- of vondelingenhuizen worden achtergelaten, maar dat vergrootte hun kans op overleving geenszins. De mortaliteit in die instellingen lag hoger dan 90 procent. Zelfs in het vriendelijke Holland, waar over het algemeen betere omstandigheden heersten dan in de rest van de wereld, was de situatie voor kinderen in tehuizen erbarmelijk. Er bestonden hier weliswaar geen aparte tehuizen voor vondelingen omdat die er minder waren dan elders, maar de weeshuizen behandelden hun pupillen met hardheid. Ze werden streng gedisciplineerd en veel geslagen. Zo moest er in Leiden nog in 1661 een wet worden gemaakt die verbood dat weeskinderen meer dan 15 uur per dag werkten. In 1671 werden daar nog achtduizend kindarbeiders geïmporteerd om als niet veel meer dan slaven in de lakenindustrie te werken.

Een ander middel om de kinderrijkdom het hoofd te bieden was een kind uit te besteden aan een betaalde voedster. Eeuwenlang werden kinderen van welgestelden en van stedelingen, ook van arme moeders die zelf moesten werken voor de kost, ondergebracht bij uiteraard nog veel armere vrouwen. Als het kind het al overleefde, verbleef het lange tijd in het gezin van de voedster. Dat pleegadres was meestal ver van huis op het 'gezonde' platteland, en de kinderen werden dan ook zelden of nooit door hun ouders bezocht. Ze bleven daar twee tot vijf jaar.

Als kinderen uit zo'n pleeggezin thuiskwamen, kenden ze hun ouders uiteraard helemaal niet. Ze waren dan vreemden geworden die hun ouders konden helpen of bedienen. Waren ze iets ouder, zo'n acht of tien jaar, dan konden ze elders bij vreemden in de kost gaan als bediende of leerjongen, want 'vreemde ogen dwingen'.

De reis naar zo een ver weg wonende voedster was in vroeger tijden voor niemand een lolletje, maar voor een pasgeborene was die vaak fataal. De hygiënische omstandigheden waren nergens al te best, maar bij de arme voedsters waren ze erbarmelijk. Ooggetuigen vertellen van stank, vuil, ongedierte en gebrek aan licht en lucht. De sterfte onder deze zuigelingen kwam net als in de weeshuizen op zeker 90 procent.

Vooral in de betere kringen zag men ongaarne dat een moeder het pasgeboren kind zelf voedde. Borstvoeding heeft te maken met tederheid en intimiteit, en natuurlijk ook met seksualiteit. Daarom werd het niet alleen als een last gezien, maar ook als een vieze en zondige bezigheid, een euvel dat beter vermeden of aan lager geplaatsten overgelaten kon worden. Maar ook dat was niet zonder risico. Bijgeloof rond baby's en voeden vierde hoogtij. Het kind, zo dacht men, zou gaan lijken op degene die hem haar melk gaf. Het kon kwaad bloed binnenkrijgen van een boosaardige min of de driften overnemen van het dier waarvan het de melk gedronken had.

Een van de redenen om een voedster te nemen was overigens dat er nog geen vervanging voor borstvoeding bestond. De vraag hoe men een zuigeling effectief anders kon voeden zou nog lange tijd onopgelost blijven. Pas eind negentiende eeuw ontstond de techniek van het kunstmatig voeden en kwam het gebruik van melk van dieren in zwang. Voordien werd de baby veelal gevoed met te zwaar, voor hem onverteerbaar voedsel. Mozart schrijft in 1783: 'Nun hat das Kind wider meinen Willen, und doch mit meinem Willen, eine Saug-Amme bekommen. Meine Frau, sei es imstande oder nicht, sollte niemals ihr Kind stillen, das war immer mein fester Vorsatz! Allein, einer andern Milch soll mein Kind auch nicht hineinschlucken!, sondern bei Wasser, wie meine Schwester und ich, will ich es aufziehen.'[12]

Er gebeurden vaak ongelukken met kinderen. Kinderen en volwassenen sliepen niet zelden in één bed, waarbij het kon voorkomen dat een van de ouders op de baby ging liggen zodat hij stikte. Ingebakerd en vastgebonden op een plankje werden kleine boerenkinderen wel alleen gelaten, terwijl hun ouders op het land werkten om de oogst binnen te halen. Zo konden ze aan een haak aan de muur gehangen worden. Ze konden dan niet bewegen en dus geen kattenkwaad doen of zich een ongeluk op de hals halen. Ze waren dan weliswaar veilig beschermd tegen ratten of honden, maar niet tegen insecten of brandgevaar. Doodvriezen of verbranden waren geen ongebruikelijke ongelukken.

Kinderen werden van jongsaf aan met de dood geconfronteerd, gewend als ze waren aan het sterven van broertjes en zusjes. Wat wij nu traumatisch noemen, zoals 'vervangkind' zijn, was in vroeger tijden doodnormaal. Ouders gaven hun opeenvolgende kinderen vaak dezelfde naam, in de hoop dat er tenminste één Johan of Pieter als erfgenaam zou overblijven. Kinderen konden alleen dankzij Gods wil overleven, maar in de hemel was het zo slecht nog niet. Vaak werd er niet eens getreurd om het dode kind, zo gewoon was het sterven.

Geringe hechting tussen ouder en kind moet welhaast het gevolg zijn geweest van dit altijd dreigende verlies. In de aanbidding van het kindeke Jezus en de plafondengelen of *putti*, zinnebeelden van de ziel na de dood, werd het kind geïdealiseerd, maar dat ideaalbeeld had helaas niet altijd betrekking op kinderen van vlees en bloed en leverde niet meer inlevingsvermogen in kinderen op. Evenmin kon het verhinderen dat ook slechte eigenschappen op het kind werden geprojecteerd. Tegenover het vergoddelijkte stond het verguisde kind.

Geweld tegen kinderen was een normaal verschijnsel en behoorde tot de dagelijkse praktijk. Een goede opvoeding moest hard zijn teneinde de zondige inborst van het kind te temmen. De reformatie heeft het gezin altijd aangeprezen als een belangrijk instituut. Gecombineerd met de nieuwe ideeën over de erfzonde en persoonlijke verantwoordelijkheid zorgde dit geloof voor striktheid, hardheid en ascetisme jegens kinderen. Pedagogen raadden aan de knoet niet te sparen. Het kind moest niet worden ontzien, integendeel, zonder slaag zou het niet tot een aangepast mens te temmen zijn. Met straf en slaag kon je niet vroeg genoeg beginnen, want hoe jonger, hoe ongetemder en boosaardiger van inborst het kind. Geweld tegen kinderen kon ook door armoede worden ingegeven. Het verminken van baby's, zoals dat nu in ontwikkelingslanden nog wel gebeurt, diende om ze later als bedelaar te kunnen inzetten.

Er zijn vele overeenkomsten, maar ook duidelijke verschillen tussen wat wij nu ontwikkelingslanden noemen en ons eigen middeleeuwse verleden. Gebrek is overal gelijk, maar weloverwogen hardheid is een opvoedingsmethode. Het is een moraal, die spontane genegenheid voor het kind in de weg kan staan. Vanzelfsprekend heeft zo'n pedagogiek gevolgen voor de mogelijkheid tot het uiten van positieve emoties tussen ouders en kinderen. Spontane moederliefde werd hierdoor uiteraard negatief beïnvloed. Er bestaat een duidelijk verband tussen opvoedingsstijlen en volkskarakter.

Een bekend voorbeeld is het Japanse volkskarakter. De hardheid van de Japanner wordt wel geweten aan de plotselinge omslag in de opvoeding van jonge kinderen. Kleine kinderen worden hevig verwend en vertroeteld, maar zodra ze iets ouder zijn verandert dat ineens. Vanaf een jaar of vijf worden ze met strengheid behandeld en worden er hoge eisen aan hen gesteld. Vooral de school en het moeten presteren groeien uit tot een ware kwelling. Bij ons is de veeleisendheid tegenover kinderen, die was ingegeven door de reformatie, omstreeks de zestiende eeuw tot de moraal gaan behoren. Het succes van de westerse wereld wordt wel toegeschreven aan deze karakteristiek, waarbij niets aan het toeval wordt overgelaten en het uiterste uit de mensen wordt gehaald, zoals het calvinisme voorschrijft.

Angst voor calamiteiten, onheil, onwetendheid en onmacht tegenover de natuurlijke omgeving leidden tot magie en bijgeloof. Een voorbeeld daarvan is het met gloeiende poken brandmerken van kinderen om ze te 'beschermen' tegen vallende ziekte. Baby's werden bij de doop in ijskoud water ondergedompeld of in de sneeuw gewenteld. Vaak liep het op die manier longontsteking op en stierf het aan de gevolgen. Exorcisme was normaal, zeker vóór de reformatie, en voor het uitdrijven van de duivel was het een goed teken als het kind bij de doop hard en lang huilde.

Baby's zijn niet alleen lief, maar ook een last. Niet zelden veroorzaakt de druk op ouders een onbewuste haat jegens het kind. In onze tijd is agressie tegen kinderen tot een taboe uitgegroeid, zodat alleen gestoorde ouders hun kinderen willens en wetens kwaad doen. In vroeger tijden was dat wel anders. Baby's werden soms hardhandig gewiegd, tot bewusteloosheid toe, om ze stil en in slaap te krijgen. Ze kregen een prop in de mond met iets zoetigs, ook wel met opium of sterke drank, om zich rustig te houden.

Het idee dat kinderen gehard moeten worden leeft tot op de dag van vandaag. In het verleden was verwennerij uit den boze en harden werd vaak vrij letterlijk opgevat. Het gebeurde door middel van veel slaag, weinig eten, grof en moeilijk verteerbaar voedsel, geen tederheid of enige vorm van lichamelijk contact. Harde bedden, koude kamers en schamele kost – dat was het lot van kinderen. Hun kleren moesten van ruwe stof zijn gemaakt, simpel en kuis zijn en liefst niet te warm. Kinderen waren vaak niet beschermd tegen felle kou in de winter. Al dit soort maatregelen werd vanaf de zestiende eeuw door dokters en pedagogen systematisch aanbevolen.

Meisjes kregen veelal nog minder te eten dan jongens, ze waren minder waard, en het werd voldoende geacht als ze in leven bleven.[13] Het meisje leerde weinig, onderwijs werd voor haar niet nodig gevonden, het was de investering niet waard. Zij moest het huishouden leren doen. De generatie vrouwen die van thuis niet mocht leren is nog steeds niet uitgestorven, ook in deze eeuw niet.

Alles wat naar zachtaardigheid en tederheid jegens kinderen neigde was lange tijd verdacht, bijna zoals tegenwoordig het omgekeerde – een gebrek aan moederliefde – door pedagogen en psychologen gelaakt wordt. Dit alles klinkt vreemd, maar is ook uit andere, niet-westerse culturen wel bekend.

In aristocratische kringen golden de pedagogische voorschriften van de filosofen minder. Daar heersten andere, eigen normen en was het bijvoorbeeld belangrijk om goede manieren te leren of te kunnen paardrijden. Lodewijk XIII, die toch als koningskind een modelopvoeding kreeg, werd als peuter met een zweep geslagen om blindelingse gehoorzaamheid af te dwingen. Of hij werd ermee gedreigd, wat hem volgens zijn lijfarts nachtmerries bezorgde.[14]

Als kinderen niet gehoorzaamden moesten ze bang gemaakt worden. Nog in de negentiende eeuw gebeurde dat door middel van spook- en griezelverhalen en werd er gedreigd met hel en verdoemenis. Zelfs in het begin van de twintigste eeuw werden er door opvoeders nog maskers gebruikt teneinde kinderen de nodige angst in te boezemen. Het kind mocht er vooral geen eigen wil op nahouden, deze moest steeds 'gebroken' worden als hij de kop weer opstak. Het waren volgens de moralisten slechte ouders die hun kinderen zachtmoedig behandelden. Dit euvel werd met name aan moeders wel verweten. 'Wie zijn kinderen liefheeft, kastijdt ze' was een populair spreekwoord. Schreber, een van Freuds beroemde gevalsstudies,[15] was de zoon van een bekend pedagoog. Deze was zo barbaars, dat zijn zoon er een achtervolgingswaan aan overhield.[16]

Het inbakeren van baby's, nog steeds gebruikelijk in Rusland en delen van Oost-Europa, is duizenden jaren gepraktiseerd. Spontane bewegingen waren blijkbaar uit den boze. Het kind was van nature zwak en breekbaar, en moest niet alleen op het rechte pad, maar ook letterlijk recht gehouden worden. Een moreel en fysiek keurslijf was het gevolg. Het inbakeren maakte iedere spontane interactie met de moeder, die daar blijkbaar ook nauwelijks behoefte aan voelde, onmogelijk. Het kind kon geen vin verroeren en werd tot passiviteit gedwongen, met alle emotionele gevolgen van dien. Kruipen werd ontraden omdat het te veel aan een dier deed denken. Het kind moest meteen lopen. Dit kon bewerkstelligd worden met behulp van een rollend karretje op wieltjes dat al in de Middeleeuwen bestond. Maar zoiets was een luxe. Meestal werd het kind in een rechtstandige positie gefixeerd, al of niet aldus hangend vastgebonden.

Kinderarbeid was lang heel gewoon. Kinderen werden zoals gezegd meestal vanaf hun tiende jaar, soms eerder, niet langer bij de eigen ouders opgevoed. Ouders plachten hun kinderen te 'ruilen' om ze als bedienden te laten werken. Ook werden kinderen bij een baas in de leer gedaan om een vak of ambacht te leren. Ze moesten zo snel mogelijk in het arbeidsproces worden ingeschakeld. In de Derde Wereld worden kinderen vanaf een jaar of vier ingeschakeld om voor hen te zwaar werk, zoals stenen sjouwen, te verrichten. In de Oudheid werden kinderen al als slaven verkocht, een gebruik dat tot in de renaissance in Italië bleef bestaan. Het uitbuiten van kinderen begon geenszins met de industriële revolutie en het kapitalisme.

Aan het onderwerp kinderen en seksualiteit werd tot aan de achttiende eeuw weinig speciale aandacht besteed. Met de kleinsten werd zeer vrij omgegaan. Vanaf een jaar of zeven werd echter meer strengheid en enige kuisheid van en tegenover het kind belangrijk geacht. Dan werd het kind ook niet meer uitsluitend aan de verantwoordelijkheid van de moeder en de andere vrouwen in de familie overgelaten. Vooral na de renaissance kwam de vader meer en meer in beeld. Vanaf zijn zevende gold het kind weliswaar als een kleine, maar toch als een volwassene. Jongens moesten dan in de mannenmaatschappij worden ingevoerd.

De indeling van de leefgemeenschap en de behuizing was lange tijd zo dat kinderen meemaakten wat volwassenen deden en beleefden. Het seksuele werd pas een geheim, nadat als gevolg van de veranderende zeden de kinderkamer en de privacy waren uitgevonden. Spontane seksuele uitingen van kinderen of volwassenen vormden nog niet zozeer een apart aandachtspunt, laat staan een specifiek probleem. Seksueel contact met kinderen was in de Oudheid, in Griekenland of Rome niets bijzonders. Vooral anaal contact met jongetjes en fellatio van de man door het jongetje waren zeer in trek. In de renaissance kan dit nog op ruime schaal worden gesignaleerd. Het christendom introduceerde pas de noodzaak van seksuele 'onschuld' van het kind. In de dagelijkse praktijk vond die gedachte weinig weerklank.

De magie rond de seksualiteit en rond het onopgeloste geheimzinnige probleem van besmettelijke ziekten wordt weerspiegeld in het heersende bijgeloof. De gevreesde venerische ziekten konden worden voorkomen of zelfs genezen, zo dacht men, door met een 'onschuldig' kind te coïteren. Zo zijn in onze dagen in derdewereldlanden steeds jongere meisjes als prostituee populair om bescherming tegen aids te bieden of zelfs ter genezing daarvan.

Een aandoenlijk voorbeeld van kinderlijke vrijheden, maar

ook van het omgaan van volwassenen met een kind als een soort opwindpop, vinden we bij Héroard. Lodewijk XIII mocht als kleuter, dat was rond 1600, vrijelijk zijn 'guillery' tonen en door alle hovelingen laten betasten en kussen. De schaamtegrens is pas heel geleidelijk en betrekkelijk laat tot de huidige hoogte opgeschoven.[17] Het prinsje dartelde nog naakt bij zijn ouders in bed en speelde met de borsten van de koningin, terwijl zijn lijfarts toekeek en alles voor het nageslacht noteerde.

Het begrip moederliefde is een gevolg van het moderniseringsproces. Dat een kind liefde, zorg en empathie nodig heeft is een moderne gedachte. Vóór de achttiende eeuw was eerder het omgekeerde het geval. Men trachtte zich niet in kinderen te verplaatsen, maar verwachtte onkinderlijk, aan de volwassenen aangepast gedrag van hen. Het karakter van een kind werd totaal niet met de manier van opvoeden in verband gebracht, al zijn eigenschappen werden aan erfelijkheid of zijn inherente aard toegeschreven. De beroemde Nederlandse historicus Huizinga wees er echter al op hoe de wrede en harde behandeling van kinderen hen tot wrede en achterdochtige mensen maakte.[18]

Van een aparte kinderwereld zoals we die vandaag kennen, was nog nauwelijks sprake, al ontbrak dat idee ook weer niet geheel. Iets van de kinderwereld en van het specifieke kinderspel valt al in de Middeleeuwen aan te wijzen. Volwassenen waren kinderlijker en geloofden in sprookjes, zoals kinderen nu. Zij projecteerden nog gemakkelijker dan nu het geval is. Ongewenste impulsen werden al snel aan kinderen toegeschreven, of aan heksen, buitenstaanders of vreemdelingen. Ook angsten werden volop op kinderen geprojecteerd. Er bestond angst voor het duivelse dat vooral aan kleine kinderen werd toegeschreven. Dit kon tragische gevolgen hebben.

De mensen geloofden in magie, ongeveer zoals men nu nog hier en daar aan gebedsgenezers gelooft. Daarbij hoorde dat impulsen van liefde en haat, gevoelens van verdriet en angst vrijelijker werden uitgeleefd. Het kind was niet veel meer dan een horige, een slaaf, een willoos projectiescherm. De ouder verwachtte vaak hulp, steun, verzorging en liefde van hem. Als hij niet aan die verwachtingen kon voldoen, stond zelfs zijn leven zo nu en dan op het spel. Iets dergelijks noemen we vandaag geweld tegen of misbruik van kinderen. Het kind kon gemakkelijk de schuld krijgen van angsten en ongemakken waar de ouders aan leden, vooral van het vaak nijpende voedseltekort. Sprookjes als Klein Duimpje en Hans en Grietje doen hier nog aan denken. Die kinderen werden door de ouders letterlijk het bos in gestuurd omdat er geen eten meer voor hen was. Ze moesten maar voor zichzelf zien te zorgen of anders van honger omkomen, zoals de straatkinderen van tegenwoordig.

Bijgeloof was alom aanwezig in een wereld die vaak onstabiel en dreigend kon zijn. Onvoorwaardelijke ouderliefde, kinderen liefhebben en in hen investeren was nog niet tot norm verheven. Dit kon ook moeilijk vanwege de kindersterfte, die zo hoog was dat men vaak niet eens naar de begrafenis ging. Ouders hielden op een andere manier van hun kinderen dan in de kleine gezinnen van tegenwoordig.

Zoals we zagen moeten regionale verschillen niet worden onderschat. Vooral de traditionele agrarische culturen waren en zijn afhankelijk van kinderen en kinderarbeid. Dat werkt een 'extended family' en een groot kindertal in de hand. In Noordwest-Europa was dat anders. De gezinnen waren in deze gebieden kleiner, man en vrouw waren meer elkaars gelijken, de vrijheid van partnerkeuze was groter en het kind was mondiger dan elders.[19]

Vooral Engeland, maar ook Holland was altijd al tamelijk welvarend en in het moderniseringsproces ver vooruit vergeleken met Zuid- en Oost-Europa. In Holland werd het kerngezin al in de veertiende eeuw gesignaleerd, in Engeland al in de dertiende eeuw, maar mogelijk bestond het al veel langer. Welvaart en individualisme hadden te maken met de meer constitutionele staatsvormen in deze landen tegenover de absolute monarchie die elders heerste. Er was al sprake van burgerlijke rechtspraak, van een politiek en economisch systeem en van enige inperking van geweld. Dit alles was anders dan de willekeur, Inquisitie en rechtspraak via foltering die elders in Europa bestond.

Individualisme en keuzevrijheid waren tevens het gevolg van overerving volgens primogenituur, oftewel het eerstgeboorterecht: de oudste zoon erfde het land. Als individu was hij vrij om land bezitten en te verhandelen. De zoon werd zo onafhankelijk van zijn vader en vrij van de aloude 'patria potestas', de macht van de vader. Zoons gingen er bovendien al vroeg op uit om hun weg in de wereld te vinden, onafhankelijk van hun vader. Ze konden hun eigen geld investeren en zakendoen naar eigen welbevinden.[20] Dit creëerde weerbare, sterke mensen en bevorderde het individualisme. Macfarlane bestrijdt het idee dat de protestantse ethiek de westerse mentaliteit en welvaart veroorzaakte. Hij signaleert een omgekeerd proces: het Engelse karakter was vóór de reformatie al modern, een burgerlijke (bourgeois) mentaliteit rond plichten en hard werken was altijd al in zwang. Het puritanisme vond daardoor in deze gebieden en in Amerika gemakkelijker ingang dan elders.

De beschreven vernieuwingen in de achttiende eeuw, de industriële en sociale evolutie evenals de Franse revolutie, leidden uiteindelijk tot het burgerlijke nucleaire gezin dat we nu nog kennen. In de tot nu besproken periode, waarin het oude regime nog gold en de traditie de overhand had, groeide het kind meer op in de gemeenschap dan alleen met zijn ouders. Moederliefde was nog geen geïsoleerd begrip, de exclusiviteit van de moeder-kindrelatie bestond nog nauwelijks.

Hoewel het civilisatieproces niet als een lineaire evolutie gezien kan worden en ook niet hetzelfde is als vooruitgang, zijn er door de eeuwen heen met betrekking tot kinderen veranderingen ten goede te zien, althans in de westerse wereld. Algemeen gesproken is de westerse mens gedeeltelijk getemd. Hij heeft vaak een strenger geweten gekregen. Als hij iets gedaan wil krijgen, neemt hij niet meteen zijn toevlucht tot bruut geweld, hij gehoorzaamt aan de wetten van het land en de eisen van zijn innerlijke regulator, zijn geweten.[21] Wat zich vroeger in de buitenwereld placht af te spelen en werd weergegeven in sprookjes (die allerminst speciaal voor kinderen bedoeld waren, zeker niet in hun ongekuiste vóór-achttiendeeeuwse vorm), heeft zich meer naar de binnenwereld van de mens verplaatst. Geweld is niet alleen taboe, maar wordt ook van staatswege verboden en ingedamd. Onze dromen en fantasieën zijn nog de enige, meestal onbewuste, getuigen van onze gewelddadigheid. De tijdelijke terugkeer van het verdrongene, in collectieve of individuele vorm, heeft echter heden ten dage niet minder gruwelijke gevolgen. 'Man-made disaster' is niet verdwenen. Er is nog steeds geen gebrek aan openlijk geweld, en de massaconsumptie van buitengewoon sadistische en gewelddadige films doet het ergste vermoeden omtrent de verborgen wensen.

Niet alleen de relatie tussen ouders en kinderen, maar ook die tussen echtelieden was heel anders dan wij die kennen. De meesten trouwden met iemand die door hun vader werd aangewezen of goedgekeurd. Keuzevrijheid bestond in protestantse landen zoals Engeland en de Noordelijke Nederlanden wel meer dan elders. Over het algemeen echter was een huwelijk geen persoonlijke, maar meer een door traditie en klasse ingegeven beslissing. Materiële belangen van de familie gingen boven emotionele overwegingen. Hoewel de romantische liefde zoals beschreven door Denis de Rougemont[22] altijd bestaan heeft, was liefde of verliefdheid meer uitzondering dan regel. Zo gaat het nog steeds in de meer traditionele maatschappijen, waar de kinderen worden uitgehuwelijkt door de ouders.

Een huishouden vormde tijdens het ancien régime veel meer een economische dan een gevoelsmatige eenheid. In de traditionele maatschappij bestaat weinig speelruimte voor het individu. Het uiten van individuele wensen en verlangens was grotendeels onbekend. Ieder kende zijn plaats in de gemeenschap, vervulde zijn functie en speelde de hem door de Voorzienigheid toegewezen rol. Zoals de man gehoorzaamheid verplicht was aan de koning en aan God, zo was de vrouw, die hiërarchisch op één lijn met de kinderen stond, dat aan haar man. De man sprak recht over zijn vrouw zowel als over zijn kinderen, zoals bij ons de rechterlijke macht doet. Het stond hem vrij hen te straffen, te tuchtigen of zelfs op te sluiten.

De vrouw had niet alleen niets te zeggen, zij was bovendien meer moeder van de kinderen en arbeidskracht in dienst van haar man dan zijn minnares. Seksualiteit stond in dienst van de voortplanting, die een zegen zowel als een vloek kon zijn. Het bewustzijn van een eigen seksualiteit en het recht op expressie van emotionele wensen lijkt tegelijkertijd met de moederliefde tot ontwikkeling te zijn gekomen.

De moederliefde vanaf de achttiende eeuw

Voorzover men kan nagaan heeft er in de achttiende eeuw een baanbrekende revolutie in het gevoelsleven plaatsgevonden. Het gaat om dezelfde historische beweging als waaruit de reformatie voortkwam: het moderniseringsproces van de burgerij. In deze periode werd de moeder definitief de dominerende figuur in het leven van het kind in deze klasse. In de achttiende eeuw verscheen Rousseaus *Emile*, de moralisten schreven over het belang van kinderverzorging en moederliefde, de jezuïeten legden zich op grote schaal toe op opvoeding en scholing van jongeren. De sociaal-economische omstandigheden wijzigden zich, het mercantilisme kwam tot bloei. Er ontstond een vrije markteconomie en een begin van industrialisatie. Men raakte minder uitsluitend op de eigen gemeenschap gericht. Men werd mobieler en daardoor vrijer. De oude sociabiliteit van de dorpsgemeenschap of de buurt werd minder belangrijk naarmate de gezinsleden zich meer op elkaar gingen richten.

Het zoeken van privacy kwam ook in de architectuur tot uiting. Ouders en kinderen kregen gescheiden slaapkamers. Het gezin kreeg de affectieve functie die voorheen door de gemeenschap werd vervuld. Het besloten of kerngezin ontstond ongeveer tegelijk met de specialisatie van functies. Zo nam de school het kind deels weg uit het milieu van de volwassenen en maakte het leerbaar. Daarnaast ging het gezin zich toeleggen op en specialiseren in de opvoeding, het kind als emotioneel wezen kwam duidelijker aan bod. De vader bleef weliswaar de baas, maar de moeder kreeg voortaan de verantwoording binnenshuis, want de pater familias werkte buitenshuis. De seksualiteit werd meer privé en verborgen. De 'haven in a heartless world' die Lasch zo hartstochtelijk bejubelde en die naar zijn mening in onze tijd ernstig wordt bedreigd, is in de achttiende eeuw pas gemeengoed geworden.

Het kerngezin wordt niet zozeer gedefinieerd als het éénfamilie- en ééngeneratiegezin, dat trouwens volgens de huidige historici in Noordwest- Europa veel algemener en ouder was dan lang werd aangenomen. Het wordt gezien als de nucleus die naar binnen gericht leeft en die de barrière met de buitenwereld verhoogd heeft. Ouders en kinderen kregen binnen het gezin een gescheiden plaats. Er ontstond speciale kinderliteratuur, vol vermaan en ontbloot van seksualiteit. De kinderlijke onschuld moest van nu af aan tegen de wereld der volwassenen beschermd worden. Het samen met kinderen in één bed slapen werd ontraden, kuisheid en masturbatietaboe werden aangeprezen, seksueel contact met kinderen en het onbevangen uiten van seksualiteit werden tegengegaan.

Daarnaast kreeg het individualisme meer ruimte, wederzijdse gevoelens kwamen in de plaats van het dictaat van de omstandigheden, de 'companiate marriage' verving het verstandshuwelijk. Partners ontwikkelden empathie voor elkaar en voor hun kinderen, ouders kregen minder kinderen, de gezinnen werden kleiner. Dit alles slaat aanvankelijk vooral op de bourgeoisie. Terwijl men enerzijds meer aandacht, liefde en zorg voor de kinderen kreeg en de materiële omstandigheden verbeterden, werden er anderzijds weer hogere eisen aan het kind gesteld. Het moest niet alleen naar school om te leren en te presteren, het diende ook zijn impulsen en lichaamsfuncties onder controle te leren houden. Moeders werden aangespoord om meer exclusieve aandacht aan hun kinderen te besteden, om te beginnen door zelf borstvoeding te geven.

In de achttiende eeuw kwam ook de eerste emancipatiegolf op gang. De *femmes savantes*, spottend Les Précieuses genoemd, verzetten zich tegen de morele eis tot borstvoeding die langzamerhand norm werd. Deze vrouwen wilden zich ontplooien en een intellectueel leven leiden dat strijdig was met huiselijke zorgen. Wel was inmiddels duidelijk geworden dat het gebrek aan moederlijke zorg funest kon uitwerken voor de overlevingskansen van baby's. De pedagogen van de Verlichting begonnen te appelleren aan het schuldgevoel van de moeder, zoals in onze dagen de psychoanalytische pedagogiek een beroep doet op vooral het moederlijk geweten.

Niet alleen werden aan moeders steeds hogere eisen gesteld. De grotere toegeeflijkheid jegens het kind ging hand in hand met meer dwang. Dit proces schreed voort totdat strengheid en stiptheid ten slotte hoogtij vierden in de negentiende eeuw. Het lichamelijke werd meer en meer met taboes beladen, de schaamtegrens schoof verder op. Voor het eerst in de geschiedenis begint zindelijkheidstraining een rol te spelen. Voordien liet men Gods water vrijelijk over Gods akker lopen, hoewel intrusieve middelen om zich met geweld van het binnenste van het kind meester te maken al lang bestonden. Lodewijk XIII kreeg als klein kind duizenden klysma's toegediend. In de negentiende eeuw nam het gebruik van laxeermiddelen en klysma's bij de bourgeoisie alleen maar toe. Er bestond een sterke preoccupatie met alles wat 'erin' en 'eruit' ging. Het kon van binnen 'goed' of 'verkeerd' zijn en door de ouders werd de strijd met het boosaardige binnenste van het lichaam van het kind aangebonden.

Al deze dingen duiden niet alleen op grotere betrokkenheid bij de opvoeding van jonge kinderen, maar ook op meer bemoeizucht en intrusiviteit. De bestrijding van masturbatie groeide uit tot een ware obsessie. Dokters ontpopten zich tot gevaarlijke achtervolgers en wrede onderdrukkers – geheel op morele gronden, al gaven ze voor medisch te handelen. De pedagogiek bediende zich van de meest barbaarse middelen op grond van de hoogste principes. Kinderen werden te pas en te onpas met afsnijden van hun genitaal bedreigd. Dreigementen van allerlei aard teneinde masturbatie te bestrijden werden in de negentiende en begin twintigste eeuw, althans bij de bourgeoisie, tot doorsnee opvoedmiddelen. In de oude tijd was het verbod op masturbatie nooit erg streng geweest, alleen tegen homoseksualiteit tussen volwassenen bestond bezwaar. Nu reageerden ouders op alles wat met seksualiteit te maken had met openlijke castratiedreigingen. Desnoods verschenen ze met messen en scharen dreigend voor het kind dat zijn genitaal betast had. Artsen grepen metterdaad in: besnijdenis, clitoridectomie en infibulatie waren geen onbekende maatregelen tegen het euvel. De meest ingenieuze dwangapparaten werden ontworpen om kinderen de zelfbevrediging te beletten.

Het recht houden van de rug en het beheersen van de houding was een andere obsessie. Opvoeders verloren de jeugd geen moment uit het oog, deze was geen baas meer over het eigen lichaam. Rond 1850 was het hoogtepunt in het fysieke geweld en de morele druk jegens het kind in overtreding bereikt. Dit geweld was nu 'wetenschappelijk' gefundeerd en dus gelegitimeerd, in tegenstelling tot de impulsieve variant van voorheen. Eerst werd het seksueel contact met kinderen aan de kaak gesteld, later moest de eigen seksualiteit van het kind het ontgelden: waarschijnlijk waren deze maatregelen ingegeven door projectie van eigen verboden wensen en verlangens.

Ondanks de andere gevoelswaarde die het kind kreeg, bleven veel gebruiken die ons thans als bijzonder gruwelijk voorkomen, tot in de twintigste eeuw gehandhaafd. In Engeland werden nog kleuters ingeschakeld om de nauwe, deels onder water staande schachten van de kolenmijnen binnen te gaan. Daar moesten ze zware werkzaamheden verrichten, zoals het ophalen van katrollen en het duwen van kolenwagens. De werkdag lag ook voor de kinderen dichter bij de 15 dan de 8 uur. In de boeken van Dickens vinden we het lot van de kinderen in het industriële tijdperk beschreven. David Copperfield werd als kind van een jaar of elf ver van huis uitbesteed om te werken, onder erbarmelijke omstandigheden, zonder genoeg voedsel en zonder loon. Moeders waren loonslaven en konden daardoor niet voor hun kinderen zorgen. Kinderen hadden het nog slecht, juist toen de grootste materiële vooruitgang plaatsvond.

De afstand die onze huidige normen ten aanzien van kinderen scheidt van de negentiende eeuw wordt duidelijk aan enkele voorbeelden. Sigmund Freud beleefde als klein kind in Freiburg, waar hij met zijn ouders op één kamer woonde, al op jonge leeftijd de dood van zijn kleine broertje. Mahlers *Kindertotenlieder* zijn mede gebaseerd op zijn eigen ervaringen als kind. Zijn broertjes en zusjes stierven de een na de ander. Later moest hij ook nog meemaken dat zijn eigen dochtertje overleed. Het is voor ons onbegrijpelijk dat Balzac, na alle verwaarlozing en veronachtzaming die hem ten deel viel, een althans in creatieve zin succesvol leven kon leiden. Vergeleken met kinderen uit zijn tijd was zijn levensloop – als baby bij een voedster op het platteland ondergebracht, nooit door de ouders bezocht en later naar kostschool gestuurd – verre van uitzonderlijk. De afstand tot zijn moeder is nooit meer ongedaan gemaakt en hij beklaagde zich hier bitter over. Het bijzondere is echter dat een – in onze ogen – dermate 'verwaarloosd' kind zo'n gevoelige man wordt die in staat is zich in alle mogelijke zielenroerselen in te leven. Hetgeen wij verwaarlozing noemen en de gevolgen die we daaraan verbinden is mogelijk sterk aan tijdperken gebonden en gerelateerd aan vigerende normen, en geen absoluut begrip met eeuwigheidswaarde.

Uiteraard is de relatie tussen ouders en kinderen ook een kwestie van klasse. De bourgeoisie ging voorop in het eisen stellen en aandacht geven aan de kinderen, ook in het kader van een prestatiemoraal die bij de industriële revolutie hoorde. De norm van het gezin als broedplaats van gevoel drong slechts heel langzaam tot de arbeidersklasse door, ook omdat daar zeker tot aan de Eerste Wereldoorlog een vaak nog bedroevende armoede heerste.[23]

Rond de Eerste Wereldoorlog, al ver in de moderne tijd, stierf nog steeds bijna de helft van alle kinderen die geboren werden heel jong, ook al werd nog maar zelden een kind te vondeling gelegd. Allerlei vormen van verwaarlozing, ondervoeding en infectieziekten waren daar de oorzaak van. Wel was de mentaliteit ten aanzien van kinderen in alle lagen van de maatschappij langzamerhand veranderd.

De invoering van de school en de leerplicht was de grootste katalysator van die veranderde mentaliteit. De school werd een belangrijk instituut om staatscontrole uit te oefenen op opvoeding en kennisoverdracht. Bovendien verwijderde de school de kinderen van de arbeidsmarkt. Dit bracht een emotionele waardering van kinderen op gang. Ze werden emotioneel gewaardeerde wezens in plaats van kostwinners.

Bij de beschrijving van vroegere gebruiken ten aanzien van kinderen moet men natuurlijk wel bedenken dat er geen enkel verband werd vermoed tussen kinderervaringen en de latere ontwikkeling van de volwassene. Het verband tussen onderdrukking, machteloosheid en opgekropte razernij werd niet gelegd. Dat wreedheid kan ontstaan uit wat men ondergaat aan leed, dat masochisme mede het gevolg is van onvoldoende zorg en liefde in de eerste levensjaren was onbekend. Het 'ziektebeeld' sadomasochisme bestond nog niet, laat staan de ontstaansgeschiedenis, die pas door de psychoanalyse in kaart werd gebracht. Verfijnd inlevingsvermogen in kinderen is een recent gegeven, terwijl in iedere tijd resten aanwezig zijn uit vroegere perioden; het leven van het muzikale wonderkind en de kinderkampioenen in de sport zijn in zekere zin anachronismen die aan vroeger tijden herinneren.

Vanaf de achttiende eeuw werd de moederliefde tot een probleem gemaakt. Het werd een begrip en daardoor ontstond een conflict tussen de belangen van de moeder en die van het kind. Van exclusiviteit van de moeder-kindrelatie was ook in deze periode aanvankelijk nog geen sprake. Integendeel, het kind werd nog steeds overgelaten aan het personeel, dat alleen de allerarmsten zich niet konden veroorloven. Freuds ouders, die arm waren en aanvankelijk zoals we zagen met het hele gezin op één kamer woonden, hielden er toch een kindermeisje op na, evenals Dostojevski, die gokte en daardoor straatarm bleef.

De moederliefde sinds Freud, na 1900

Hoewel de indeling in ronde getallen en eeuwen een willekeurige is, kan gesteld worden dat na 1900 die specifieke interesse voor kinderen begon, die erin bestaat vanuit de beleving van het kind en niet uitsluitend vanuit de opvattingen van volwassenen over kinderen te denken. Aan het einde van de negentiende eeuw ging interesse voor de beleving van kinderen niet veel verder dan hen op verboden seksualiteit te betrappen. Ook Freud was overtuigd van de schadelijke invloed van masturbatie, getuige zijn correspondentie met Fliess.[24] Als kind van zijn tijd was ook hij beïnvloed door de negatieve preoccupatie met seksualiteit. Desalniettemin ontdekte hij dat het kind er een geheel eigen seksualiteit en bijbehorend fantasieleven op nahoudt met betrekking tot zijn beide ouders.

Over de moeder wordt aanvankelijk in de psychoanalyse nog nauwelijks gerept. Alles draait om de symbolische vader die de verlangde relatie van het jongetje met de moeder zou verbieden: het Oedipuscomplex. Melanie Klein zal Freud later aanvullen door vooral de imaginaire band met de moeder te benadrukken. Zij besteedt veel aandacht aan de allervroegste ontwikkeling van het kind en de innerlijke fantasiewereld zoals die volgens haar vorm krijgt.

In het begin van de twintigste eeuw schrijft Freud over de behandeling van een klein jongetje dat aan oedipale angsten lijdt en een paardenfobie ontwikkelt: de ziektegeschiedenis van de Kleine Hans.[25] Hierin vertelt Freud onder meer over de castratiedreiging door de moeder en over de voorlichting die Hans aan zijn ouders vroeg en niet kreeg. Hij hield zich bezig met de verhouding tussen zijn ouders en het raadsel van de voortplanting. Deze ziektegeschiedenis is een nog steeds boeiend relaas van een behandeling, dat leest als een spannende roman.

Tegenwoordig zouden we minder geneigd zijn de problemen van Hans aan zijn driftmatige ontwikkeling toe te schrijven. Er zou misschien meer nadruk gelegd worden op de relatie van Hans met zijn moeder, het slechte huwelijk van de ouders en de behoefte van de moeder aan de liefde van haar zoon, die zich uit in haar neiging om hem bij haar in bed te nemen. Het oplossen van de duidelijk ambivalente band met de moeder lijkt hier een bijproduct van de tussenkomst van de twee mannen als vaders. De vader van Hans besteedde extra aandacht aan hem door regelmatig raad te gaan vragen aan Freud. Over het specifieke belang van de moederliefde, gematerialiseerd in de continue zorg van de moeder voor haar kind, wordt nog niet gesproken. Ook bij het geval Schreber wordt door Freud over de moeder niet gerept, evenmin als zij bij de Wolvenman, de Rattenman of Dora een rol van betekenis speelt.[26]

In de plaats van de moeder in het leven van het kind, zoals de psychoanalyse die ziet, is sinds de Tweede Wereldoorlog verandering gekomen. Het belang van de aanwezigheid van de moeder bij haar jonge kind staat meer dan ooit centraal. Het wel en wee van het kind wordt meer specifiek verbonden met de interactie met de ouders (er vindt in de psychoanalyse een verschuiving van driftontwikkeling naar objectrelaties plaats), aan het begin van het leven vooral de moeder. Omdat scheiding en verlating zo centraal zijn komen staan, de gezinnen kleiner zijn geworden en meer geïsoleerd, en personeel nauwelijks meer bestaat, komt het er in de praktijk op neer dat de moeder veelal alleen is met haar (jonge) kind.

Op het belang van de ontwikkeling van de nauwe band met de moeder wordt de laatste vijftig jaar grote nadruk gelegd. Helaas kan dat de ontwikkeling van het kind eenzijdig beïnvloeden. Het gevaar van een symbiotische parasitaire relatie is daardoor vergroot. De moeder wordt de allesoverheersende factor, ook als zij vanwege haar eigen problemen een minder gunstige invloed heeft. Welldon spreekt zelfs van de perverse almacht van de moeder.[27] Alleen opgroeien met een minder dan gezonde moeder kan even ernstige gevolgen hebben als verwaarlozing. De oplossing ligt evenmin in het niet door de eigen ouders laten opvoeden van de kinderen. Dat was ooit de leidende gedachte achter de Israëlische kibboets: de opvoeding daar moest dienen om de klippen van het Oedipuscomplex te omzeilen. Iedere tijd en ieder ideaal schept weer zijn eigen problemen. Zo ook het ideaal van de moederliefde, omdat de ideale ouder en de ideale opvoeding uiteraard niet bestaan.

De historicus Ariès wijst er terecht op dat het bewuste mededogen van de moderne mens met het kleine kind een onbewuste haat zou kunnen bedekken.[28] De moeder-kindrelatie wordt sterk geïdealiseerd, waardoor niet zozeer een symbiotische fase, als wel een symbiotische illusie ontstaat. Alle geraadpleegde auteurs zijn het erover eens dat we ons in een tijdperk bevinden dat op de keper beschouwd minder kindgericht is dan eerdere perioden. Zij spreken van een crisis in het moederschap. We zijn in een fase van de geschiedenis gekomen waarin de band tussen partners meer dan ooit centraal staat. De vrije partnerkeuze, de seksuele revolutie, de geringere zeggenschap van ouders over adolescenten, dat alles maakt dat partners hun heil meer dan voorheen bij elkaar zoeken en minder bij hun eventuele kinderen.

Symbiose of moederliefde

De moederliefde als ideaal zou moeten dienen om de ontwikkeling van gezonde kinderen te bevorderen. Maar helaas weten we meer over optimale moederliefde en pertinente verwaarlozing dan over de toelaatbare marges daarin. Psychische gezondheid is moeilijk te definiëren. We zijn wat dat betreft nog niet veel verder dan honderd jaar geleden, toen erfelijkheid als oorzaak van stoornissen eerst vervangen werd door psychische trauma's, zoals verleiding van het kleine kind door ouderen. Vervolgens werd de eigen driftontwikkeling van het kind verantwoordelijk gesteld. Daarna was de moeder aan de beurt, net als in de achttiende eeuw, en zo blijft de theorie over de oorzaak van emotionele harmonie versus psychisch lijden meedeinen op de golven der historie.

De opvoeding van kinderen is gebonden aan een bepaald tijdperk en een bepaalde cultuur. Hoe verder we teruggaan in de geschiedenis, hoe minder de opvatting en de praktijk van de opvoeding stroken met de onze. Hoewel onze huidige ideeën over de liefde en zorg die kinderen nodig hebben om gezonde mensen te worden ons als vanzelfsprekend voorkomen, toont historisch literatuuronderzoek aan dat deze gedachten eigenlijk van vrij recente datum zijn. Opofferende moederliefde spreekt blijkbaar niet vanzelf. Meestal maakten de omstandigheden die onmogelijk. Sinds de welvaart voldoende ruimte voor moederliefde schept, blijkt eerder dat individuele mogelijkheden tekort kunnen schieten. De ideale moederliefde wordt dan een morele eis, die slechts gedeeltelijk of in het geheel niet realiseerbaar is.

Het feit dat de psychoanalyse zo sterk de nadruk op de moeder legt, doet bovendien een beroep op het geweten. Sinds moeders zich bewust zijn van de behoefte van het kind aan moederliefde, moet de vijandigheid jegens het kind meer verdrongen worden. Er is een conflict ontstaan voorzover de belangen van het kind niet parallel lopen met die van de moeder. Moeders van jonge kinderen voelen zich vaak depressief, opgesloten en gefrustreerd in hun wens om deel te nemen aan het leven buiten het gezin. Betekent dit nu dat moeders in de tegenwoordige tijd minder liefdevol zijn geworden, zoals Lasch aanneemt en zoals uit de toename van vroege stoornissen en narcistische problemen zou blijken?

In de laatste decennia wordt pathologie van de meest uiteenlopende soort veelal, en misschien niet ten onrechte, toegeschreven aan de vroegste moeder-kindrelatie. Vooral de 'rapprochement subphase' van de symbiotische periode, waarin het kind experimenteert met afstand en nabijheid, en de houding van de moeder daarbij, is van belang.

Het grote probleem is dat we wel allerlei verbanden kunnen leggen tussen de ontwikkeling van het kind en de rol van de moeder daarin, maar in feite niet weten waardoor iemand psychisch 'ziek' of 'gezond' wordt. Ook al zijn de verbanden op zichzelf juist en zinvol, het geheim van de sfinx hebben we niet gevonden. Daardoor pleegt de psychoanalyse steeds nieuwe attributies en kan er zelfs een scholenstrijd ontstaan. Het gevaar bij het zoeken van 'oorzaken', bijvoorbeeld in de moederliefde, is dat kwantiteit en kwaliteit gemakkelijk verward worden. De vaders worden nog te vaak buiten beschouwing gelaten en de moeders rebelleren niet geheel ten onrechte tegen het appèl op hun geweten en de hun opgelegde exclusieve verantwoordelijkheid. Hoe ideaal de moederliefde ook is, het is een illusie te denken dat het ideaal van de psychische gezondheid daarmee bereikt zou zijn.

Er worden in de welvaartsstaat hogere eisen gesteld aan het affectieve leven, en daarmee aan de opvoeding die tot vervulling van het verlangen naar 'geluk' moet leiden. Onze eisen ten aanzien van welzijn zijn sterk toegenomen en onze verwachtingen van de psychiatrie zijn hoog gespannen sinds in de westerse wereld bijna alle narigheid als psychisch lijden benoemd wordt. Het doel, geluk, is even slecht definieerbaar als psychische gezondheid, de voorwaarde ervoor. Moederliefde lijkt gemakkelijker te definiëren: de moeder moet er gewoon altijd zijn om liefde aan haar kind te geven, dat is haar taak en opdracht in het leven. De veronderstelling is dat haar kind dan niet alleen psychisch gezond, maar ook gelukkig zal worden. Deze belofte wordt evenmin als de hemel uit vroeger tijden ingelost. Psychische gezondheid is even zeldzaam als een gaaf gebit: normaal is niet gewoon.

Het is onwaarschijnlijk dat moeders 'slechter' zijn geworden, zoals Lasch beweert. Ze zijn beter voorgelicht en vaak meer betrokken bij hun kinderen dan hun ouders. Hun taak is echter zwaarder geworden, niet alleen omdat ze vaak maatschappelijk actief zijn naast hun moederschap, maar ook omdat er geen kinderjuffrouwen of helpende oma's meer zijn, terwijl de vader nog steeds meestentijds afwezig is. Alleen in de nieuwste geschiedenis kan het kind nergens dan bij zijn moeder terecht voor alle aandacht en liefde die het nodig heeft. Weinig moeders zijn de ideale moeders die nodig zouden zijn om een dergelijke zware en moeilijke taak bevredigend te vervullen.

Bovendien hangt de uiteindelijke uitkomst af van de innerlijke beleving, en daarop is onze invloed beperkt. We weten dat de afhankelijkheid van één persoon voor alle affectieve behoeften niet alleen voor de moeder, maar ook voor het kind kwellend en ziekmakend kan zijn. De laatste generaties, degenen die in historisch ongekende afzondering van moeders met kinderen zijn opgevoed, vertonen opvallend vaak tekenen van ernstige pathologie, waarvan de oorzaak vooralsnog onverklaard blijft. Wel is duidelijk dat de symbiotische fase, een term die meer op idealisering dan op de werkelijkheid wijst, nu eenmaal vaak niet optimaal of zelfs maar harmonisch verloopt. De ideaaltoestand van de symbiose lijkt meer een illusie.

Symbiose als term voor een gezonde relatie tussen moeder en kind kan misleidend zijn, omdat in het normale geval de behoefte van de moeder aan haar kind niet gelijk is aan die van het kind aan zijn moeder. De term is eigenlijk beter geschikt om een belastende parasitaire relatie tussen een moeder en haar jonge kind te karakteriseren, namelijk wanneer zij haar kind nodig heeft voor de instandhouding van haar eigen evenwicht. De symbiose kan dan niet gemakkelijk tot de nodige individuatie van het kind leiden. Eenmaal volwassen geworden zet het de relatie met zijn innerlijke moeder op dezelfde wijze voort. Zonder dat zij aanwezig is, blijft ze zijn intieme relaties of juist het gebrek daaraan bepalen. De idylle van de moeder met het kindje als heilige twee-eenheid is vaak een vals beeld, dat in stand gehouden moet worden vanwege de narcistische behoeften van de moeder. Hierbij wordt vijandigheid ontkend en individuatie belemmerd.

In onze tijd achten moeders zich verplicht de idylle van de gelukzalige moeder met haar kind te realiseren binnen het eigen gezin, en ze hebben het gevoel te falen als dat niet goed lukt. Langzamerhand ontdekken we dat moederliefde niet de enige vorm van liefde is, maar dat vaderliefde ook bestaat, zelfs vanaf het prilste begin, en dat deze band even onmisbaar is.[29] Wanneer de ouderlijke taak verdeeld wordt over twee personen die ieder hun eigen aandeel hebben en hun eigen 'mannelijke' of 'vrouwelijke' aanpak, blijft het verschil intact.

De rol van de vader is aan het veranderen, en de psychoanalyse schenkt tegenwoordig meer aandacht aan de vader, niet als universeel symbool van de oedipale vader, maar als concrete factor in het gezin. Te veel is als vanzelfsprekend aangenomen dat alles om de moeder moet draaien voor het jonge of niet meer zo jonge kind.[30] Hulpverleners nemen er doorgaans te gemakkelijk genoegen mee dat vaders niet op het spreekuur verschijnen, vaak omdat de moeder zegt dat hij niet zou willen of kunnen komen.

De moederliefde gerelativeerd

Wij zijn meer dan ooit verontrust over de kwaliteit van de moederliefde en de continuïteit daarin, vooral tijdens de eerste levensjaren. We ontdekken langzamerhand dat vroege stoornissen veel vaker voorkomen dan we dachten, en interpreteren dat als een gebrek aan moederliefde, dat van zeer recente datum en van ongehoorde omvang zou zijn. Mogelijk is er eerder sprake van het tegendeel, namelijk een te grote nadruk op de verplichtingen van de moeder. In ieder geval dient de geschiedenis om te relativeren.

De patiënten die Freud zag en die hij als neurotisch en ten hoogste oedipaal typeerde, zouden wij thans meer als borderline, narcistisch of anderszins zeer vroeg gestoord beschrijven.

Hieruit kunnen we verschillende conclusies trekken. Het is de vraag of vroege stoornissen inderdaad vaker voorkomen dan vroeger het geval was. Mijns inziens is het eerder zo dat wij anders en beter hebben leren observeren en diagnostiseren. We weten veel meer over kinderen, kleuters, peuters en zelfs baby's, dankzij de bijdrage van de psychoanalyse, systematische kinderobservatie en – de nieuwste loot aan de stam der psychoanalytisch georiënteerde kinderpsychiatrie – research betreffende baby's.

Gaandeweg wordt steeds duidelijker dat alle functies en relaties veel vroeger tot ontwikkeling komen dan in de klassieke psychoanalytische theorie werd aangenomen. Wat dat betreft wordt Melanie Klein meer en meer in het gelijk gesteld. De grotere aandacht voor subtielere nuances in het gevoelsleven komt mogelijkerwijs voort uit onze sociaal-economische en psychologische fase in het 'Prozeß der Zivilisation', ook wel moderniseringsproces genoemd.

De westerse wereld is welvarender dan ooit in voorafgaande perioden van de geschiedenis voor grotere groepen het geval was. Werken in het zweet onzes aanschijns is veranderd in tobben over de draagkracht van onze relaties. De eisen die de moderne partnerrelatie stelt zijn zo hoog, dat alleen affectief vervulde kinderen er later als volwassenen ook maar enigszins aan zullen kunnen voldoen. Toename van kennis heeft ons geholpen en versomberd. Dat moederliefde niet vanzelf spreekt, zoals zelfs de op film vastgelegde interacties tussen 'normale' moeders en hun kinderen goed laten zien, schokt ons diep.

Wij realiseren ons beter dan ooit hoe afhankelijk we zijn van de kwaliteiten van onze eerste verzorgers en wat daarbij allemaal mis kan gaan. Freuds moeder kon haar kinderen nog onbezorgd aan een kindermeisje overlaten. Moeders moeten nu te vaak alleen voor hun kinderen zorgen, en tegelijk zijn er meer mogelijkheden voor vrouwen om zich te ontwikkelen en aan het arbeidsproces deel te nemen. De grotere deelname van de vrouw aan het maatschappelijk leven verontrust de specialist die de hechtingsmogelijkheden van het jonge kind behoed wil zien. Maar zoals de 'klassieke neurose', alleen wat oedipale problematiek, helaas een ideaalbeeld blijkt te zijn dat men zelden of nooit tegenkomt, zo is de optimale moederliefde dat ook. De werkelijkheid die we meer en meer onder ogen beginnen te zien, is een andere. Of het wel zo ideaal is dat moeder en kind altijd samen zijn, hangt mede af van de persoonlijkheid van de moeder, en natuurlijk van de bijdrage van de vader aan het gezinsleven. Een angstige moeder kan haar kinderen ook gebruiken om haar eigen onbevredigde liefdesbehoeften te vervullen en blijken van liefde van hen te eisen. De kinderen leren hun gevoelsleven dan af te stemmen op de verlangens en fantasieën van de moeder, zodat hun eigen ontwikkeling tot onafhankelijke personen in het gedrang komt. Dit is door Winnicott beschreven als het valse zelf van de as-if persoonlijkheid, die zijn wensen richt naar de ander.[31] De wens wordt dan de wensen van de moeder te vervullen, teneinde haar liefde en goedkeuring te verkrijgen en haar (onbewuste) haat te ontgaan.

4
Nina: Een moeder-dochtersymbiose in de adolescentie

Nina en haar gescheiden moeder leven samen in een eenoudergezin, een samenlevingsvorm die steeds vaker voorkomt. Het is de bedoeling hier stil te staan bij de mogelijke consequenties. Meestal gaat het hierbij om alleenstaande moeders. Wat voor invloed heeft die situatie op de kinderen?

Vaak zal het kind zich meer verantwoordelijk voelen voor zijn moeder dan wanneer er ook een vader in huis is. Het zal zich minder gemakkelijk los kunnen maken omdat de ouder er dan immers alleen voor staat. Het kind zal minder gemakkelijk het huis uitgaan en zelfstandig worden. Het zal misschien minder gauw boos worden op een toch al kwetsbare ouder. Sommige moeders vinden het moeilijk om de discipline te handhaven, zeker met zoons in de puberteit.

Vooral alleenstaande werkende moeders hebben het zwaar en krijgen gemakkelijk het gevoel tekort te schieten. Vanuit een schuldgevoel zijn ze geneigd alles toe te geven. Ze zullen hun kinderen materieel of anderszins verwennen en meer over hun kant laten gaan dan ze eigenlijk zouden willen. Alleenstaande moeders kunnen een verlies aan status of financiële middelen beleven dat het opvoeden van kinderen extra zwaar maakt. Alleenstaande ouders zullen bij tegenslag eerder psychisch ontregeld raken; ze kunnen alleen van het kind steun verwachten. Als de depressie toeslaat staat het kind er alleen voor om de moeder op te vangen. Kortom, er zijn talloze problemen verbonden aan het alleenstaand ouderschap.

Speciaal dochters lopen het risico om de enige bron van troost te worden voor een hopeloze en hulpeloze moeder.

Hierdoor gaan ze normale irritaties inslikken en durven ze kritiek niet te uiten, wat vooral in de puberteit hun ontwikkeling kan afremmen. Zo kan het gebeuren dat de tweede separatie-individuatiefase die de adolescentie hun biedt hun ontglipt.[1] De neiging die meisjes toch al hebben om solidair met hun moeder te zijn, wordt hierdoor versterkt.

Veel moeders die hun kinderen als weduwe of gescheiden vrouw – in ieder geval alleen – grootbrengen, doen dit op een goede en zo gezond mogelijke manier. Naarmate een moeder emotioneel minder stabiel is, narcistisch kwetsbaar of anderszins in een wankel evenwicht verkeert, zal het haar moeilijker vallen. Zij zal dan eerder geneigd zijn steun bij haar kind te zoeken, of haar kind als verlengstuk van zichzelf te gebruiken. Vooral bij een dochter bestaat de kans dat er een parasitaire verhouding ontstaat of dat de relatie, zoals we gezien hebben, tot een symbiotische illusie uitgroeit.

Een derde persoon, in de meeste gevallen een vader, kan onafhankelijkheid helpen stimuleren, de ouders kunnen elkaar voor overdrijving naar de ene of de andere kant behoeden, er is een ander gezichtspunt aanwezig, er is meer ruimte voor triangulatie. Zonder die derde persoon worden er hogere eisen gesteld aan de mogelijkheid van de moeder om onafhankelijkheid van haar te dulden. Als de emotionele belangen van het kind niet centraal genoeg staan, kan het kind degene worden die de fantasieën van de ouder moet vervullen en als ontvanger van haar projecties moet optreden.

Nina

'Ik ben de hele week ziek geweest, krampen in m'n maag, koorts, helemaal niet lekker ben ik. M'n vader was in Amsterdam met zijn vrouw en de kinderen, m'n moeder had haar Franse vriend bij zich, die ook een goede oude vriend van m'n vader was en is; we waren allemaal uitgenodigd bij gezamenlijke vrienden van mijn ouders. Dat was heel spannend om alles zo bij elkaar te hebben.' Aldus vertolkt Nina haar vele dilemma's.

Nina kwam in behandeling vanwege heftige ruzies met haar stiefmoeder, waarna ze wekenlang totaal overstuur bleef.

Ze is opgegroeid bij haar moeder. Haar ouders zijn gescheiden toen ze een jaar of drie was. Het gezin woonde destijds in Frans-Guyana, waar Nina ook geboren en tweetalig opgegroeid is. Als klein kind had ze veel infectieziekten.

Nina, die haar ouders bij de voornaam noemt, is er als het ware van overtuigd dat zij en haar moeder hetzelfde denken, voelen en willen, kortom dat ze één met haar moeder is. In haar gedrag imponeert Nina als zeer volwassen. De verhouding met haar moeder blijkt zich vaak op quasi-gelijk niveau af te spelen. Moeder en dochter gedragen zich dan als generatiegenoten.

Nina meent te weten dat zij de belangrijkste persoon voor haar moeder is. Die overtuiging kan ze in stand houden zolang het de laatste uitkomt haar in die waan te laten. Als haar moeder verliefd is, wat regelmatig voorkomt, of een verhouding heeft, voelt Nina zich tenachtergesteld. Ze kan dan hevig jaloers worden en alles in het werk stellen om de beide partners uit elkaar te spelen.

De relatie tussen moeder en dochter is vaak pijnlijk en turbulent, namelijk steeds als de illusie van het samen één-zijn wreed verstoord wordt. Als er vrede heerst, als moeder en dochter het eens zijn, bevestigt dit hun onbewust gedeelde idylle. De moeder maakte Nina regelmatig deelgenoot van haar problemen vanaf de tijd dat Nina heel klein was. Zij moest vaak haar huilende moeder troosten. Anderzijds gebruikte de moeder haar autoriteit als ouder om Nina van relaties met anderen af te houden. Nina wordt enerzijds als een groot mens, als een gelijke, beschouwd, anderzijds wordt ze behandeld als een klein kind, dat geen verantwoordelijkheid voor haar eigen doen en laten kan dragen. Nina heeft althans de beleving dat haar moeder veeleisend is en alles onder controle wil houden. Wat ze doet en nalaat, met wie ze omgaat, wat ze met anderen deelt, wordt doorlopend van kritisch commentaar voorzien. Nina wordt voor haar gevoel kort gehouden, streng opgevoed en moet liefst veel tijd aan huiswerk en andere plichten besteden. Het lijkt er veel op dat moeder en dochter met afgunst en argusogen elkaars mogelijke banden met derden in de gaten houden.

Tot mijn verrassing blijkt er na enige tijd nog een verzwegen derde persoon in het spel te zijn. Nina's moeder heeft nu een vaste vriend, die ook bij haar in is komen wonen. Nina heeft deze man tot nu toe uit onze communicatie geweerd, zoals ze hem ook uit de relatie tussen haar en haar moeder probeert te weren als ongewenste derde. Als dit duidelijker wordt, bespreken we vaak heel uitvoerig haar woede en verdriet over het gevoel buitengesloten te worden. Nina slaagt er ten slotte in om ondanks haar jaloezie op hem toch een eigen band met deze man te ontwikkelen. Naast haar boosheid op hem ontstaat een stiefvader-dochterrelatie met haar moeders vriend. Later zal blijken dat de moeder deze inbreuk op de twee-eenheid slecht verdraagt; ook bij de vriendjes die Nina er buiten de deur op nahoudt, kan ze zich moeilijk neerleggen.

Er blijven vaker delen van Nina's leven, tijdelijk althans, voor mij verborgen. In de zomervakantie, zo blijkt naderhand, heeft Nina gekampeerd met twee vriendinnen. Dit liep echter mis, zo vertelt ze. Ze voelde zich namelijk doodongelukkig onder de intimiteit van die twee met elkaar. Ze beleefde zichzelf ook bij deze vrouwendyade als buitengesloten derde, iets wat bij meisjes vaak te beluisteren valt.

Na tweeënhalf jaar behandeling komt opeens ter sprake dat Nina een goede vaste vriendin heeft. Dit is een feit waar ze nooit eerder de nadruk op heeft gelegd. Ik vraag me hardop af of ze soms bang is dat ik afgunstig op die vriendin zal worden. Het zou natuurlijk ook kunnen zijn dat deze vriendin niet sterk in haar innerlijke gedachtewereld gerepresenteerd is, omdat Nina te zeer met zichzelf en haar moeder bezig is. Het valt me vaker op hoe weinig de figuren uit haar dagelijks leven als personen in haar verhaal tot leven komen, hoewel Nina een levendig meisje is. Haar beeld van en bezig zijn met de ander wordt echter sterk bepaald door haar frustraties, zoals haar gevoel te worden afgewezen, niet geliefd te zijn. Zij is op haar beurt in staat buiten te sluiten wie of wat haar niet uitkomt.

Als dit genoemde vriendinnetje onverwachts haar vader verliest, heeft Nina daar tot mijn verbazing geen enkel commentaar op. Ze toont geen spoor van empathie of mededogen. Speelt hier haar nijd dat dit meisje wél een vader in haar buurt had, terwijl zij hem heeft moeten missen? Of worden alle vaders buitengesloten? Doen derden er quasi helemaal niet toe, omdat die alleen maar tot jaloezie aanleiding geven? Haar reactie versterkt in ieder geval mijn indruk dat haar gedachtewereld nog sterk dyadisch gestructureerd is. Quasi-gelijkgerichtheid en de illusie elkaar te begrijpen sluiten het verkennen van de ander en werkelijke intimiteit uit. Bovendien moet er veel geheimgehouden en verborgen worden. Nina en haar vriendin, Nina en haar moeder, Nina en haar therapeut, bestaan als evenzovele illusionaire, gescheiden gehouden tweeeenheden naast elkaar.

Nina bewondert haar moeder, een begaafde en creatieve schilder, en wil enerzijds graag zoveel mogelijk in haar nabijheid verkeren. Anderzijds betreurt ze het gebrek aan afstand steeds. Het meisje vertelt dat ze soms wel een week lang bij haar moeder in bed slaapt. Ze valt dan, in tegenstelling tot andere keren, wanneer ze alleen is, meteen in slaap. Het is ongetwijfeld heel vleiend en verleidelijk voor haar als haar moeder haar als een volwassene in vertrouwen neemt, en heel prikkelend en tergend als ze weer buiten haar moeders bed en liefdesleven gesloten wordt. Als vanzelfsprekend voelt Nina zich ten opzichte van haar moeder de mindere. Ze beleeft zichzelf niet zozeer als het geliefde kind dat centraal staat, maar meer als het onmisbare aanhangsel van haar moeder. Dit laatste vormt een pijnlijke bedreiging voor haar gevoel van eigenwaarde.

Op school is ze een voortreffelijke leerling, die met grote inzet en toewijding haar werk doet. De resultaten zijn dan ook uitmuntend, maar voor Nina is het nooit goed genoeg. Moeder is heel ambitieus ten aanzien van de prestaties van haar dochter. Nina probeert het haar moeder ook in dit opzicht helemaal naar de zin te maken. Nina is streng voor zichzelf: ze is regelmatig uitgeput omdat ze laat naar bed gaat vanwege haar leerwerk. Uit alles blijkt dat Nina de hoge eisen van beide ouders in haar strenge geweten heeft opgenomen. Daarbij beklaagt Nina zich dat haar moeder haar nooit prijst voor haar prestaties, maar altijd vindt dat het beter kan. Ook heeft ze volgens Nina continu aanmerkingen, niet alleen op haar dochters gedrag, maar ook op haar karakter. Nina hunkert duidelijk naar liefde, lof en genegenheid. Ze probeert bij mij extra aandacht te krijgen om een bondje met mij te sluiten door te vertellen hoe moeilijk ze het thuis heeft.

Met vriendjes manifesteert zich de ene keer dat zij zich de meerdere voelt en op een jongen neerkijkt. De andere keer verlangt ze hevig naar een bepaalde jongen die ze bewondert en denkt nooit te kunnen krijgen. Haar moeder keurt haar vriendenkeus meestal af en Nina ziet er dan opeens zelf ook niets meer in. Desondanks 'gaat' ze ongemerkt een tijdlang met een bepaalde jongen. Noch haar moeder, noch ik weten daarvan. Opnieuw het bekende recept: geheimhouden uit angst om afgunst te wekken als er een derde in het spel is. Ze vrijt met hem, naar ze later zegt, uit angst zijn aandacht te verliezen. Met andere woorden, ook achteraf ontkent ze tegenover mij iets voor iemand anders te voelen.

Nina beleeft weinig plezier aan haar betrekkingen met jongens. Ze schept er genoegen in me dat te vertellen. Ik opper dat ze bang is me jaloers te maken, daarom mag ze het met niemand anders naar haar zin hebben. Ze stookt graag tussen mensen om te voorkomen dat twee anderen iets met elkaar hebben waar zij buiten staat. Ze bewijst haar liefde aan beiden door haar moeder en mij tegen elkaar uit te spelen. Zodoende heeft ze steeds een speciaal onderonsje met ieder afzonderlijk. Ze vertelt heel eerlijk en openlijk dat ze altijd hoopt dat relaties van haar sleutelobjecten misgaan. Zo stond ze ooit tussen haar vader en haar moeder en later tussen haar vader en zijn tweede vrouw. Ze probeerde een bondje te sluiten met zowel haar vader als haar stiefmoeder. Dat lukte niet, zodat ze zelf de derde in het spel werd, waarna ze ruzie zocht met haar stiefmoeder. Toen haar vader niet voor haar koos maar voor zijn vrouw, en de stiefmoeder Nina voor haar gevoel afwees, werd ze wanhopig en kwam bij mij in behandeling.

Nina's vader fungeert in Nina's fantasie vooral als de buitengesloten derde. Haar moeder heeft zich van hem laten scheiden, terwijl moeder en dochter het eens zijn in hun oordeel over hem. Nina elimineert haar vader wel en niet uit haar binnenwereld. Ze houdt er als het ware een dubbele boekhouding op na. Ze voelt zich door de scheiding in hem teleurgesteld en door zijn nieuwe huwelijk buitengesloten. Nina wordt niet alleen verteerd door jaloezie op haar vaders tweede vrouw, ook zijn kinderen uit dit huwelijk worden volgens haar veel meer verwend dan ze zelf ooit meemaakte.

Ze heeft, veronderstel ik, uit onbewuste wraakgevoelens jegens haar vader en in collusie met haar moeder, haar vaders familienaam verworpen en die van haar moeder aangenomen.

Nina is charmant, om niet te zeggen verleidend. Ze doet gedurende lange tijd alsof ze altijd opgewekt is en komt lachend en luid pratend binnen. Dat ze zich kritisch bekeken en helemaal niet op haar gemak voelt, zal ze pas gaandeweg laten blijken. Ze is onzeker en probeert bij mij in de smaak te vallen. Haar doen en laten wordt door de vermeende wensen van de ander bepaald.

Nina bezit behalve een goed leerverstand ook een fijne radar wat betreft haar gevoelsintelligentie. Toch klaagt ze dat er niets gebeurt, hoewel de procesgang van de behandeling voorspoedig verloopt. Bovendien vindt ze dat ik niet van haar houd en haar niet waardeer. Het tegendeel is waar: ik vind het altijd leuk om haar te zien en werk graag en intensief met haar. Ze heeft een goed vermogen om mijn opmerkingen te volgen en ervan te profiteren. Tussen de zittingen door denkt ze introspectief over zichzelf na. Ze komt een volgende keer meestal terug op wat er de vorige maal besproken is. Ze begrijpt de effecten die onderbrekingen of vakanties op haar hebben – dat zijn immers separaties, waar ze slecht tegen kan – heel goed. Haar aanvankelijke ongelovigheid ten opzichte van mijn pogingen om onze interactie in de overdracht te bespreken, lost regelmatig op in nieuw gewonnen inzicht. Gelukkig associeert Nina gemakkelijk en ze bewijst met nieuwe associaties dat ze begrepen heeft waar het over gaat. Het gevaar dat ze mij probeert te behagen door alles te voelen wat ze denkt dat ik wens, is moeilijk uit te sluiten.

Zoals gezegd is Nina lief en vleiend tegen mij en verbergt lang haar verdriet en teleurstelling over het feit dat ze zich niet gewaardeerd voelt. Toch blijkt langzamerhand het tegendeel: ik zou alleen maar kritiek op haar hebben, net als haar moeder. Ze reageert heftig op de keren dat ik er niet ben. Hoewel ze altijd opgewekt en goedlachs doet, voelt ze zich hevig verongelijkt. Ze zegt dat ze bij mij maar een nummer is, een van velen in plaats van de enige en allerbelangrijkste in mijn leven. 'Het betekent allemaal zo veel voor mij en zo weinig voor jou.' Dat kan ze niet uitstaan, het maakt haar boos en wanhopig. Ze slaagt er blijkbaar niet in te beseffen dat ze iets voor iemand betekent als ze niet zeker is de allerliefste en de enige te zijn.

Afwijzen om haar gevoel van eigenwaarde te redden komt dan in plaats van houden van. Het is voor Nina alles of niets. Ze kan niet accepteren dat twee mensen iets samen hebben waar zij buiten staat. Als zij niet de enige is, telt ze helemaal niet mee. Ergo, alles wat mijn aandacht van haar af zou kunnen leiden maakt haar onzeker en afgunstig.

Vanaf het moment dat Nina bij mij kwam heeft ze ongeveer een jaar lang geklaagd over haar moeder, terwijl ik als haar therapeut helemaal buiten schot bleef. Aanvankelijk splitst ze, althans in mijn afwezigheid, haar positieve en haar negatieve gevoelens op tussen haar moeder en mij. Ik ben het goede object en de moeder is de boosdoener. Langzamerhand kan ze steeds meer de negatieve, minder vleiende gedachten ten opzichte van mij als haar therapeut erkennen.

Gaandeweg gaat ze haar eigen rol begrijpen: hoe ze haar moeder uitlokt om haar klein te houden, om daar dan vervolgens heel boos over te worden; hoe ze zich toch ook heel eenzaam en alleen voelt als deze interactie achterwege blijft.

Ze merkt dat ze slecht zonder dwang kan, en in de overdracht wil ze mij regelmatig dwingen haar te dwingen. Ik moet haar dan 'goede raad' geven, bijvoorbeeld in kwesties met jongens. Met andere woorden, ik moet bepalen wat het beste voor haar is, en ze wordt boos en dwingend als ik dat niet doe.

Nina's beleving van de relatie met haar moeder wordt gelukkig levendig weerspiegeld in de overdracht: ze beleeft zichzelf ten opzichte van mij als waardeloos en een aanhangsel, als niet geliefd en evenmin gewaardeerd. Nina is altijd gespannen en angstig niet in de smaak te vallen. Ze heeft twee jaar lang haar bewondering geuit en haar verongelijktheid verzwegen. Nina is afgunstig op mij, ontdekken we, en ze voelt behalve rivaliteit ook kritiek en boosheid. Zo gunt ze mij niet dat ik iets zeg dat haar helpt, of dat ik het zelfs maar bij het rechte einde heb. Desgevraagd geeft ze toe dat ze ontevreden is, en wel omdat ik volgens haar 'nooit iets zeg'. Met de volgende formuleringen is ze het roerend eens: 'Wat doe ik nou eigenlijk, waarmee help ik haar nou helemaal, wat schiet ze ermee op?' Trouwens: 'Waar bestaat mijn kundigheid nou eigenlijk uit?', 'Ik zeg immers nooit iets bijzonders.' Nee, het stelt allemaal weinig voor met mij. Deze aanval op mijn gevoel van eigenwaarde moet ik haar bijna in de mond leggen. Pas in een samenspraak gelardeerd met humor durft ze voor deze gedachten, die haar grondstemming weergeven, uit te komen.

Niet alleen Nina's relatie met mij weerspiegelt haar opstelling ten opzichte van haar moeder. Deze is ook herkenbaar in haar betrekkingen met jongens. Er vindt dan meestal een rolomkering plaats waarbij Nina het centrum is. De jongen moet haar bewonderen en een aanhangsel van haar zijn. Haar zelfgevoel moet door zijn adoratie versterkt worden, zoals zij voor haar gevoel de eigenwaarde van haar moeder moet verstevigen. Eenmaal was het omgekeerde het geval: een leuke jongen keek niet naar haar om. Ze voelde zich waardeloos, onaantrekkelijk en doodongelukkig. Partners zijn in haar ogen geen gelijken, een van beiden kijkt steeds op de ander neer.

Eindspel

Ten slotte besluit Nina, in overleg, haar behandeling te stoppen. Ik spreek mijn vermoeden uit dat 'het huis uit gaan' en dat ze daarmee oefent, moeilijk voor haar zal zijn. Het termineren wordt een generale repetitie die haar moet voorbereiden op de (vooral innerlijke) separatie van haar moeder.

Nina's problematiek wordt geïllustreerd door het stormachtige verloop van de laatste fase van haar behandeling. Het termineren brengt, zoals gewoonlijk, alle problemen in een notendop terug. De omslag waarbij geoogst kan worden wat er gezaaid is en de erkenning dat zij er veel aan heeft gehad, komt – en dat is alleen maar gunstig – pas helemaal op het eind. Zodoende kunnen we volop haar conflicten bespreken zonder te vroeg tot een schijnoplossing te komen.

Een centraal thema is de miskenning: haar moeder voelt zich door haar miskend, niet geliefd. Nina op haar beurt voelt zich door haar moeder en haar therapeut miskend. Nina weigert de waarde van de behandeling te erkennen. Ze verklaart de hele onderneming waardeloos, uit woede en teleurstelling dat ik zonder haar kan. Daarnaast heeft ze opeens sterker dan voorheen het gevoel mij niet te kunnen missen, waardoor ze zich opnieuw de kwestbare partij en de mindere voelt. Het narcisme lijkt een kwetsbaar gebied bij moeder en dochter beide.

De problemen rond de miskenning gaan onder meer terug op de teleurstelling in haar vader. Ze gaat wel met hem om, ze bezoekt hem in het buitenland en hij komt regelmatig naar Nederland. Hij belt haar frequent en ze corresponderen geregeld met elkaar. Desondanks heeft ze het gevoel dat ze niet echt iets van hem wil weten en niet echt iets met hem te maken wil hebben sinds hij haar 'verlaten' heeft. Of doet ze maar zo om mij tevreden te stellen, omdat ik in haar optiek niet zou kunnen uitstaan dat ze een intiemere band met haar vader heeft dan met mij, of met haar moeder in wier plaats ik treed? Ze miskent het feit dat hij van haar houdt en kan niet waarderen wat hij ondanks de scheiding voor haar doet. Daardoor voelt ze zich ook weer schuldig tegenover hem.

De pijnlijke gevoelens rond de scheiding en het alleen gelaten worden met haar moeder komen nu nogmaals uitgebreid voor het voetlicht. Ze is verdrietig dat ze geen twee ouders had, die haar samen opvoedden. Bovendien kwam daardoor de volle last van die ene ouder op haar neer, en werd de band met haar vaak depressieve moeder benauwend.

Alle intimiteit die Nina met een derde ervaart, wordt door haar als ontrouw aan de moeder c.q. aan mij beleefd. Anderzijds wordt de moederfiguur als intrusief ervaren. Dit maakt dat Nina er geheimen op nahoudt en moeite heeft met intimiteit, het daadwerkelijk delen wat ze meemaakt. Haar onvermogen om over seksualiteit te spreken is daar een uiting van. Er ontstaat tegen het einde alsnog ruimte om met mij over seks te praten. Nina vertelde me dat ze masturbeerde tot haar elfde jaar. Daarna vond ze er niets meer aan en kreeg ze zelfs een afkeer van seks. Dit is sterker geworden sinds zij op haar veertiende, vijftiende jaar, tijdens de behandeling, gedurende ongeveer een jaar een voor mij geheim gehouden seksuele relatie had.

Ik ben uiterst verbaasd dit achteraf te horen. Deze affaire speelde zich af met bovengenoemde vriend, waar zij naar haar zeggen van walgde. Mogelijk verbeeldt ze zich dit maar om mij gerust te stellen, maar ze heeft wel angsten dat ze aids opgelopen zou kunnen hebben, en bezoekt frequent klinieken om dit uit te zoeken, een soort obsessie lijkt het, die mogelijk met het einde van de behandeling te maken heeft. Ook hiertegen kan ik haar niet beschermen, lijkt ze te willen zeggen.

Nina kan niet genieten van een zorgeloze puberteit. Het spel tussen jongens en meisjes kan ze maar mondjesmaat meespelen. We hebben het over haar problemen rond jongens en verliefdheden. Mogelijk bestaan die problemen vanwege het innerlijk tegenstrijdige karakter van zo'n relatie. Zij wil niets doen dat aan de symbiotische illusie met haar moederimago afbreuk zou kunnen doen. Ze zou zich schuldig voelen over haar 'ontrouw' tegenover respectievelijk haar moeder en haar therapeute. Haar loyaliteitsgevoelens spelen haar, net als bij vader en moeder, steeds parten. Bovendien zou het opgeven van de symbiose haar de angst bezorgen ook zelf niet meer de eerste te zijn voor haar primaire objecten. Ze is als het ware met haar moeder getrouwd, waarbij ze, veronderstel ik voorzichtig, in haar fantasie soms de man is die bij haar moeder vaak ontbreekt. Nina beaamt dit. Mannen worden bovendien in een soort homo-erotische collusie met haar moeder tot waardeloze 'sukkels' gereduceerd, die niet kunnen tippen aan wat zij en moeder samen hebben.

Nina is weer even helemaal terug op het punt van klagen over haar moeder. Alle symptomen zullen, zoals gebruikelijk in de eindfase, nog eenmaal in verkorte vorm de revue passeren. Verdere lotgevallen van de termineerfase illustreren dit.

Tijdens de onderbreking van mijn voorjaarsvakantie is Nina korte tijd verliefd en komt verdrietig terug, want de jongen heeft het uitgemaakt. Dat is opvallend en ongewoon, want tot nu toe is zij steeds degene geweest die geen zin meer in een jongen had. Nina begrijpt mijn opmerkingen over verlatingsgevoelens en hoe die bij haar kunnen verschuiven. Ik suggereer dat ze het eind met mij en het verlaten worden door mij al doorleefd heeft via haar verliefdheid. Zo breng ik haar verdriet in verband met de verwerking van het missen van haar therapeut, de rouw waar ze zich op aan het voorbereiden is. De verlating door de jongen vertolkt tevens haar beleving dat ik het als therapeut heb uitgemaakt met haar.

Nina praatte altijd non-stop en was daarbij ook zeer onderhoudend. Nu kan het wel eens lange tijd stil zijn, we zitten beiden wat te mijmeren, iets wat nooit eerder is voorgekomen. Probeert ze nu in stilte een plaats in haar herinnering voor mij in te ruimen in plaats van me uit haar innerlijk te bannen, zoals ze met 'verloren objecten' zoals de vader placht te doen?

Nog eenmaal zou Nina mij uitspelen, ditmaal tegen de schoolpedagoog, die me verontrust opbelt: 'Als ik haar dan niet meer wil helpen, zou ik haar dan niet voor verdere behandeling willen verwijzen? De behandeling heeft immers helemaal niet geholpen, ze is echt heel ongelukkig, er moet nodig met haar gepraat worden', enzovoorts.

Als ik dit als communiceren via ageren doorzie, begrijpt Nina dat ze mij het termineren betaald wilde zetten. Ze trachtte me, door zich bij derden over mij te beklagen, voor schut te zetten. Ze voelt zich door mij op heterdaad betrapt en schaamt zich hier nu voor. Haar rol als intrigant, die daarna berouw heeft en in een diep gevoel van depressie zakt, wordt haar duidelijk. Ze maakt me zwart jegens derden om me minder te missen en om te kunnen ontkennen hoeveel ze om me geeft, want dat zijn maar pijnlijke gevoelens voor haar.

In deze eindfase van de behandeling zie ik Nina voor het eerst authentiek verdrietig. Ze verwoordt dat ze zelf weg wilde omdat één kant van haar groot wilde zijn. Er is ook een kant die spijt heeft, die zich klein voelt en bij me wil blijven.

Het is opvallend hoe goed ze inmiddels de overdrachtsgevoelens verdraagt. Ze omzeilt me niet langer door geklaag over haar moeder. Ook in een therapie van eenmaal per week is het, net als bij een psychoanalyse met grotere frequentie, vaak mogelijk de overdracht te behandelen teneinde een proces van verandering op gang te brengen.

Nina ziet nu dat ze geneigd is derden, bijvoorbeeld een vriendje, op te geven teneinde met mij een bij nader inzien benauwende illusionaire twee-eenheid te creëren. Ze begrijpt dat ze haar illusie rond mij duur zou betalen. Mij idealiseren en bewonderen en negatieve gevoelens afsplitsen is een quasi-idylle in stand houden. Dat is de manier om mij als enige te behouden en voor mij de enige te zijn, zoals bij de symbiotische illusie gebruikelijk is.

Nina vraagt zich af hoe ik over haar zal denken als ze weg is. Ze zou zo graag blijven, mijn huis, mijn tuin, alles is zo mooi hier, zo rustig, zegt ze dromerig. Het is nu goed bespreekbaar dat Nina ‘vriendinnetjes’ met mij zou willen worden, als troost, na afloop van de behandeling.

Dan volgt een droom waarin ze heel eenzaam is en doodgaat aan een griezelige ziekte. Dit doet denken aan haar hypochondere gedachten rond aids. Nina begrijpt snel de onbewuste samenhang tussen vertrekken en sterven, en ze herkent de dood als metafoor. Ze merkt nu heel bewust dat ze om me geeft, iets wat ze zichzelf eerder nooit wilde toegeven. Het gaat nu over haar vermogen tot liefhebben. Nina komt tot de ontdekking dat hetgeen ze mij verwijt – ongeïnteresseerdheid – een projectie is van haar eigen instelling ten opzichte van anderen. Ze vertelt haar gedachten als volgt: 'Ze zijn maar een nummer, ik ben niet in hun verhalen geïnteresseerd, ze kunnen me eigenlijk niets schelen.' Het komt erop neer dat Nina mensen manipuleert om haar zin te krijgen, zoals ze zich zelf gemanipuleerd voelt door de (weliswaar door haarzelf) vermeende wensen van anderen. Nina zegt nu tevreden te zijn dat ik de enige ben die zich door haar liet manipuleren, zodat ze steeds opnieuw met zichzelf geconfronteerd werd, al was ze vaak woedend als ik niet deed wat ze wilde.

Nina heeft inmiddels haar eigen onechtheid, haar quasi-opgewektheid en -geïnteresseerdheid ontdekt, en grotendeels verloren. Ze merkt nu tot haar verrassing dat ze ook echt gevoel heeft. Ze is intens verdrietig over het afscheid dat ze met doodgaan vergelijkt. Haar uitgesproken angst het allemaal niet alleen te kunnen is in duidelijke tegenspraak met haar eerdere beleving dat ik nooit iets zei, niets voor haar deed, niets voor haar voelde en dat ze me helemaal niet zou missen. Nina begrijpt nu ook beter waarom ze haar ouders altijd in stilte verweet dat ze niet van haar hielden. Ze merkt dat ze vaak naar haar vader verlangt. Tot nu toe beschreef ze haar correspondentie en etentjes met hem als vervelende mechanische gebeurtenissen. Nina lijkt nu bereid haar vader meer krediet te geven voor zijn trouwe pogingen om zoveel als de omstandigheden toelieten contact met haar te houden. Ze zegt nu zelfs dat ze bang is dat hij doodgaat voordat ze heeft kunnen laten merken hoeveel ze van hem houdt. Het ziet ernaar uit dat haar vermogen tot triangulatie, het beleven dat er twee ouders zijn en niet één, versterkt is. Rouw om de vader, rouw ook om de verloren twee-eenheid met de moeder bepalen Nina's stemming in de eindfase. Ze illustreert dit via haar verdriet om haar kat die is weggelopen. Ze mist hem vooral 's nachts als knuffel in bed. Nina brengt dan ook onder woorden dat ze angst voelt voor de toekomst als ze mij niet meer heeft.

De voorlaatste keer vertelt Nina dat ze 'over' is. Haar moeders reactie stelt haar teleur. Ze zegt alleen maar: 'Fijn dat je nu vakantie hebt.' Lof en lichamelijk contact, waar Nina juist zo'n behoefte aan heeft, blijven achterwege. Ze zou wel eens geknuffeld willen worden, zegt ze verwijtend. Haar behoefte om op haar moeder te verhalen dat ze door mij 'verlaten wordt' kan ze echter goed begrijpen, en ze wordt rustiger gestemd. Nina wordt zich een gevoel van eenzaamheid bewust. Ze beseft dat ze hunkert naar liefde en genegenheid. Tegelijk is ze geneigd wat meer afstand van klachten over haar moeder te nemen, en ook bereid meer naar zichzelf te kijken.

Epiloog

Deze gevalsbespreking kan illustreren dat een symbiose kan worden opgevat als een pathologische tweezijdige illusie en hoe een dochter hierin gevangen kan zitten. Dit lijkt een vruchtbaarder gebruik van het begrip dan symbiose als normale fase in de ontwikkeling. In die laatste zin is het symbioseconcept tegenwoordig omstreden. Dat zou ertoe kunnen leiden het begrip als verouderd te beschouwen en helemaal op te geven. En dat terwijl het uit de pathologie eigenlijk niet meer weg te denken is.

Het begrip symbiose, in zijn letterlijke betekenis, is mijns inziens een uitstekende metafoor om de beschreven twee-samen-één-relaties aan te duiden. De wederzijdse afhankelijkheid in de symbiotische relatie creëert een beklemmende schijnidylle. Het gebrek aan separatie en de inperking die dat geeft, zorgen voor een toename van agressie die grotendeels onbewust moet blijven. De illusie wordt onder meer in stand gehouden door de vijandige gevoelens af te splitsen en op een derde te richten, vaak de vader.

Door zowel het object als het zelf te splitsen in 'goed' en 'slecht' kan de positieve relatie met het geïdealiseerde deelobject in een aparte fantasie-werkelijkheid gehandhaafd blijven. Zodoende kan de illusie een afgesplitst bestaan leiden, afgewisseld met bewust beleefde kwaadheid, die ook bij Nina niet ontbrak.

De dyadische liefdesband manifesteert zich in de behoefte om de liefste en de enige te zijn, en in de onmogelijkheid om met een derde te rivaliseren. Het bestaan van die derde wordt in een wederzijdse collusie ontkend. Telkens wanneer die illusie onverwachts verstoord wordt, wordt deze afwijzing gevolgd door woede en verdriet. De symbiotische illusie van Nina met haar moeder moet hier vooral dienen om de teleurstelling in haar verdwenen vader weg te werken achter een idylle waarbij ze hem niet meer nodig denkt te hebben. Toen zij niet tussen de relatie van de vader met de stiefmoeder kon komen om de nieuwe, extra jaloers makende triade te vernietigen, werd Nina depressief. Dat werd de aanleiding voor haar behandeling.

Omdat Nina is blijven steken, of teruggevallen is op de exclusieve band met haar moeder, de homoseksuele objectbetrekking uit haar eerste levensbegin, heeft ze (net als Dora, zie hoofdstuk 9) vooral intense gevoelens voor diverse vrouwen: de moeder, de stiefmoeder, een vriendin van de moeder, en ten slotte de overdrachtsrelatie met mij als haar therapeut. Deze vrouwen mogen daar overigens onderling niets van merken, want dan zou de hel losbreken. Ieder moet het idee hebben dat zij de enige is.

De negatieve overdracht wordt aanvankelijk verborgen

gehouden om ook ten aanzien van mij de symbiotische illusie te suggereren en te koesteren. Boze gevoelens passen niet in de illusie en moeten dus noodgedwongen via een omweg uitgeleefd worden. De dyadische objectrelatie met haar moeder staat model voor andere relaties, zowel met mannen als met vrouwen. De band met haar moeder beleeft ze als dwingend en beklemmend en soms als intens bevredigend.

De symbiotische illusie heeft uiteraard gevolgen voor het zelfgevoel. Nina's minderwaardigheidsgevoel komt voort uit haar positie als verlengstuk in de twee-eenheid met haar moederfiguur. Hier is sprake van een paradox: hoewel ze vasthoudt aan haar fantasie de enige en dus bijzonder te zijn, is ze tegelijk niemand, omdat ze zich totaal afhankelijk gemaakt heeft. Het gevoel van eigenwaarde van de parasiterende partij wordt gestimuleerd ten koste van het 'verlengstuk', dat ten slotte zelf ook weer profiteert van zijn onmisbaarheid.

Als het niet lukt de illusie te handhaven, barst de idylle als een luchtballon en Nina voelt zich opeens pijnlijk de mindere. Dit leidt tot de tweede paradox van de symbiotische illusie. Verschillen worden ontkend, terwijl de twee delen toch nooit elkaars gelijken worden. Nina kent slechts twee mogelijkheden: zij is ofwel de afhankelijke en afgewezene, ofwel kijkt zelf neer op haar objecten als zijnde minderwaardig. Er is in de symbiotische illusie tussen ouder en kind wel wederkerige afhankelijkheid en gebrek aan differentiatie, maar geen gelijkwaardigheid. Het kleine kind kan zich niet onttrekken aan de rol die de moeder voor haar imaginaire baby heeft klaarliggen. Nina voelt zich slachtoffer, terwijl ze tegelijk profiteert van haar positie als de onmisbare, omdat die haar exclusieve rechten geeft op haar moeders liefde als iets dat uitsluitend voor haar bestemd is.

Het verschil tussen de generaties wordt regelmatig ontkend en ongedaan gemaakt, waardoor er geen veilige en meer stabiele oedipale driehoek kan ontstaan. Meisjes beleven hun eerste liefdesrelatie met iemand van hetzelfde geslacht. In die zin worden ze geboren in een homoseksuele objectrelatie, hier niet zozeer in erotische zin bedoeld, maar meer als fase in de ontwikkeling en als opstelling die voor uitbreiding vatbaar is. Voor de jongen is heteroseksualiteit van meet af aan gegeven, ook als middel om zich te onderscheiden en te separeren. Door het ontbreken van het geslachtsverschil bij het meisje als eerste prikkel in de ontwikkeling tot een apart individu is de verleiding groot om te blijven verwijlen in de wederzijdse identificatie die moeder en dochter eigen is. De seksuele identiteit van het meisje wordt hierdoor niet bedreigd, zoals dat bij de jongen wel het geval is. Het overdragen van deze liefde op de man kan echter wel een problematische stap worden, zoals Freud al beschreef. Een Oedipuscomplex loopt bij meisjes vaak uit op een Electracomplex, te weten: woede op de moeder en idealiseren van de vader. Of de andere variant, de symbiotische illusie is de uitkomst die maakt dat het meisje niet verder komt in haar zelfstandigheid als persoon. Het onvermogen tot het leggen van intieme objectrelaties is het directe gevolg van de symbiotische illusie als quasi-intimiteit die de ander als apart individu onzichtbaar maakt.

Nina was een leuk en intelligent meisje, heel knap om te zien, maar ook onecht en quasi-oprecht. Ze was er steeds op uit haar objecten te verleiden om haar lief te vinden en haar te prijzen, want ze had een zwak gevoel van eigenwaarde. Ze was niet goed geworteld in de oedipale driehoek en functioneerde vooral dyadisch. Ze werd steeds hevig jaloers als 'iemand die van haar was' iets met een ander deelde in plaats van met haar. Omgekeerd was ze ook bang voor jaloezie van haar sleutelobjecten als ze zelf buiten de dyade trad en er een derde persoon zijn intrede in haar leven deed. Ze hield van intriges om de situaties die ze vreesde te bestrijden.

Het eerste jaar van de behandeling verkeerde Nina meestal in een wat opgewonden, al te vrolijke stemming. Ze leek zich te troosten met de illusie dat het haar gelukt was haar rivalen te elimineren en zowel haar moeder als mij voor zich alleen te reserveren. Nina's onrust nam toe op momenten dat de illusie verstoord dreigde te worden: als haar moeder boos op haar was of als een vriend van haar moeder belangrijker leek dan Nina zelf. Nina was regelmatig wanhopig, bijvoorbeeld toen vader en stiefmoeder zich niet door haar uit elkaar lieten drijven. Bij haar moeder, die op haar leunde en vaak haar troost nodig had, lukte het meestal wel de enige te zijn. De partners van de moeder waren minder bedreigend omdat ze nogal eens wisselden. Samen met haar moeder kon ze dan tevreden op de mannen neerkijken. Zodoende bleef Nina, in haar fantasie althans, toch de eerste en voelde ze zich minder bedreigd dan door haar vader en zijn huwelijk waar ze geen vat op had. Toch was ze bij haar moeder ook altijd onrustig en aan het werk om haar te behagen. Als Nina zich buiten haar moeders relatie gesloten voelde, stookte en manipuleerde ze om ertussen te komen en haar moeder weer voor zich alleen te hebben. Desalniettemin voelde Nina zich nooit gewaardeerd en had ze ook moeite om anderen waardering te geven.

Nina was opvallend slecht in staat om wederkerigheid te beleven, of zich op voet van gelijkheid te voelen. Van een werkelijke uitwisseling was geen sprake zolang de illusie elkaar zonder woorden te begrijpen en aan te voelen gehandhaafd bleef. Dit alles leek het gevolg van een ongesepareerdheid van haar moederimago. Afstand nemen van Nina's kant interpreteerde de moeder, zo dacht Nina volgens een heel klassiek moeder-dochterpatroon, als vijandig. Nina's aandeel in deze strijd om autonomie werd bewerkbaar en bespreekbaar. Ten slotte zag Nina wel in dat ze zelf ook moeite had om haar plaats bij haar moeder te relativeren.

In de loop van de behandeling profiteerde Nina steeds beter van onze verkenningen. Ze kon haar gevoelens voor haar therapeut verwoorden, ook als die niet vleiend waren. Bijvoorbeeld wanneer ze mij in gedachten afkamde door zichzelf te vertellen dat 'ze er niets aan had', dat ik 'waardeloos was' enzovoorts. Over deze gedachten voelde ze zich dan weer schuldig, omdat ze mij op die manier immers vernietigde en uit haar innerlijke wereld bande. Ze kon echter goed begrijpen dat dit te maken had met de intense krenking als gevolg van het mij nodig hebben.

Het termineren ten slotte werkte als een nieuwe therapeutische impuls die leidde tot herhaling en doorwerking.

Door de behandeling werd Nina minder onrustig en nerveus. Tevens werd de onverwerkte rouw uit haar kinderjaren weer bereikbaar. Ze was ten slotte in staat te treuren om het vertrek van haar vader toen ze klein was. Nina voelde ook dat ze een ouder miste die afstand heeft, die duidelijk van een andere generatie is, en waarmee ze niet, zoals met haar moeder, in een symbiotische illusie gevangen zat. Door te scheiden van haar therapeut maakte Nina een begin met de verwerking van de eenzaamheid en individuatie ten opzichte van haar innerlijke moederbeeld.

Nina had het vermogen om te begrijpen dat we samen haar psychische realiteit aan het verkennen waren. Ze kon het onderscheid tussen fantasie en werkelijkheid heel goed maken. Dat was een grote hulp bij de behandeling van haar conflicten.

5
Electra versus Oedipus

We kunnen ons afvragen wat er gebeurd zou zijn als de psychoanalyse niet was voortgekomen uit de zielenroerselen van een mannelijke ontdekker, maar uit die van een vrouw. In plaats van het Oedipusverhaal – het drama van een man – was dan wellicht de mythe van Electra als uitgangspunt gekozen. Deze lijkt heel geschikt om de valstrikken van de vrouwelijke ontwikkeling te illustreren. Als de eerste psychoanalytische denker een vrouw was geweest, zou de moeder vermoedelijk een minder geringe rol zijn toebedeeld. De emotionele gevolgen van de speciale band van een vrouw met haar moeder zijn door Freud pas beschreven nadat hij het grootste deel van zijn theorie al in kaart had gebracht.

In 1931, hij was toen vijfenzeventig jaar, gaf Freud toe dat de vrouwelijk sfinx hem nog steeds voorkwam als een onopgelost raadsel. 'Ik ben niet in staat geweest ook maar een enkel geval tot een compleet einde te brengen', schreef hij.[1] Hij erkende dat het Oedipuscomplex slechts in beperkte mate van toepassing was op de ontwikkeling van meisjes. Het concept moest ingrijpend worden opgerekt, wilde het ook betrekking hebben op vrouwen. Om 'de kern van de neurose' te behouden bedacht Freud de term 'pre-oedipaal', waarmee hij het probleem van het Oedipuscomplex bij meisjes in feite omzeilde, om ruimte te maken voor de speciale en langdurige band met de moeder.

Ik wil Electra introduceren als paradigma voor de vrouwelijke ontwikkeling, omdat deze mythe een centrale plaats toekent aan de moeder-dochterrelatie. Het lot van een vrouw wordt vanaf haar geboorte bepaald door de verschillende aspecten van ambivalentie jegens de moeder. Als de liefde voor de vader bij meisjes een secundaire formatie is, zou het Oedipuscomplex eenvoudig kunnen worden vervangen door een Electracomplex, en was de term 'pre-oedipaal' overbodig. Zowel het Oedipus- als het Electracomplex blijft echter een sjablone. De ontwikkeling van de heteroseksualiteit en de homoseksualiteit is te veelvormig en te complex om in het individuele geval generalisaties te rechtvaardigen.[2]

De drie belangrijkste punten uit de klassieke theorie over de vrouwelijke ontwikkeling verdienen onze nadere aandacht. De psychoanalytische wereld is het er langzamerhand wel over eens dat vrouwelijkheid niet valt toe te schrijven aan de gevolgen van penisnijd of aan het ontbreken van beschadigings- c.q. castratieangst. Voorts is de veronderstelde wisseling van erogene zone van clitoris naar vagina in strijd met alle beschikbare evidentie. De wisseling van object ten slotte, te weten van moeder naar vader, is weliswaar minder omstreden, maar blijft volgens mij toch aan twijfel onderhevig.

De vrouwelijke biseksualiteit zal nog meermalen ter sprake komen.[3] Nu eerst iets over de centrale plaats die de moeder blijft innemen in het leven van iedere vrouw. De eerste liefdesrelatie van meisjes is niet hetero-, maar homoseksueel. Haar eerste 'object' (de gebruikelijke psychoanalytische term voor liefdesobject), de moeder, behoort immers tot hetzelfde geslacht. Zij is ook de persoon met wie het meisje zich voornamelijk zal vereenzelvigen (identificatie). Deze twee factoren tezamen belasten haar met een dubbele loyaliteit jegens haar moeder. Tevens maken deze onwrikbare biologische gegevens haar individuatie als persoon en ook haar seksualiteit – maar niet haar geslachtelijke identiteit (gender identity) – conflictueuzer dan bij jongens het geval is. Elke verdere stap in haar ontwikkeling die het meisje zet, moet noodgedwongen leiden tot hernieuwde identificatie met haar moeder, waardoor tevens regressieve neigingen worden bevorderd.

Mijn centrale vraag met betrekking tot de vrouwelijke ontwikkeling is deze: verruilt het meisje haar moeder voor haar vader? Of voegt ze een heteroseksuele objectkeuze toe aan een gegeven homoseksuele objectrelatie? En verder: wat heeft de onvrede van vrouwen te maken met de moeder-dochterkwestie, met identificatie, individuatie en separatie in de vrouwelijke ontwikkeling?

Electra

De figuur van Electra heeft altijd sterk tot de verbeelding gesproken. Zij is het onderwerp geweest van talrijke klassieke en moderne schrijvers die gefascineerd werden door de raadsels van het vrouwelijke karakter, waarin jaloezie, masochisme, dramatisering, neiging tot onvrouwelijkheid en geremde seksualiteit zo vaak een rol spelen.[4]

Een kunstwerk of een mythologisch verhaal is te vergelijken met het 'primair proces' uit een droom: het is geen werkelijkheid, maar de verbeelding daarvan. Symbolische gebeurtenissen met een betekenisvole lading brengen de diverse emoties en fantasieën tot uitdrukking. Electra vertolkt het conflict tussen moeder en dochter, dat geladen is met fantasieën rond moord en zelfmoord, met haat die leidt tot zowel masochisme als sadisme. Electra wordt ook wel hysterisch genoemd, maar dan meer in de populaire, ontsierende betekenis van het woord, vanwege haar geldingsdrift, haar luidruchtige rouw en haar liefdesdans rond haar dode vader, culminerend in haar waan met hem te spreken.

De mythen van Oedipus en van Electra zijn zeer verschillend van aard, al behandelen ze beide de rivaliteit met de ouder van hetzelfde, en de liefde voor de ouder van het andere geslacht.[5] De argeloze Oedipus, de beklagenswaardige Thebaanse koningszoon die bijna door zijn eigen ouders was vermoord, had geenszins de bedoeling zijn vader te doden. Hij kende zijn vader niet eens en ontvluchtte zijn vermeende ouders (in werkelijkheid zijn pleegouders) vanwege de voorspelling van het orakel dat hij zijn vader zou doden.

Electra beraamt gedurende vele jaren in koelen bloede de moord op haar moeder, die zij met sluwheid ten uitvoer laten zal brengen. Oedipus daarentegen brengt in een opwelling van redeloze woede op een kruising bij Delphi een volslagen vreemdeling om het leven. Electra koestert een levenslange wrok, die deel gaat uitmaken van haar identiteit nadat haar moeder samen met Aegisthus bij zijn thuiskomst Agamemnon (vergezeld van Cassandra, zijn maîtresse) om het leven bracht. Na jaren van afwachten slaagt Electra er ten slotte met behulp van haar broer in haar wraak ten uitvoer te leggen door haar moeder Clytaemnestra te doden.

Alle Griekse en moderne schrijvers over Electra zijn het erover eens dat haar woede en haar luid uitgeschreeuwde leed bedoeld zijn als een aanklacht tegen haar moeder, van wie zij zich, terecht of ten onrechte, het onbeminde slachtoffer voelde. Het blijft moeilijk te begrijpen waarom Electra haar vader Agamemnon, de meedogeloze moordenaar, zo bleef idealiseren, ondanks alle bewijzen van zijn zelfzucht, wreedheid en ontrouw. Hij had niet alleen Clytaemnestra's eerste man en kinderen gedood, maar ook hun beider dochter Iphigenia geofferd teneinde bij Artemis een gunstige wind te bedingen. Onmiddellijk daarna zette hij zeil naar Troje om als legeraanvoerder van de Grieken ten strijde te trekken. Dat alles gebeurde toen Electra nog een kind was. Hij kan voor haar niet veel meer zijn geweest dan een mythe omtrent een onzichtbare vader.

Electra groeide uit tot een ongelukkige, eenzame vrouw, geobsedeerd door wrok jegens haar moeder en Aegisthus, haar stiefvader. Zij was chronisch woedend en diep teleurgesteld en ging demonstratief, luid jammerend gebukt onder haar ontegenzeglijk trieste lot. Als mogelijke voortbrengster van een mannelijke erfgenaam van de troon was zij door Aegisthus uit het paleis verbannen, terwijl haar geliefde broer Orestes door zijn moeder naar een ver land was gestuurd. Alsof ze haar gevoelens in twee tegengestelde polen had opgesplitst, haatte ze haar moeder even sterk als ze haar vader liefhad. In zijn afwezigheid vereenzelvigde ze zich sterk met de door haar verafgode vader (identificatie na objectverlies).

De sterkere biseksualiteit van vrouwen – een man willen zijn en een vrouw willen hebben, naast een vrouw willen zijn en een man willen hebben – kunnen we aan Electra duidelijk aflezen. Haar wens om beide geslachten te zijn en te bezitten komt tot uiting in het feit dat zij haar echtgenoot (Euripides) kleineert, haar haar afknipt en haar broer dwingt haar werktuig te zijn bij de moord op haar moeder, alsof ze in haar fantasie een man is. Haar mannelijkheidscomplex blijkt uit het feit dat ze Aegisthus een vrouw noemt en meent dat zij meer mans is dan hij, waaruit tevens haar stille verliefdheid op haar moeder en jaloezie jegens Aegisthus zou kunnen spreken. De heftige ontkenning van de band met en de liefde voor haar moeder wijzen eerder op onderdrukking van het tegendeel. Er is hier sprake, getuige Electra's verwijt van verwaarlozing, van een hevige hang naar de liefde van een zorgzame moeder en een terugverlangen naar het verloren paradijs, de homoseksuele – in de zin van gelijkgeslachtelijke – band uit het begin van haar leven.

De genoemde biseksualiteit kan leiden tot seksloosheid, zoals bij Electra, die man noch vrouw is en zich troost met een morele superioriteit ten opzichte van haar nuchterder zuster Chrysothemis, die staat voor de gezonde vrouw. Electra's verwachting van haat van de kant van de moeder is deels een projectie van de vijandigheid van het gefrustreerde kind. In feite is Clytaemnestra even hulpeloos aan haar fatum overgeleverd als Electra, ook zij koestert een kinderlijk verlangen naar een lieve moeder. Slapeloos en verteerd door angst waart zij 's nachts rond, met evenveel schuldgevoel als een Lady Macbeth: een vrouwelijk gevoel, waar de diverse mannelijke protagonisten geen last van schijnen te hebben en dat door Electra overschreeuwd wordt. In haar wanhoop zoekt Clytaemnestra troost bij Electra, bijna alsof deze niet haar dochter is maar haar moeder. Dit moment van zwakte wekt alleen maar minachting en achterdocht bij de dochter, die van de gelegenheid gebruik zal maken om haar moeder te doden.

Gezondheid of pathologie van generatie op generatie

De joodse God, bekend als een naijverige god, was vermoedelijk afgunstig op vrouwen omdat die niet alleen in staat zijn zichzelf te dupliceren, maar ook nog eens mannen voort te brengen. Hij schiep weliswaar de mens naar zijn evenbeeld, maar dat gezegde gold eigenlijk alleen voor de man. De vrouw werd vervolgens uit Adams rib genomen. Zij was de schepping van een 'zwangere' man (zoals Pallas Athene uit het hoofd van Zeus geboren werd) en niet meer dan een incompleet deel van zijn grotere geheel.

Dat alles is mythologie, terwijl het in werkelijkheid het lot en de bestemming van de vrouw is om zichzelf te herscheppen in de persoon van haar dochter. Daardoor raken moeders en dochters sterker en ambivalenter met elkaar verbonden dan zoons en moeders. Het feit dat een moeder een nauwe band heeft met haar dochter kan weliswaar voordelen hebben om het moederen te leren. Anderzijds draagt het ook het risico in zich dat een gebrek aan moederliefde wordt doorgegeven. In het algemeen gesproken vergemakkelijkt de band tussen moeders en dochters het doorgeven langs de vrouwelijke lijn van zowel gezondheid als pathologie naar volgende generaties.

Clare komt voor behandeling omdat ze moeite heeft om een stabiele relatie met een man aan te gaan. Ze heeft een eetstoornis, waarbij ze zich afwisselend volpropt en overgeeft, zoals iemand die aan anorexia nervosa lijdt. Ze kan geen orgasme krijgen zonder masochistische fantasieën. Haar agressie gaat langs omwegen en vindt soms een uitweg via anderen. Een van haar vriendjes heeft zelfmoord gepleegd, wat haar moeder later ook zal doen.

Clare blijft meerdere jaren bij mij in behandeling en komt zelfs af en toe terug bij calamiteiten of zorgen. Inmiddels heeft ze een geschikte echtgenoot gevonden, met wie ze een huis koopt en een gezin sticht. Ze is een goede echtgenote en moeder, heeft daarnaast een parttimebaan als fysiotherapeute en regelt haar leven naar tevredenheid.

Tijdens de behandeling verdwijnt de eetstoornis al snel, maar de masochistische fantasieën blijven bestaan. Ik beschouw dit als een symptoom van een onderliggend probleem dat betrekking heeft op de strijd met haar innerlijke moeder. Ze heeft het gevoel dat ze, anders dan haar oudere broer, een ongewenst kind was. Haar moeder was niet gelukkig met haar vader en had tijdens Clares jeugd een minnaar. Voorzover haar herinneringen reiken, verdween haar moeder een dag per week en hield ze altijd lange, heimelijke telefoongesprekken.

Clare was altijd bang voor de 'vijandige blik' van haar moeder en probeerde haar te behagen en gunstig te stemmen door gehoorzaam en lief te zijn. In haar fantasieën cultiveerde ze de illusie van een stilzwijgende verstandhouding met haar moeder, die in feite nogal geneigd was om op haar te leunen. Daarentegen had ze nauwelijks een emotionele band met haar vader, van wie ik tijdens de gehele behandeling geen duidelijk beeld kreeg.

Clare had geen puberteit gehad in de zin dat ze ooit in opstand was gekomen. Toen ze zich voor de allereerste keer openlijk verzette was ze al in de dertig. Haar moeder, die toen chronisch ziek was, pleegde zelfmoord, wat ze al eerder van plan was geweest, en Clare werd gekweld door wroeging en schuldgevoelens.

Als ze mijn spreekkamer binnenkwam had Clare altijd een bevreesde uitdrukking op haar gezicht en gaf ze me stijfjes een hand, wat op spanning en angst duidde. Hoe hard we ook werkten aan haar vrees voor afwijzing en haar verborgen haat jegens mij in de overdracht, ze bleef onzeker en bang. Ook slaagden we er niet in haar 'symbiotische illusie' met de therapeute op te lossen om haar te genezen van haar afgesplitste haat. Ze leek de therapeutische relatie te ervaren als een geheime idylle, waaruit alle vijandigheid verbannen was. Ik was haar beschermengel, met wie ze zich nauwer verbonden voelde dan met haar man. Tegelijk kreeg ze echter een realistische, veilige en betrouwbare band met mij. Zoals ik het begreep, slaagde ze erin haar haat en haar gevoel dat ze het slachtoffer was van haar moeder af te splitsen in haar masochistische seksuele fantasiescenario.

Pas laat in de behandeling, toen we nogmaals op zoek gingen naar de oorsprong van haar onzekerheid en haar angst om te worden afgewezen, onthulde ze een familiegeheim dat vier generaties in de vrouwelijke lijn terugging. Haar overgrootmoeder had als huishoudster gewerkt en haar dochter, de grootmoeder van mijn patiënte, was in het geheim geboren. Ze was het onwettige kind van de heer des huizes. Om een schandaal te vermijden werd de biologische moeder weggestuurd en werd de baby door zijn vrouw aangenomen als haar eigen kind.

Men kan zich voorstellen hoezeer deze vrouw de dochter die haar overspelige echtgenoot bij de dienstbode had verwekt, moet hebben gehaat. De wrok en de haat die door het kind werden ervaren waren van dien aard, dat het meisje zo snel mogelijk het huis verliet. Ze ging naar de Nederlandse koloniën om daar haar geluk te beproeven. Ver van huis vond ze een echtgenoot, kreeg een aantal kinderen en scheidde toen van haar man. Een van deze kinderen was de moeder van mijn patiënte, die zich later zelf van haar man liet scheiden. Clare dacht soms ook over scheiden, maar deed het niet. Dankzij het inzicht dat ze tijdens haar therapie had verworven, herkende ze haar eigen onbehagen als onafhankelijk van haar echtgenoot.

Clare was onbewust bang van mij, ze vreesde dat ze ondanks onze goede therapeutische relatie niet welkom was en niet gewenst. Dit probleem kon niet worden opgelost zonder de volledige interpretatie van de overdrachts- en tegenoverdrachtsinteractie. In een frequentere psychoanalyse was dit misschien wel gelukt, daarvoor was ze echter door de instantie die de betaling regelt afgewezen.

Ik realiseerde me ook dat Clares probleem groter was dan haar eigen levenservaringen aangaven. Het moest door de generaties heen van moeder op dochter zijn doorgegeven sinds de overgrootmoeder was weggestuurd en haar dochter voor de pleegmoeder een gehate herinnering was geworden aan een vernederend voorval. Dit ongelukkige transgenerationele moeder-dochterconflict typeert hoe problemen via de vrouwelijke lijn worden doorgegeven en ruimte geven aan pathologie. In Clares geval had zich vanaf de overgrootmoeder een fundamentele onzekerheid voortgezet.

Clare gaf blijk van een opmerkelijke tegenstelling tussen een geslaagde individuatie enerzijds en een gebrek aan separatie anderzijds. Deze afgesplitste conflictueuze sfeer gaf aanleiding tot verlangens naar versmelting en verborgen fantasieën dat ze een slachtoffer en een verlengstuk van haar moeder was, hetgeen seksuele problemen met een mannelijke partner veroorzaakte. Al vermoed ik dat de op de analytica geprojecteerde onverwerkte haat jegens de moeder in een frequentere therapie beter oplosbaar zou zijn geweest, een herhaling van dit probleem in de volgende generatie in de persoon van Clares dochter is gelukkig voorkomen.

Zo zijn er nog veel meer voorbeelden te geven van gevallen waarin de moeder een centrale rol blijft spelen in het leven van de dochter.

Elisabeth

Elisabeth, een academisch gevormde vrouw van achter in de veertig, vermeed oogcontact en leek met haar terneergeslagen gestalte de belichaming van een groot stil verdriet. Na jaren psychotherapie verbaasde ze me op een dag met de onthulling dat haar moeder als kind polio had gehad en daardoor invalide was geworden. Elisabeth leidde een betrekkelijk eenzaam bestaan. Ze had al jaren een vriend, maar hij was getrouwd en ze zagen elkaar alleen incidenteel. Later werd ze verliefd op een vrouw, iets wat in haar adolescentie ook al eens was gebeurd. De twee vriendinnen besloten ten slotte, nadat Elisabeth een jaar had getwijfeld – ze wilde haar vriend niet loslaten en haar vriendin niet verliezen –, te gaan samenwonen.

Ook nadat de frequentie van haar therapie was opgevoerd, was ze nog steeds niet in staat of bereid me ook maar iets te vertellen over de fysieke aspecten van beide relaties. Over seksualiteit werd nooit gesproken: het lichaam ontbrak in Elisabeths discours. Haar probleem was dat ze een uiterst lage dunk van zichzelf had en te veel schaamte voelde om zich te uiten. Ergens om vragen was voor haar volstrekt onmogelijk, laat staan voor zichzelf opkomen om te krijgen wat ze wilde.

Voorzover ze zich kon herinneren had ze haar relatie met haar moeder altijd als gespannen en vijandig ervaren, al werd dit door geen van beiden ooit openlijk erkend. Haar moeder, die na schooltijd naast de theepot op haar zat te wachten, deed volgens haar niets anders dan 'onzin' uitkramen. Ze prees Elisabeth, alles wat ze deed was goed, en oppervlakkig gezien ging het allemaal uitstekend, maar er was geen communicatie, geen eigenlijk contact.

Toen Elisabeth een jaar of acht was kreeg haar moeder een 'hysterische' aanval, waarbij ze zich op de grond wierp, schopte en schreeuwde: 'Ik kan niet meer, ik wil niet meer.' Elisabeth nam wraak door te zwijgen. Ze wilde zo min mogelijk op haar moeder lijken, terwijl ze dol was op haar vader en hem idealiseerde, hoewel geen van beide ouders ooit vroeg hoe zij zich voelde of hoe het met haar ging. Elisabeth was een eenzaam kind, wat ze uitsluitend aan haar moeder weet. Haar vader werkte in een andere stad en had niet veel tijd voor de kinderen. Pas tijdens de behandeling ontdekte Elisabeth dat ze als meisje nooit steun of erkenning van hem had gekregen. Hij gedroeg zich niet als vader en liet de zorg voor het huishouden en de vier kinderen helemaal aan de moeder over. De moeder werd door iedereen een flinke vrouw gevonden. Ze klaagde nooit en praatte niet over haar handicap. Problemen werden uitsluitend aangepakt door middel van ontkenning.

In de analyse wordt duidelijk dat Elisabeth zich sterk identificeert met haar invalide moeder en dat zij zich emotioneel gehandicapt voelt. Tegenover mij is ze in de overdracht net zo weinig communicatief als destijds tegenover haar moeder. Ze is vaag, beleefd en spreekt een onpersoonlijke ambtenarentaal. Zodra ze ervaart wat ze vertelt, wordt ze door haar emoties overweldigd en begint te huilen. Maar meestal is ze gedepersonaliseerd. Dat blijkt uit de verstrooide buien waar ze regelmatig last van heeft; dan wordt haar handtas of haar fiets gestolen, één keer zelfs haar kostbare dwarsfluit. Elisabeth, die altijd geprobeerd heeft niet op haar moeder te lijken, is blijkbaar geheel verstrikt geraakt in herhalingsdwang. Zonder het te beseffen heeft ze de last van haar moeders niet geaccepteerde handicap op zich genomen. Ze heeft een vergelijkbaar patroon van lijden en ontkenning ontwikkeld door beschaafde 'onzin' te praten.

In Elisabeths geval bestaat er een patroon dat twee generaties omspant en zijn er geen kinderen bij wie deze emotionele blokkade zich kan herhalen. In het geval van Nora gaat het om ten minste drie generaties.

Nora

Deze getrouwde vrouw van begin veertig kwam bij mij in verband met ernstige remmingen in de seksuele, professionele en sociale sfeer. Ze voelde zich erg onzeker over haar professionele status en haar rol als minnares, echtgenote en moeder. Ze maakte zich ook zorgen over de ontwikkeling van haar dochtertje, dat haar ooit met een mes had bedreigd. De communicatie tussen hen verliep moeizaam en de relatie was gespannen. Nora was een toegewijde maar enigszins dwangmatige moeder, die een (neurotische, wel te onderscheiden van een psychotische) postnatale depressie had doorgemaakt. De baby had bovendien last gehad van hevige buikkrampen en was gedurende een jaar of vijf op een streng en beperkt dieet gezet.

Nora ervoer haar moeder als ziekelijk opdringerig en gaf daar talloze sprekende voorbeelden van. De moeder wilde niet alleen bepalen hoe Nora zich moest gedragen, maar ook wat ze moest voelen. Moeder wist beter dan zijzelf wat ze leuk zou vinden, wat ze graag at en wat haar voorkeuren waren. Nora had een afkeer van haar moeder en durfde haar niet aan te raken, zelfs dichtbij komen was voor haar een probleem. Bij de geboorte van haar dochter wilde Nora haar moeder dan ook niet in de buurt hebben. Ze verzweeg voor haar ouders dat ze in analyse was. Eigenlijk vertelde ze haar moeder nooit iets over haar persoonlijke leven en ze was constant beducht voor opmerkingen en kritiek van haar (geïnternaliseerde) moeder.

Nora kwam uit een orthodox protestants milieu, waar sterke vooroordelen jegens buitenstaanders heersten. Sociaal aangepast gedrag was belangrijk voor de moeder. Nora trouwde met een man die volstrekt niet voldeed aan haar moeders eisen. Zijn wat onbehouwen gedrag en slordige voorkomen deden Nora veel plezier. Hij was alles wat zij, onbewust haar moeder gehoorzamend, niet kon en durfde zijn. Haar vader speelde een ondergeschikte rol in haar leven. Hij was, net als Elisabeths vader, een wat slappe teruggetrokken man die de moeder volledig haar gang liet gaan met de kinderen.

Nora vreesde haar dochtertje al vanaf de geboorte. Ze trachtte aan elke gril van het kind te voldoen om te voorkomen dat het ging huilen, want dat zou betekenen dat zij een slechte moeder was. Soms had ze zelfs het gevoel dat haar kritische moeder in de wieg lag. Tegelijk verafgoodde ze de baby, terwijl ze de haat die er ook was niet tot haar bewustzijn toeliet. Ze had het gevoel dat zij, Nora, door en door slecht was en de baby een volmaakt en prachtig wezen. Dit had echter kwalijke gevolgen. Het kind was in haar ogen zo uitzonderlijk begaafd, dat het moest leren lezen en schrijven nog voor het kon praten. Geluidjes maken of praten tegen haar baby deed Nora nauwelijks. De sfeer tussen hen was buitengewoon gespannen.

Ook de analytica werd door Nora geïdealiseerd. Ze vreesde mijn kritiek en droomde dat ze me aanviel, zonder enige bewuste ervaring van haat. Nora had er altijd naar gestreefd zo min mogelijk op haar moeder te lijken – 'En andere handelwijzen en gedachten dan die van mijn moeder, dat is mijn wens', liet Aeschylus Electra al zeggen. Nora besefte niet dat ze zich tegenover haar kind misschien wel net zo opdringerig, remmend en restrictief gedroeg als haar moeder zich tegenover haar had gedragen.

Tot haar grote opluchting verbeterde het contact tussen Nora en haar dochter aanzienlijk tijdens de analyse en in de periode daarna, zoals ze me later vertelde. Het meisje werd openhartiger over haar gevoelens en minder defensief ten opzichte van haar moeder. Hoewel Nora een veel beter gevoel had over zichzelf en haar dochter, bleef haar relatie met haar moeder vrijwel onveranderd.

Nora laat zien hoe drie generaties vrouwen pathologie doorgeven in de vrouwelijke lijn. Elisabeth en Nora stonden allebei positief tegenover hun vader, maar kwamen tijdens de analyse tot de ontdekking dat hun relatie met hem verre van intiem was. De vaders hadden zich op een afstand gehouden en werden door hun dochters geïdealiseerd, net als bij Electra het geval was. Beide vrouwen haatten hun moeder en probeerden niet zo te worden als zij; de identificatie met haar werd geremd en ingeperkt. Het lichaam, als representatie van het innerlijke moederobject, werd door hen zelden genoemd en ongaarne beleefd. Hoewel de moeders zelf vonden dat ze een goed huwelijk hadden en een goede moeder waren, probeerden de dochters te vermijden dat ze ook maar iets van hen overnamen, ze waren doodsbang in enig opzicht op hen te lijken.

Bij geen van beide vrouwen waren er tekenen te bespeuren van een objectwisseling van moeder naar vader. De moeders bleven een centrale plaats innemen in de ervaring van de dochters. Mannelijke partners werden ervaren als moederobjecten die voldoende anders waren omdat ze mannen waren. Elisabeths vrouwelijke partner had een goed inlevingsvermogen en verschilde in die zin van haar moeder. Beide vrouwen waren in erotisch opzicht sterk geremd en seksualiteit werd niet genoemd, laat staan gedetailleerd beschreven. Het woord penis of pik kregen Elisabeth en Nora nooit over hun lippen, laat staan dat ze dit lichaamsdeel ooit aanraakten. Op het lichaam, zowel dat van henzelf als van de ander, rustte een taboe, het bleef een onderwerp waar je niet over praatte. Het moederlijke introject werd voortdurend gevreesd en moest worden afgeweerd om de eigen integriteit te bewaren.

Elisabeth was vrij seksloos en neutraal om te zien, weliswaar onberispelijk gekleed, maar zonder sex-appeal. Nora was vrouwelijker en niet geheel van charme verstoken, maar voelde zich niet op haar gemak in haar rol als minnares. Ze vond zichzelf lelijk en vies en beslist niet aantrekkelijk. Elisabeth noch Nora was erin geslaagd zich los te maken van de innerlijke moeder.

Freud en het vrouwelijke Oedipuscomplex

Freuds analyse van Dora[6] roept twijfels op aan het Oedipuscomplex als oorzakelijke factor. Blass schrijft: 'De verschuiving [van de traumatheorie] naar het Oedipuscomplex kon slechts met de grootste moeite tot stand worden gebracht. De kwesties die een belemmering vormden voor het oedipale model in de tijd toen de verleidingstheorie werd opgegeven, zijn vandaag de dag nog steeds niet opgelost.'[7]

Dora had een onverwerkte en sterk ambivalente band met haar moeder en gebruikte mannen minder als liefdes- dan als haat- en wraakobject. Haar begeerte was niet zozeer gericht op meneer K. als wel op zijn vrouw. Na *Dora* heeft Freud geen ziektegeschiedenissen meer gepubliceerd om het bestaan van het Oedipuscomplex bij vrouwen te staven. Het door hem beschreven homoseksuele meisje[8] had erotische banden met een vrouw nadat ze zich afgewezen voelde door haar moeder. Bij de vrouw die hij in het beroemde geval van paranoia opvoert is het de innerlijke moeder die bepaalt of seksualiteit met een man geoorloofd is.[9]

Mijn patiënte Nora had het gevoel dat haar moeder onder het bed lag wanneer ze vrijde met haar man. Ik hoor vaker van vrouwen dat hun moeder nog lang in de kamer waar ze met hun geliefde aan het vrijen waren verbleef en mama is ook regelmatig aanwezig in een hoek van mijn spreekkamer.

De langdurigste analyse die Freud ooit met een vrouw heeft ondernomen was waarschijnlijk die van zijn dochter Anna.[10] Het is niet onmogelijk dat haar analyse hem heeft gesterkt in zijn aarzelende visie op het vrouwelijke Oedipuscomplex en dat zijn opvattingen over de vrouwelijkheid ook voor het overige sterk door de ervaringen met zijn dochter zijn beïnvloed. Freuds artikel over de vrouwelijkheid en dat over de vrouwelijke seksualiteit[11] doen beide sterk denken aan de analyse van Anna, zoals die verscheidene keren door haarzelf is beschreven (met bewonderenswaardige vrijmoedigheid, bijvoorbeeld in haar correspondentie met haar hartsvriendinnen).

In *Een kind wordt geslagen*,[12] dat voor een groot deel gebaseerd schijnt te zijn op Anna's probleem, verbergen meisjes hun oedipale wens achter de onbewuste masochistische masturbatiefantasie dat ze door hun vader worden geslagen. De liefde voor en binding van een dochter aan haar moeder worden hier slechts eenmaal genoemd. Na 1925 gaf Freud dikwijls als zijn mening te kennen dat meisjes hun moeder haten;[13] de mogelijkheid dat masochisme bij vrouwen voortkomt uit de relatie met hun moeder wordt echter nergens genoemd.

Later, in 1931, concludeerde Freud dat vrouwen hun moederbinding vaak niet weten te overwinnen. Hij erkende dat deze ontdekking een bedreiging vormde voor zijn Oedipuscomplex, de hoeksteen van zijn theorie. In plaats van de theorie te herzien formuleerde hij de hulphypothese dat vrouwen een langere pre-oedipale fase doorlopen en ruimde hij een plaats in voor de langdurige (homoseksuele, in tegenstelling tot heteroseksuele oedipale liefde) moederbinding. De analyse van Anna heeft wellicht verstrekkende gevolgen gehad voor Freuds visie op de vermeende objectwisseling bij het kleine meisje, 'waaraan deze machtige moederbinding van het meisje te gronde gaat'.[14]

Anna, het ongewenste laatste kind in het gezin Freud, voelde zich verwaarloosd en teleurgesteld in haar moeder. Ze raakte vervolgens erg gehecht aan haar vader, die ze net als Electra idealiseerde, zonder uiteindelijk tot een heteroseksuele objectkeuze te komen. Ze deelde haar leven met een vrouw en bleef haar leven lang gefascineerd door het moederschap. Evenals in andere gevallen kunnen hier vraagtekens worden gezet bij de aanname van de objectwisseling. De analyse van Anna zoals beschreven door haarzelf had veel te maken met het afstand doen van masochistische fantasieën in samenhang met clitorale masturbatie en het opgeven van de identificatie met mannen.[15] Hoewel haar oedipale ontwikkeling op Freud geen voorbeeldige indruk gemaakt kan hebben, sterkte Anna's analyse hem toch in de mening dat meisjes wel degelijk wisselen van zowel hun primaire object, de moeder (naar de vader), als van hun primaire zone, de clitoris (naar de vagina).

Anna vertegenwoordigde het sterkst denkbare voorbeeld van vrouwen die drastisch van object wisselen. Tegelijk is zij ook een voorbeeld van een afwijkende ontwikkelingsgang, te weten het afwijzen van vrouwelijkheid en het zich volledig trachten te de-identificeren van haar moeder, om zich in plaats daarvan met mannen te vereenzelvigen en haar vaders kameraad te worden. Deze te ver doorgeschoten objectwisseling is geenszins de gewone gang van zaken die Freud bedoelt, en leidt er niet toe een man te willen hebben, maar eerder er een te willen zijn. Het ligt voor de hand om hier van een homoseksuele of lesbische ontwikkeling te spreken. Onder meer door de kronkelpaden die de vrouwelijke ontwikkeling volgens Freud normaliter doormaakt, behoren het ontbreken van gevoel in de vagina en een algehele seksuele geremdheid zijns inziens tot de normale aspecten van het vrouwelijke Oedipuscomplex.

De door Freud beschreven weg naar de vrouwelijkheid is trouwens zo omslachtig, dat moeilijk te begrijpen valt waarom een meisje ooit een heteroseksuele vrouw zou worden in plaats van een vrouw met een mannelijkheidscomplex en homoseksuele voorkeuren. Geen wonder dus dat Freud moeite had om de vraag 'Wat wil de vrouw?' te beantwoorden. Zijn oedipale theorie vereiste meer objectwisseling dan hij, afgezien van Anna, kon waarnemen, zoals hij in 1931 terdege besefte. Hij erkent dat zijn ideeën met betrekking tot deze objectwisseling gebaseerd zijn op 'vrouwen die een zeer sterke vaderbinding hebben'. Bij gebrek aan vrouwelijke gevallen was Freud opgelucht dat hij zijn theorie over het Oedipuscomplex als de kern van de neurose uiteindelijk toch niet hoefde te herzien. Een wisseling van object bewees dat het Oedipuscomplex ook opging voor vrouwen.

Ofschoon de 'normaliteit' van vrouwen die wel van object wisselden misleidend kon zijn, meende Freud toch dat vrouwen die niet van object wisselden neurotisch waren. Dit was wellicht gebaseerd op een andere persoonlijke ervaring: op de taaie weerstand die hij ondervond bij het losweken van Martha van haar moeder. Freud concludeerde derhalve dat bij vrouwen het negatieve Oedipuscomplex (de liefde voor de ouder van hetzelfde geslacht) de kern van de neurose vormt. In de pre-oedipale relatie tot de moeder ligt de kiem van de latere paranoia bij de vrouw, 'de angst om door de moeder te worden vermoord (opgegeten?)'.[16]

Het Electracomplex

Freud geeft toe dat zijn uitspraken over het Oedipuscomplex 'in hun volle rigorositeit slechts van toepassing zijn op het mannelijke kind', maar stelt vervolgens 'dat wij de naam Electracomplex [een voorstel van Jung], die de analogie in het gedrag van beide seksen wil beklemtonen, terecht afwijzen. De combinatie van liefde voor de ene ouder en door rivaliteit gevoede haat tegen de andere, een combinatie die aan een noodlot doet denken, komt slechts bij het mannelijke kind tot stand.'[17]. Freud geeft hier blijk van zijn geringere empathie met vrouwen. Naar mijn mening beschrijft het Electracomplex de veel noodlottiger combinatie van liefde voor en haat jegens dezelfde ouder en is het bij uitstek van toepassing op meisjes die hierdoor in ambivalentieconflicten verwikkeld raken.

Freud vervolgt: 'De afwending van de moeder is een hoogst belangrijke stap in de ontwikkelingsgang van het meisje, ze is meer dan louter een wisseling van object', en herhaalt iets verderop: 'De weg naar de ontwikkeling van de vrouwelijkheid staat nu voor het meisje open, voor zover de resten van de overwonnen pre-oedipale moederbinding deze weg niet vernauwen'. De vraag blijft echter: kan of moet een meisje haar moederbinding overwinnen? Verraadt de bewust afwijzende houding geen onbewuste binding aan het moederbeeld? Ik vermoed bovendien dat de vijandige afwending weinig goeds voorspelt voor de ontwikkeling van echte vrouwelijkheid en eerder wijst op onverwerkte conflicten met de innerlijke moeder dan op een wisseling van object.

Nog afgezien van de vraag of het meisje zich inderdaad afwendt van haar moeder, is te verwachten dat negatieve gevoelens een sterkere band doen ontstaan dan positieve. En de langdurige haat jegens en teleurstelling in de moeder leidt ook inderdaad tot pathologie bij vrouwen, zoals iedere dag wordt aangetoond door de ervaring en zoals mythisch is weergegeven in de persoon van Electra.

Van moeder naar vader?

In plaats van te wisselen van object blijft het meisje, vaak op ambivalente wijze, libidineus gebonden aan het eerste object. Dat begint in haar vroegste jeugd, duurt voort tijdens de adolescentie en de volwassenheid, en blijft zo tot op hoge leeftijd.

Het is zelfs mogelijk dat ze haar relatie met haar moeder later overdraagt op die met haar dochter, zoals Nora deed. Voor het meisje speelt separatie niet dezelfde rol als voor de jongen. Evenmin is het een noodzakelijke voorwaarde voor de opbouw van een gezonde seksuele identiteit, zoals bij hem. De separatie komt vaak maar gedeeltelijk en niet volledig tot stand, zonder dat dit negatieve gevolgen hoeft te hebben voor de ontwikkeling van het meisje. Wanneer de separatie ofwel radicaal is ofwel in het geheel niet plaatsvindt, zal het resultaat pathologisch zijn. Wat ik de 'symbiotische illusie' ten opzichte van de moeder heb genoemd, de hoop om één te zijn met haar, is net zo destructief als het tegendeel waarvan Electra blijk gaf.

De gulden middenweg lijkt een zekere mate van ambivalentie te zijn, met als gevolg dat meisjes niet gemakkelijk uiting kunnen geven aan boze gevoelens jegens hun moeder, die ze immers altijd nodig zullen hebben. Ze zullen eerder geneigd zijn tot stille woedeuitbarstingen en heimelijk moordlustige fantasieën koesteren. De combinatie van liefde en haat voor dezelfde ouder zoals in het geval van het meisje is, zoals ik al zei, veel noodlottiger dan wat er bij de jongen aan de hand is, die de ene ouder begeert en de andere daarbij als rivaal ziet. Het meisje zal zich dikwijls bedreigd voelen door haar moederbeeld. In mijn ervaring heeft masochisme bij vrouwen dan ook vaker te maken met de moeder die zij in zich meedragen, met alle conflicten van dien, dan met de vader.

Wisselen meisjes van object?

Volgens de klassieke psychoanalytische theorie moest aan twee voorwaarden worden voldaan alvorens de vrouwelijkheid kon worden bereikt. Het meisje moest allereerst wisselen van 'erogene zone': de plek van de lust moest verhuizen van de clitoris naar de vagina. Ten tweede diende ze te wisselen van liefdesobject, van moeder naar vader. Daarmee werd van het meisje geëist dat ze twee wezenlijke bronnen van bevrediging opgaf teneinde een vrouw te kunnen worden. In feite moest ze haar oorspronkelijke mannelijkheid, haar clitorale masturbatie in de fallische fase, opgeven om de ware vrouwelijkheid te kunnen bereiken. Daar er maar één libido bestond, de mannelijke, werd verondersteld dat het meisje geboren werd als een kleine man, met een mannelijk geslachtsorgaan, de clitoris, en dat ze net als de jongen een fallische periode doormaakte. Om vrouwelijk te worden moest ze een psychische castratie ondergaan, vergelijkbaar met de fysieke tegenhanger die in sommige traditionele culturen nog steeds wordt toegepast. Ze moest afzien van elke bevrediging en een metamorfose doormaken.

Van de jongen werd iets dergelijks niet geëist, want hij was geboren en getogen als man. 'De constitutie [van de vrouw] zal zich niet zonder verzet naar de functie voegen.'[18] In Freuds ogen was het meisje enerzijds meer biseksueel en anderzijds minder vrouwelijk, en niet helemaal 'natuurlijk', zoals de jongen: 'De natuur houdt met háár aanspraken minder zorgvuldig rekening dan in het geval van de mannelijkheid'. De jongen hoefde niet te wisselen van liefdesobject, of het brandpunt van zijn seksuele gevoelens te verschuiven, of zijn mannelijke houding te veranderen. Recent onderzoek heeft nog eens ten overvloede aangetoond dat deze opvatting voor een groot deel cultureel bepaald was. In Freuds tijd was al overduidelijk dat er niet voldoende zenuwbanen in de vagina waren om de volstrekt onnodige overstap van clitoris naar vagina te kunnen maken.[19]

In de jaren twintig woedde er onder psychoanalytici een felle discussie met betrekking tot de vrouwelijke ontwikkeling, waarbij men zich onder andere afvroeg of er al dan niet een authentieke of zelfs primaire vrouwelijkheid bestaat voor beide seksen.[20] Inmiddels is deze kwestie beslecht in het voordeel van de pioniers die zich destijds afzetten tegen Freud.

Derhalve is het niet het meisje dat haar leven begint als jongen, maar de jongen die zijn geslachtelijke identiteit moet vinden door zich te de-identificeren van zijn moeder.[21] Kleine kinderen bekommeren zich uiteraard weinig om het begrip geslacht, ze willen gewoon alles hebben, alles zijn en alles kunnen, een almachtsidee dat losgelaten moet worden ten koste van veel narcistische pijn.[22]

Freud nam aan dat het meisje pas een vrouw wordt in de puberteit, wanneer ze de vagina ontdekt en de 'mannelijke' clitoris geheel opgeeft. Tegenwoordig zijn psychoanalytici het erover eens dat beide seksen vanaf de vroegste kindertijd niet alleen een mannelijke of een vrouwelijke seksuele identiteit en bijbehorend rolpatroon ontwikkelen, maar ook op zijn minst een onbewuste of intuïtieve kennis van de vagina moeten hebben, en dat het ontkennen van het bestaan van de vagina derhalve een teken van angst en afweer is.[23] De bijbehorende begeerte om respectievelijk te penetreren of gepenetreerd te worden bestaat in het voorbewuste van het kind. Men neemt nu algemeen aan dat het meisje interne en externe erotische gewaarwordingen heeft, in het bijzonder in haar vagina en clitoris.[24]

Als kinderen tussen een en twee jaar het verschil tussen de seksen ontdekken is dit niet alleen een mijlpaal in hun ontwikkeling, maar ook een klap voor hun gevoel van eigenwaarde, een narcistische krenking, waarop beide seksen reageren met een voorbijgaande fase van penisnijd of angst voor beschadiging.[25] Als deze reacties aanblijven of al te heftig zijn, beschouwt men dit tegenwoordig als een reactie op vroegere (pregenitale, orale, anale) frustraties die met name het meisje ervaart met betrekking tot haar moeder of verzorgster.[26] Een fallische fase waarin het meisje zich als een jongetje gedraagt werd niet gevonden in observatieonderzoek;[27] de negatief oedipale fase, aangenomen door Lampl-De Groot in 1927[28] en door Freud hevig toegejuicht, wordt evenmin bevestigd.[29]

Het verlangen naar het krijgen van een kind wordt tegenwoordig niet meer gezien als substituut voor het verlangen naar een penis, maar als een authentiek vrouwelijk verlangen. Over penisnijd wordt tegenwoordig veel genuanceerder gedacht. Het is niet alleen een metafoor, maar ook een samenvattende term voor een reeks problemen die met narcisme en zelfwaarde te maken hebben. Bij een volwassen vrouw is het geen onveranderlijk en onanalyseerbaar rotsvast gegeven, zoals Freud formuleerde, maar een symptoom, een signaal dat op problemen wijst, zoals het ontkennen van de vagina, en dat voor behandeling in aanmerking komt.[30] De Franse psychoanalyse gebruikt de fallus als teken ('signifiant') van de symbolische orde voor beide geslachten, in navolging van Freud en theoretisch uitgewerkt door Lacan, waarbij het fallisch monisme in het onbewuste van beide geslachten een rol blijft spelen. De fallus is dan geen lichaamsdeel, maar meer een symbool voor een onvervuld verlangen.

Wel heeft Freud terecht de aandacht gevestigd op het probleem van de biseksualiteit, met name bij meisjes.[31] De biseksualiteit schijnt bij meisjes in mindere mate te zijn verdrongen dan bij jongens, die hun identificatie met en liefde voor hun moeder moeten opgeven om een man te worden. In tegenstelling tot hetgeen Freud dacht, geven jongens dus meer op dan meisjes. Naar mijn mening is deze biseksualiteit niet zozeer een gevolg van het feit dat het meisje haar zogenaamde mannelijke orgaan, de clitoris, moet opgeven, als wel van haar voortdurende homoseksuele verlangen naar haar eerste object – een verlangen dat niet altijd of niet alleen kan worden bevredigd door een man.

Voorzover ik kan zien, moet de belangrijke vraag of meisjes van object wisselen negatief worden beantwoord. Als Sophocles en andere auteurs gelijk hadden wat betreft Electra, worden vrouwen vaak veel meer in beslag genomen door de haatliefdeverhouding met hun moeder dan door de oedipale liefde voor hun vader. De vaak afwezige vader wordt meer van een afstand gezien en zowel begeerd als geïdealiseerd, zowel in Electra's geval als bij de meisjes in de moderne tijd. Het moederbeeld daarentegen, of het nu wordt bemind of gehaat, is altijd aanwezig, zowel in de werkelijkheid als voor het geestesoog van het meisje. De moeder wordt verweten dat zij geen bevredigend liefdesobject voor het meisje is[32] en bovendien dat zij de relatie van het meisje met de vader in de weg staat. Dit leidt tot een splitsing tussen enerzijds de frustrerende 'slechte' moeder, en anderzijds de 'goede' geïdealiseerde vaderfiguur. Electra lijkt me daarom als metafoor beter toepasbaar op de diverse aspecten van de vrouwelijke ontwikkeling dan Oedipus.

Tussen symbiose en afwending

Net als Oedipus is Electra een uiterste, een pervertering van een doorsnee fantasie. Een meisje kan zich tussen twee polen bewegen, beide even destructief en pathologisch, zonder echter van object te wisselen. Ze kan haar eerste object afwijzen en zich defensief, vol haat en walging afwenden van haar moeder om te ontkomen aan de angst verzwolgen te worden, zoals Electra deed.

Een ontwikkelde jonge vrouw, Eva, kwam bij me en wilde dat ik met haar moeder sprak. Ze kwam alleen omdat haar moeder dit eiste, alvorens ze erin zou toestemmen zelf te komen. Eva had inmiddels elk contact met haar moeder verbroken. Door mijn vragen begon ze zich te realiseren dat ze zich in het geheel niet van haar moeder had losgemaakt, zoals ze meende, en dat ze de oplossing van haar problemen beter bij zichzelf kon zoeken dan bij haar moeder.

Toen ze terugkwam vertelde ze dat ze de hele week had gehuild, dat ze zich al wat beter voelde en besloten had dat ze zelf in behandeling wilde. De keer daarop vertelde ze me dat ze elke nacht badend in het zweet placht wakker te worden, maar daar nu opeens geen last meer van had. Blijkbaar was de angst voor haar moeder verminderd sinds wij erover spraken. Een manifeste afwending zoals bij Eva gaat doorgaans gepaard met een latente obsessie voor alles wat met de moeder en het moederschap te maken heeft.

De andere, al even extreme uitkomst van het dochterdilemma is dat de dochter in een hechte symbiotische verbondenheid met de moeder blijft steken. Dit herhaalt zich meestal van generatie op generatie en komt voor bij moeders die hun eigen moederbinding niet hebben opgelost en vervolgens hun dochter weer gaan gebruiken als een narcistisch verlengstuk van zichzelf. Vaak komt het tot een combinatie van liefde en haat, zodat de boosheid op de moeder wordt uitgeleefd op de dochter, met alle schuldgevoelens van dien. De spiegeling van moeder en dochter kan het gevoel doen ontstaan dat zij verantwoordelijk zijn voor elkaars welzijn, en bijgevolg voor elkaars vernietiging.

Deze twee uitersten, namelijk het zich afwenden van de moeder en het innig met haar verbonden blijven, of een afwisseling van beide, verschillen alleen schijnbaar. Wat er op gedragsniveau anders uitziet, kan op innerlijk (intrapsychisch) niveau op hetzelfde neerkomen. Geen van deze oplossingen behelst echter een wisseling van object van moeder naar vader.

Vaders en dochters

De gerichtheid op de moeder neemt niet weg dat de vader een sterke erotische aantrekkingskracht op het meisje uitoefent, en dat ze al vroeg begint te koketteren met mannen.[33] Vanaf hun eerste jaar, veel eerder dan in de klassieke theorie werd aangenomen, geven meisjes blijk van libidineuze gevoelens voor hun vader.[34] Om de conflicten met de moeder te ontgaan wordt de vader opgezocht en geïdealiseerd, hetgeen op een objectwisseling kan lijken. Zoals gezegd treedt er zelfs vaak een splitsing op in die zin, dat de vader de goede en de moeder de boze is. Vaders moeten goedmaken wat er bij moeders is misgegaan.

Een andere belangrijke functie van de vader is dat hij zowel voor jongens als voor meisjes kan dienen als identificatieobject dat de behoefte van het kind aan zelfstandigheid en seksuele identiteit erkent. Hij erkent zijn eigen begeerte en neemt initiatief, meer dan moeders plegen te doen. Wanneer het meisje zich tot de vader wendt, is ze misschien bang dat hij geschaad zal worden door haar sadisme, dat is overgebleven van de orale en anale strijd met haar moeder. Ze is bang om zowel zijn liefde als die van haar moeder te verspelen. Haar schuldgevoelens zullen haar er opnieuw toe brengen haar agressieve impulsen af te remmen.[35]

De functie van de vader als degene die de vrouwelijkheid van het meisje erkent, krijgt tijdens de adolescentie een nieuwe impuls. Enerzijds moet hij het meisje waarderen als vrouw, anderzijds mag hij zich niet als verleider gedragen, en de scheidslijn tussen die twee is uiterst dun. Het meisje heeft zijn aandacht en prijzende woorden nodig om zich als vrouw gewaardeerd te voelen. In dat opzicht schoot Agamemnon tekort, zoals menige vader tegenwoordig tekortschiet. De vader kan de relatie met de moeder compenseren of corrigeren. Hij biedt een tweede kans, die echter ook kan eindigen in een dubbele teleurstelling, met kwalijke gevolgen voor het meisje, haar gevoel van eigenwaarde en haar vermogen om stabiele heteroseksuele objectrelaties aan te gaan.

In de eisen die ze aan haar vader stelt, is een meisje over het algemeen minder absoluut en meer vergevensgezind dan tegenover haar moeder, omdat ze met haar een veel archaïscher band heeft, zoals we bij Electra zien. Ze idealiseert haar vader in de hoop eindelijk de idylle te verwezenlijken die met haar moeder ontbrak. In de adolescentie zal een dochter zich misschien meer moeten losmaken van de vader dan ze ooit heeft gedaan ten opzichte van de moeder. De suggestie van een erotische band kan zowel voor haar als voor hem beangstigend worden.

De innerlijke relatie met het moederbeeld kan de ontwikkeling van een vrouw bevorderen, een bron van kracht zijn of de grondslag worden voor pathologie. De invloed die haar primaire verbondenheid op haar latere objectrelaties heeft, zal grotendeels afhangen van de vraag of ze zichzelf beschouwt als een verlengstuk van haar moeder, waarbij de een een spiegel blijft voor de ander, of als een afzonderlijk individu. Met andere woorden, heeft ze haar symbiotische illusie verwerkt, of blijft ze in de invloedssfeer van haar moeder? Als ze een onderdeel vormt van lichaam en ziel van haar moeder in plaats van haar eigen wensen te kennen, moet ze blijven voldoen aan de wensen van haar innerlijke moeder. Separatie houdt verband met autonomie, iets wat vrouwen vaak onbewust gelijkstellen met agressie, waardoor het schuldgevoel ten opzichte van hun moeder toeneemt.

De vrouw herschept zichzelf naar haar eigen evenbeeld en de gevolgen van die omstandigheid zijn in haar ontwikkeling duidelijk terug te vinden. De beladen combinatie van liefde en haat voor een en dezelfde ouder en idealisering van de andere ouder wordt nergens beter weergegeven dan in de mythe van Electra. Hier staat de moeder-dochterrelatie centraal – in tegenstelling tot de Oedipusmythe, die immers gebaseerd is op de mannelijke ontwikkeling van de ontdekker van het Oedipuscomplex. Emotionele problemen, zoals masochisme, vaginisme, frigiditeit, angst voor versmelting, postnatale depressie en ook homoseksualiteit, staan in nauw verband met het moederimago dat een vrouw erop nahoudt. De transmissie, over de generaties, van ziekte zowel als gezondheid verloopt ongestoorder langs de vrouwelijke lijn, wat zowel een voordeel als een nadeel kan zijn.[36]

Vrouwen beginnen hun leven in een homoseksuele band met de moeder, hun eerste object, met wie ze geslacht en geslachtelijke identiteit delen en met wie ze zich gedurende vele opeenvolgende levensfasen zullen identificeren. Om te kunnen separeren moeten meisjes hun agressiehuishouding redelijk op orde hebben, want ze gaan zich onderscheiden van iemand die ze nodig blijven hebben. Vaak moeten vrouwen behendig tussen de Charybdis van de haat en de Scylla van de symbiotische illusie met betrekking tot hun moederbeeld doorzeilen.

Vrouwen hoeven niet zo radicaal te separeren als mannen. De seksuele identiteit van de vrouw staat niet op het spel zoals bij de man. Vandaar dat afwijzing van de moeder en een radicale verandering van object, zoals gepostuleerd in de oedipale theorie, minder noodzakelijk, ja zelfs ongewoon genoemd moet worden, en allerminst gezond. De conclusie uit dit alles zou kunnen zijn dat de heteroseksualiteit slechts wordt toegevoegd aan een levenslange homoseksuele band, in de zin dat de moeder voor de vrouw haar referentiepunt blijft.

6
Nogmaals: Wat wil de vrouw?

'Was will das Weib?' – de vraag die Freud aan het eind van zijn leven stelde, is nog steeds een brandende kwestie die niets aan actualiteit heeft ingeboet. Zoals kunsthistorici de Mona Lisa afspeuren op zoek naar het *ewig Weibliche*, zo graven psychoanalytici in de vrouwelijke ontwikkelingsgeschiedenis om haar psyche te ontraadselen. Ondanks meningsverschillen zijn de deelnemers aan dit debat het over twee punten eens: de separatie tussen moeder en dochter en de seksuele ontwikkeling van vrouwen kunnen problemen opleveren. Ook worden agressieremming, schuld en schaamte steeds opnieuw met de vrouwelijke ontwikkeling in verband gebracht.[1] Ik zal in dit hoofdstuk vooral de problemen belichten.

Een meisje moet twee taken volbrengen om tot een volwassen, zelfstandige en emotioneel evenwichtige vrouw uit te groeien. In de eerste plaats zal ze zich moeten losmaken, althans gedeeltelijk, van het innerlijke beeld van haar moeder dat ze zowel bewust als onbewust met zich meedraagt. Tevens moet ze haar seksuele gevoelens ontdekken en haar seksuele identiteit aanvaarden om aan beide plezier en voldoening te kunnen ontlenen.[2]

Volgens de klassieke psychoanalytische theorie werd een vrouw niet geboren, maar gemaakt. Een geslaagde ontwikkeling van haar vrouwelijkheid was afhankelijk van vier fundamentele veranderingen. Ze moest wisselen van erogene zone (van clitoris naar vagina), van object (van moeder naar vader), van geslachtelijke identiteit (van jongetje naar meisje) en van een actieve naar een passieve opstelling. Dit betekent dat het meisje al haar oorspronkelijke vitale bronnen van bevrediging zou moeten opgeven en zich op andere, nieuwe doelen zou moeten richten om volledig vrouw te kunnen worden.

Deze onwaarschijnlijke argumentatie was niet alleen in strijd met de elementaire logica, ze was evenmin gebaseerd op kennis van de vrouwelijke ontwikkeling. Ze was gegrond op een symmetrische ontwikkeling van jongens en meisjes die Freud lange tijd veronderstelde. Dit betekende dat zijn Oedipuscomplex, bedacht vanuit een mannenperspectief, mutatis mutandis ook voor vrouwen gold. Zoals het jongetje zijn moeder begeert en zijn vader als rivaal ziet, zo verlangt het meisje naar haar vader en ziet de moeder als rivale, aldus de klassieke theorie.

De knelpunten op weg naar de vrouwelijkheid hebben volgens mij te maken met de nauwe samenhang tussen de twee genoemde aspecten van haar ontwikkeling, namelijk separatie en seksualiteit. De eerste liefdesband en hechting van het meisje is per definitie een homoseksuele, in de uiterst banale zin van een gelijkgeslachtelijke relatie tussen moeder en dochter. Bovendien moet ze leren omgaan met haar steeds hernieuwde identificatie met dit eerste en belangrijkste liefdesobject. Door deze combinatie van factoren raakt een meisje dubbel en dwars aan haar moeder gebonden in plaats van snel op haar eigen benen te leren staan, zoals de jongen. Deze constellatie zal al dan niet een belemmering vormen, onder meer voor de ontplooiing van haar vermogen om intieme relaties te onderhouden. De uitkomst zal mede afhangen van de vraag of haar moeder behoefte heeft gehad aan een dochter die als duplicaat en verlengstuk van haarzelf moest dienen. Een ander punt: de dubbele binding die dochters met hun moeder hebben, kan mede verklaren waarom progressies in de ontwikkelingsgang van een meisje zo vaak worden bedreigd door regressieve tendensen.

De vitale kwestie van de separatie en individuatie van vrouwen was al eerder aan de orde gesteld door sociologen en feministen, en daarna opgepakt in de lekenpers, voordat de psychoanalyse, die moeders en dochters lang onderbelichtte, er aandacht aan besteedde.[3] Toch wordt al meer dan honderd jaar gespeculeerd over de psychoseksuele ontwikkeling van de vrouw, met name sinds het ontstaan van de psychoanalyse. Op dat moment werd voor het eerst speciale aandacht aan vrouwen besteed, hoewel vrouw, hysterie en psychiatrie toen min of meer synoniem waren (zie hoofdstuk 9).

In het nu volgende zal ik de separatie en de seksualiteit grotendeels afzonderlijk behandelen. In de praktijk hangen ze vanzelfsprekend nauw met elkaar samen: in positieve zin wanneer de seksuele ontwikkeling de separatie bevordert, in negatieve zin wanneer een belemmerde separatie een rem wordt op de seksuele ontwikkeling van het meisje.

Een meisje pleegt van meet af aan sterk tegenstrijdige verlangens te koesteren. Aan de ene kant wil ze graag zelfstandig zijn en een eigen identiteit ontwikkelen, aan de andere kant verlangt ze naar hereniging met haar moeder. Als ze niet in staat is dit dilemma op te lossen, kan ze in een toestand blijven verkeren waarvoor ik de term symbiotische illusie heb ontwikkeld. Daar vrouwen zichzelf reproduceren, kan ieder tekort van generatie op generatie worden doorgegeven. Zo ook het mislukken van de separatie.

De hamvraag bij dit alles is of er al dan niet een objectwisseling plaatsvindt, en zo ja, op welke wijze en in welke mate? Het antwoord op deze vraag heeft belangrijke consequenties voor het inzicht in het vrouwelijke Oedipuscomplex. Het lijkt mij de moeite waard om het Electracomplex – door Jung geïntroduceerd en door Freud afgewezen – nog eens nader te bekijken op zijn geschiktheid als metafoor voor de vrouwelijke ontwikkeling. Noch Freud noch een van zijn volgelingen heeft voldoende aandacht besteed aan de implicaties van een oedipale fase die voor meisjes niet parallel loopt aan die van jongens.

Voor de meisjesbaby is de eerste relatie vanzelfsprekend van narcistische aard, want moeder en dochter zijn van hetzelfde geslacht en beiden kunnen in de ander het eigen spiegelbeeld ontwaren. Ieder kind, of het nu een meisje is of een jongen, krijgt bij de geboorte te maken met een patroon van verwachtingen en fantasieën die al ontstaan tijdens de zwangerschap van de moeder. Deze voorstellingen zijn tevens afhankelijk van de innerlijke structuur van de moeder, van haar familie en van de cultuur waarin zij leeft. De dromerijen rond toekomstige baby's hebben evenwel een andere lading naar gelang ze over zoons of over dochters gaan. Een meisje kan de wens van de moeder om mooier, beter en volmaakter herboren te worden potentieel in vervulling doen gaan. Een zwangere vrouw die zelf onvoldoende is gesepareerd kan het gevoel hebben dat ze haar moeder in haar schoot draagt, of zich zodanig in de foetus verplaatsen dat zij als het ware weer terug is in de schoot van haar eigen moeder. Als een vrouw een hecht zelfbewustzijn mist, zal ze soms eerder hopen op een dochtertje als een betere versie van haarzelf.

Iedere vrouw beleeft in een dochtertje opnieuw haar eigen relatie tot haar moeder. Het innerlijk theater van het moederdochterpaar dat een generatie eerder opgevoerd werd, komt weer tot leven. Er zijn dan verschillende meer en minder gezonde scenario's denkbaar. Het kan met name pijnlijk zijn als de jonge moeder verwoed probeert het moederschap anders aan te pakken dan haar eigen moeder. Ze gebruikt haar baby dan om iets recht te zetten of zich te rechtvaardigen. Haar kind dient dan om zich te distantiëren van het beeld dat zij van haar moeder heeft. Ze wil bewijzen dat ze niet alleen een goede, maar zelfs een betere moeder is dan degene die haar opvoedde en die ze verinnerlijkt heeft.

Een andere erfenis uit het verleden is het geweten. Het is

afkomstig van de geïnternaliseerde ouders en kan min of meer tolerant, streng of veroordelend zijn. De innerlijke ouder is het beeld dat gedurende de kindertijd gevormd wordt en dat we ons leven lang meedragen. Het is niet gelijk aan de ouder van vlees en bloed. Zo'n geweten is een zware last, waardoor het des te gemakkelijker op een kind geprojecteerd wordt. Als het kleine meisje door projectie de verpersoonlijking wordt van een streng of zelfs sadistisch geweten, wakkert ze daarmee de haat van haar moeder aan. Anderzijds kan het gebeuren dat de moeder zich schuldig voelt als ze niet in staat is aan de behoeften van haar huilende baby te voldoen. Het kind kan niet alleen haar moeders moeder – die kwaad op haar is – symboliseren, de moeder kan ook heel goed zichzelf herkennen in de behoeftige boze baby. In het laatste geval kan het kind, zoals een patiënte me uitlegde, de verpersoonlijking worden van een dochter die nooit van haar moeder zal houden, omdat deze nooit van haar eigen moeder heeft gehouden.

Het is mogelijk dat een moeder juist die eisen aan zichzelf stelt waaraan haar moeder nooit heeft kunnen voldoen. Of ze eist van haar dochter datgene wat ze van haar moeder niet heeft gekregen. Wanneer de dochter volwassen wordt, vindt in deze gevallen vaak een omkering plaats. De moeder wordt het kind dat door haar dochter bemoederd wil worden. Dit kan ertoe leiden dat van de dochter wordt verwacht dat ze alle steun en liefde biedt waar haar moeder als kind behoefte aan had en nog steeds naar hunkert. Het op zijn kop zetten van de betrekkingen tussen de generaties, de verwisseling van de rol van moeder en dochter, heeft tot gevolg dat de dochter zich schuldig gaat voelen omdat ze niet in staat is haar moeder alles te bieden wat deze mist.[4]

Op grond van dit scenario zal het meisje, nu zelf moeder geworden, misschien het gevoel krijgen dat ze in gebreke blijft. Voor haar is het alsof er van twee kanten eisen aan haar worden gesteld. Er wordt aan haar getrokken, en ze kan noch haar kind noch haar moeder geven wat ze nodig heeft. Ze ervaart als moeder een onvermogen omdat ze niet kan geven wat ze zelf nooit ontvangen heeft. Maar als ze het wel kon, zou de baby te veel afgunst en haat opwekken. Bij een postnatale depressie wordt het kind vaak als veeleisend beleefd.

Al deze fantasieën kunnen in de loop van het leven van een dochter steeds weer gaan meespelen. Vooral met betrekking tot de separatie zijn de soms extreem ambivalente gevoelens die de moeder-dochterrelatie omringen niet alleen van doorslaggevende betekenis, ze kunnen ook generaties lang blijven voortbestaan. Zelfs bij de meest normale ontwikkeling lijkt de separatie tussen moeder en dochter problematischer dan die tussen moeder en zoon. De onderlinge overeenkomsten en het ontbreken van het geslachtsverschil bieden moeder en dochter ruimschoots de gelegenheid tot een wederzijdse identificatie zonder separatie. Het voortbestaan van een primaire identificatie bemoeilijkt de vorming van een afzonderlijke identiteit en individualiteit. En zoals ik kort heb geschetst blijft de separatie tijdens de gehele ontwikkeling van de vrouw problematisch, daar elke nieuwe fase in de ontwikkeling die met een stap naar grotere onafhankelijkheid gepaard zou kunnen gaan, tevens tot hernieuwde identificaties aanleiding geeft.

Bij meisjes vindt een langdurige rapprochementcrisis plaats. De peuter die de eerste schreden weg van de moeder zet, voelt duidelijk dat het experimenteren met nabijheid en afstand angst teweeg kan brengen, en dit is bij meisjes sterker het geval dan bij jongens. Het meisje heeft een dubbel verwijt aan haar moeder, die haar niet alleen de borst heeft afgepakt, maar ook de penis (ook die van de vader, waarover zij beschikt en die ze volgens Melanie Klein heeft geïncorporeerd) niet heeft gegeven. Haar heftige sadisme jegens haar moeder – dat zij moet zien te verbergen – maakt haar extra schuldig ten opzichte van de laatste. Het kleine meisje gaat zich des te ambivalenter en bezwaarder voelen over haar behoefte aan onafhankelijkheid, naarmate ze merkt dat dit streven haar moeder onwelgevallig is en zelfs angstig maakt. Ze is uiteraard bang om de liefde van haar moeder kwijt te raken – en dat te meer, of met te meer recht, wanneer haar moeder niet opgewassen lijkt te zijn tegen deze experimenten. Aldus ontstaat het innerlijke moeder-en-kindpaar waarmee een vrouw haar leven lang moet zien uit te komen.

Het is inmiddels ruimschoots door onderzoek bevestigd dat een meisje over het algemeen ambivalentere betrekkingen met haar moeder heeft dan een jongen. Dit komt niet zozeer doordat ze het haar moeder kwalijk neemt dat deze haar geen penis heeft gegeven, als wel doordat ze de band met haar moeder gemakkelijk als benauwend kan ervaren.

In dezelfde tijd dat met afstand wordt geëxperimenteerd, vindt ook de zindelijkheidstraining plaats, die zowel in werkelijkheid als in de fantasie gemakkelijk kan uitlopen op een machtsstrijd. Daarbij horen angstige belevingen omtrent het eigen lichaam, zoals controleverlies en het loslaten van de 'kostbare' inwendige producten. Schaamtegevoel en de beleving niets meer te zijn dan een uitscheidingsproduct, vies of zelfs ongewenst, zijn bij uitstek verbonden met deze fase.[5] Frustraties van orale verlangens, gevoegd bij haatgevoelens en anaal-sadistische preoccupaties, maken vooral het meisje, door projectie, bang voor wraak van de kant van haar moeder. Deze wraak komt niet direct van de werkelijke moeder, maar speelt zich af in de fantasie van het meisje.[6] De uitwendige realiteit is steeds maar een deel van onze werkelijkheid. Wat de doorslag geeft is de psychische of innerlijke realiteit, die er heel anders uit kan zien.

In haar verbeelding kan het meisje een moeder zien die haar dreigt te beschadigen als zij niet aan haar wensen voldoet. Ze gaat vrezen voor het kwetsbare binnenste van haar lichaam, waartoe bij het meisje ook haar genitalia horen. De moeder zou haar kapot kunnen maken, vergiftigen of vernietigen als zij niet gehoorzaamt, zoals in de boze sprookjes. Afgezien van een aangeboren gevoeligheid als baby[7] zijn meisjes voegzamer en vroeger zindelijk. Een meisje ontwikkelt zich in sociaal opzicht (ook wat betreft de spraak) sneller dan een jongen. Dit kan, behalve biologisch bepaalde aanleg, het gevolg zijn van enerzijds haar vroegtijdige identificatie met de moeder, en anderzijds haar angst om de liefde van de moeder te verliezen: het meisje heeft de moeder immers nodig om zich van haar los te maken.

Om verschillende redenen heeft het meisje de neiging om zich misdeeld of achtergesteld te voelen. Zij kan al of niet ten onrechte het gevoel hebben dat ze de verlangens van de moeder niet kan vervullen. Ze is geen jongetje en ze kan de moeder alleen voldoening schenken door zich als haar verlengstuk aan te bieden. Zo kan althans de onbewuste overtuiging van het meisje eruitzien. Ze beeldt zich gemakkelijk in dat ze een jongetje had moeten zijn, of dat een broertje moeders lieveling is en voorgetrokken wordt. Ze kan dit zo interpreteren doordat de moeder meestal de voorkeur geeft aan jongens, aan een heteroseksueel liefdesobject. Dit wekt vanzelfsprekend heftige jaloezie op. Het meisje heeft dan een dubbel nadeel: ten eerste is zij niet het geprivilegieerde liefdesobject van de moeder, ten tweede wordt ze niet zoals de jongen, die anders is en anders mag zijn, gestimuleerd om zich los te maken. Zij hoeft niet 'anders' te worden dan de moeder, ze treedt in haar moeders voetsporen en mag dus op haar lijken. Identificatie kan geschieden met of zonder separatie.

De lotgevallen van de separatie zijn voor het meisje belangrijk en tevens potentieel belastend. Enerzijds is separeren pijnlijk en beladen met schuldgevoelens, anderzijds is klein en afhankelijk van de moeder blijven beschamend en bovendien beschadigend voor het zelfgevoel.

Tira, een meisje van veertien jaar, wordt opgenomen in een adolescentenkliniek omdat ze niet meer naar school gaat, angstig is en de hele dag thuis bij haar moeder blijft zitten. De moeder van haar kant stimuleert het separeren niet. Al vindt ze het kleven ook lastig, ze is eerder angstig en overbezorgd. Tira levert een koppige strijd met de psychiaters en verzorgers en zet alles op alles om niets te hoeven. De enige manier om het gevoel te behouden dat ze bestaat en gehoord wordt, is macht uit te oefenen door middel van haar machteloosheid.

In een ander scenario kan de dochter degene worden die de eisen van het superego (wees flink en toch niet te zelfstandig, zorg altijd dat iedereen in het gezin tevreden is, offer je op) en het ideaal-Ik (de vrouw die zij had willen worden) van de moeder alsnog in vervulling moet doen gaan. Wanneer dit het geval is, zal ze zich dubbel verantwoordelijk voelen voor het wel en wee van haar moeder, desnoods ten koste van zichzelf.

Zoals Lara, een jonge getrouwde vrouw en moeder van een dochtertje, die oververmoeid raakt omdat ze altijd opgewekt moet zijn. Ze vindt dat ze dag en nacht klaar moet staan voor haar moeder en grootmoeder, die zielig zijn omdat ze samen in een Indisch kamp hebben gezeten – waar ze nooit over praten, maar evenmin ooit overheen gekomen zijn. De narigheid in de wereld werd door haar moeder altijd ontkend, ze schiep een onwerkelijke sprookjesachtige sfeer om zich heen die haaks op de werkelijkheid stond. Haar huwelijk was voor de moeder nauwelijks minder erg dan het kamp. Ze had een man getrouwd die haar psychisch en fysiek mishandelde, van wie ze pas in een laat stadium, toen de kinderen al uit huis waren, gescheiden is. Lara komt altijd breed glimlachend mijn spreekkamer binnen, alsof ze alleen maar blij en opgewekt is. Regelmatig vraagt ze zich af of ze niet teveel is, of ik niet ziek, moe, hongerig of anderszins onwel ben en behoefte heb aan haar hulp. Ze bejegent me dan alsof ik haar behoeftige getraumatiseerde moeder of grootmoeder ben.

In de psychoanalyse heeft men zich altijd afgevraagd hoe het superego van een vrouw wordt beïnvloed door haar specifieke ontwikkelingsgang. Freud nam aan dat de vorming van het vrouwelijke geweten tekortschiet. Doordat het meisje niet loskomt van de moeder en vervolgens van de vader, krijgt het geweten volgens hem niet de sterkte en onafhankelijkheid die het culturele betekenis zou kunnen verlenen. Bij de man is dat anders: zijn geweten wordt door Freud de erfgenaam van het Oedipuscomplex genoemd dat hij immers heeft moeten overwinnen. Dit standpunt over het zwakke vrouwelijke geweten berustte weliswaar op vooroordelen, maar werd tevens ingegeven door waargenomen, werkelijk bestaande verschillen. Als gevolg van de projecties en introjecties die een erfenis zijn van de vroege ambivalente band met de moeder is het vrouwelijke superego enerzijds veeleisender tegenover de eigen persoon en archaïscher dan dat van de man, anderzijds toegeeflijker jegens anderen, maar het is zeker niet zwakker of van minder moreel gehalte.[8]

Een moeder die niet tevreden is met zichzelf, haar geslacht, haar seksualiteit, kan gemakkelijk een dito ervaring bij haar dochter teweegbrengen. Een meisje zal het onvervulde verlangen naar liefde en bewondering van de kant van haar moeder gemakkelijk aan haar eigen tekorten toeschrijven. Als ze denkt dat ze als jongen beter in staat zou zijn aan de verlangens van haar moeder te voldoen, kan dit voor haar aanleiding zijn om een mannelijke houding aan te nemen. Sommige dochters klampen zich wanhopig of boos aan hun moeder vast en blijven ambivalent aan haar gebonden. Tegenstrijdige wensen om te vervloeien en afstand te nemen blijven elkaar afwisselen. Dit kan ook tot gevolg hebben dat elke vorm van afhankelijkheid wordt afgewezen, of omgekeerd, zoals bij de symbiotische illusie, dat het helemaal niet lukt enige afstand te nemen.

Het verloop van het separatieproces is van cruciaal belang en kan ziekmakend zijn voor zowel de moeder als de dochter. Nogmaals: separatie, wat neerkomt op autonomie, wordt door het meisje op zichzelf al vaak als trouweloosheid en agressie jegens de moeder ervaren, zelfs wanneer ze haar moeder helemaal niet aanvalt, niet in gedachte, laat staan in woord of daad. Een en ander komt doordat het meisje aanneemt – vaak terecht – dat de moeder het losmakingsproces van haar dochter als bedreigend zal zien of er hevig van in de war zal raken, wat ook regelmatig gebeurt. Dit alles kan het voor een vrouw moeilijker maken om ten behoeve van haar eigen doelstellingen agressie te mobiliseren.

Ten slotte nog het voorbeeld van Sarah, een jonge joodse vrouw die voor behandeling komt omdat ze lijdt aan gevoelens van depressie en depersonalisatie. Ze is de dochter van een vrouw die in de oorlog haar eigen moeder en grootmoeder verloor. Sarahs moeder bleef als veertienjarig meisje plotseling op dramatische wijze in Amsterdam achter, geheel alleen, in groot gevaar en zonder schuilplaats. Haar moeders moeder koos ervoor haar dochter te 'verlaten' of te 'redden', afhankelijk van welke kant men het bekijkt, om haar eigen moeder, Sarahs overgrootmoeder, naar een concentratiekamp te vergezellen. De overgrootmoeder schijnt een zeer tirannieke weduwe te zijn geweest, die inwoonde bij haar dochter en kleindochter. Sarahs grootmoeder had het gevoel dat ze haar moeder niet alleen kon laten, en moest dientengevolge haar dochter in de steek laten.

Toen Sarahs moeder zelf een kind kreeg werd ze depressief. De geboorte van een kind, en nog wel een dochter, confronteerde haar opnieuw met haar verleden, met het feit dat ze alleen was achtergelaten en geen moeder had om haar te helpen. Onbewust moet ze zich schuldig hebben gevoeld dat ze niet zo'n goede dochter was als haar moeder voor haar eigen moeder was geweest. Ze moet ook verboden boosheid tegen haar vermoorde moeder hebben gevoeld, want opnieuw werd ze door haar in de steek gelaten. Het verhaal van deze jonge vrouw is illustratief voor de band die door de generaties heen tussen vrouwen bestaat en doorgegeven wordt.

Problemen op het gebied van separatie en symbiose keren

in het leven van een vrouw regelmatig terug. Elke nieuwe fase in de ontwikkeling van het meisje biedt daarvoor nieuwe aanknopingspunten.

Konden separatie en seksualiteit tot dusver nog los van elkaar worden besproken, zoals we zullen zien raken deze thema's in het vervolg van de ontwikkeling steeds meer met elkaar verknoopt.

De ontluikende seksualiteit

In de jaren twintig van de vorige eeuw speelde zich binnen de psychoanalytische beweging een strijd af rond de ontwikkeling van de vrouw. Onder meer de vraag of een vrouw als meisje geboren wordt of dat beide geslachten als 'jongetje' ter wereld komen hield de gemoederen bezig. Freuds vrouwelijke leerlingen, zoals Hélène Deutsch, Ruth Mack Brunswick, Anna Freud en Jeanne Lampl-de Groot, die zonder uitzondering ook bij hem in analyse waren geweest, steunden zijn visie op de ontwikkeling van het meisje. Deze zou parallel lopen aan die van de jongen, en wel tot aan de fallisch-oedipale fase. De jongen leed vervolgens aan castratie-angst, het meisje aan penisnijd.

Daarnaast bestond er een andere groep, waartoe onder meer Melanie Klein, Karen Horney en Ernest Jones behoorden, die een afwijkende mening was toegedaan en het meisje een authentieke eigen ontwikkeling toeschreef.[9] Deze strijd is inmiddels beslecht in het voordeel van de 'primaire vrouwelijkheid'. De laatste tijd gaat men ervan uit dat meisjes, aanvankelijk nog niet bewust, van het begin af aan intuïtief weet hebben van hun vagina, en interne zowel als externe clitorale erotische gewaarwordingen ervaren. Tussen het eerste en het tweede levensjaar ontdekt het meisje het seksuele verschil en reageert daarop. Als er dan een sterke penisnijd ontstaat, neemt men tegenwoordig aan dat deze een secundaire, defensieve functie heeft. 'The flight from womanhood' zoals Horney het destijds noemde,[10] moet worden gezien als resultaat van de allervroegste frustraties van het meisje omtrent de moeder in de pregenitale, dat wil zeggen in de orale en anale fase. Het gemis van de penis staat dan symbool voor gemis in het algemeen, inclusief gemis aan liefde en koestering of gemis aan erkenning.

De conflicten van het meisje met haar moeder uit de eerste jaren kunnen haar haar hele leven parten blijven spelen. Ze zijn soms zo heftig dat ze leiden tot – meest onbewuste, want schuldbeladen – destructieve fantasieën over kapotmaken en kapotgemaakt worden. Dit kan later allerlei lichamelijke symptomen tot gevolg hebben, variërend van frigiditeit en vaginisme tot verstopping en buikpijn. Het is opvallend hoeveel meisjes in de latentieperiode – en ook volwassen vrouwen – vage buikklachten hebben. Deze klachten hebben vaak te maken met 'archaïsche fantasieën' en castratieangsten, waarbij het meisje de aanwezigheid van een boosaardige moeder in haar lichaam bespeurt. De moeder – die de penis van de vader heeft geïncorporeerd – en die nu in haar lichaam zal inbreken. De onbewust waargenomen overeenkomst tussen mond, anus en vagina als receptieve, omhullende, samentrekkende of zelfs agressieve, bijtende organen kan deze beangstigende fantasieën losmaken. Als gevolg van de projectie van haar eigen boosheid ervaart het kleine meisje zowel haar moeder als agressief als haar eigen inwendige, holle organen als gevaarlijk. Vrouwen leggen bovendien vaak onbewust verband tussen seksualiteit en analiteit, en met name anaal sadisme. Tegen de eigen persoon gekeerd levert dit een voedingsbodem voor vrouwelijk masochisme op.

Het ontbreken van een extern, zichtbaar geslachtsorgaan betekent voor het meisje het gemis van een ankerpunt dat haar zekerheid zou kunnen geven aangaande het centrum van haar seksuele gewaarwordingen. De anatomische bouw van de jongen verschaft hem een legitieme reden om zijn geslachtsorgaan aan te raken tijdens het plassen. Wat voor jongens geoorloofd is op het terrein van de erotiek en de seksualiteit, is voor meisjes zoals we weten dikwijls verboden, of ze beleven het als zodanig. Daardoor kan een meisje zowel haar anatomische bouw als haar opvoeding gaan ervaren als een verbod op masturbatie en genot. Aan meisjes wordt nog altijd minder seksuele vrijheid toegestaan dan aan jongens. Bovendien zijn de seksuele gewaarwordingen van meisjes meer diffuus en inwendig van aard dan die van jongens, en daardoor moeilijker te identificeren. Penetratie is beangstigend, niet alleen vanwege het binnendringen van een vreemd lichaam, maar ook door de agressieve fantasieën en de vrees de penis van de man te beschadigen.

Verder worden door het ontbreken van een specifieke benaming voor de vrouwelijke geslachtsorganen bestaande taboes versterkt.[11] Ouders maken meestal geen duidelijk onderscheid tussen de verschillende functies. Het anale, urethrale en genitale gebied worden in het Nederlands meestal met één enkele vage term aangeduid. Ouders spreken over 'bips', 'voorbips', 'kruis' of 'van onderen', zonder dat daar differentiatie in wordt aangebracht. Dit zwijgen kan het gevolg zijn van schaamte rond een orgaan zonder een aantoonbaar nuttige functie. Het meisje neemt deze schaamte uiteraard non-verbaal over, zeker als ze ook nog over 'schaamlippen' hoort spreken. De moeder durft in het algemeen tegenover haar dochter niet van de kittelaar als lekker plekje te reppen. De vader overigens ook niet.

De stilte die de genitaliën van het meisje omringt moet echter verschillende oorzaken hebben. Die kunnen gedeeltelijk samenhangen met het feit dat de vagina inwendig verscholen zit, onzichtbaar is en vooralsnog geen duidelijke functie heeft. Dezelfde stilte omringt echter ook de clitoris, ondanks de zichtbaarheid ervan. Dat ouders aarzelen dit orgaan of de aangename gewaarwordingen die het kan veroorzaken ter sprake te brengen, komt misschien doordat ze zich generen om over genot te praten in plaats van functies. Anders dan de plasser van het jongetje, die potentieel wel drie verschillende functies heeft (plassen, lust ervaren, zaad lozen), dient de clitoris nu eenmaal alleen de lustgevoelens. Het meisje zal de terughoudendheid van de ouders, al is die non-verbaal, opnemen in haar eigen beleving (internaliseren).

De kleutermasturbatie functioneert als een ontwikkelingsstimulans, een mogelijkheid om te separeren, die het meisje helaas vaak grotendeels moet ontberen of die haar extra angst in plaats van plezier bezorgt. Zij is hierin minder onbezorgd dan het jongetje en voelt zich daardoor in het nadeel. Ze wil wel baby's kunnen maken, net als de machtige moeder, maar dat wil het jongetje ook. Ze heeft nog geen concrete aanwijzingen dat zij in dit opzicht in het voordeel is.

Of een meisje zich minder geneigd voelt tot masturberen of minder goed weet hoe ze te werk moet gaan, is niet duidelijk. Is ze teleurgesteld in haar eigen genitaliën, of voelt ze zich gecastreerd omdat ze een minder handzaam orgaan heeft om mee te spelen dan het jongetje? Hoe het ook zij, ze schijnt zich veel sterker bewust te zijn van de verbodsbepalingen met betrekking tot seksueel genot dan het jongetje. Daar zij eerder zindelijk wordt gemaakt dan hij en bij haar de kans op verwarring tussen het anale, urethrale en genitale gebied groter is, kunnen de verbodsbepalingen zich gemakkelijk over het hele gebied gaan uitstrekken.

Terwijl ouders masturbatie van jongens min of meer normaal plegen te vinden, weten ze er bij meisjes minder goed raad mee. De zelfbevrediging van meisjes wordt door ouders zelden spontaan genoemd, tenzij er een probleem ontstaan is. Dwangmatig spelen met hun plassertje, bij jongens zowel als meisjes, waarover ouders wel raad komen vragen, is niet gewoon. Het kan een uiting zijn van een angstige vraag als: Ben ik kapot? Bij kinderartsen komen ongeruste moeders nogal eens klagen over de geïrriteerde vulva van hun dochter, of meer expliciet over openlijke en frequente masturbatie. Dit kan meestal begrepen worden als bezorgdheid rond het eigen genitaal – van zowel dochter als moeder – en een verzoek om nadere uitleg, voorlichting en geruststelling. Angstige, merendeels onbewuste vragen en vreeswekkende fantasieën rond seksualiteit liggen hieraan ten grondslag. Het symptoom heeft waarschijnlijk weinig te maken met het bereiken van genitaal genot als zodanig: het wijst eerder op een radeloos zoeken van het jonge meisje naar datgene wat ontbreekt (zichtbare genitaliën) en op het onvermogen van de moeder om daarmee om te gaan. Uiteraard heeft de beleving van de moeder rond haar vrouwelijkheid grote invloed op de dochter. Onzekerheid en een gebrekkig gevoel van eigenwaarde planten zich gemakkelijk van moeder op dochter voort.

In de latentieperiode (de lagereschoolleeftijd) nemen de fantasieën rond lichaam en seksualiteit meestal in hevigheid af, doordat de school en het leren de aandacht van het meisje volledig in beslag nemen. Mogelijk is er sprake van een taboe op kennis, hetgeen verband kan houden met het verbod om de dingen bij de naam te noemen en met remmingen omtrent aanduiding en naamgeving die in een eerder stadium zijn opgebouwd rond de vrouwelijke genitaliën. Soms verloopt het leren moeilijk, en vooral rekenen is bij meisjes vaker een probleem. Delen kan symbolisch naar agressie verwijzen (breuken), terwijl gebrek aan ruimtelijk inzicht kan verwijzen naar verwarring rond het lichaamsschema. In het algemeen gesproken kan het verkennen van de buitenwereld achterblijven bij de meer op de binnenwereld gerichte vrouwelijke belangstelling.[12] Meisjes neigen meer tot introspectie dan jongens, omdat ze ook in figuurlijke zin meer naar binnen dan naar buiten gericht zijn.

In de latentieperiode voert de 'vrouwelijke meegaandheid' van meisjes meestal de boventoon. Zowel Astrid Lindgren als

Annie M.G. Schmidt hebben dit heel goed begrepen en stoute meisjes zoals Pippi Langkous en Floddertje gecreëerd, die deze braafheid in haar tegendeel doen verkeren. De spreekwoordelijke volgzaamheid van kleine meisjes waar zowel ouders als onderwijzers meestal dolblij mee zijn en die de samenleving als geheel toejuicht, heeft te maken met de extreme aanpassing van het meisje aan de eisen van de (innerlijke) moeder waar het netheid, reinheid, zedigheid en gebrek aan agressiviteit betreft. Sadomasochistische masturbatiefantasieën zorgen ervoor dat deze activiteit vaak wordt opgegeven uit schuldgevoel jegens de moeder of uit schaamte.[13]

Het betrekkelijke evenwicht uit de latentieperiode wordt, althans bij een positieve ontwikkeling, verstoord door de daaropvolgende meer turbulente fase. Bij het aanbreken van de prepuberteit rond een jaar of acht tot tien, al naar gelang de innerlijke en uitwendige omstandigheden, begint de braafheid plaats te maken voor een meer ambivalente houding jegens de moeder. Tegelijk wordt de verknochtheid van het meisje aan de moeder en haar afhankelijkheid van haar – kortom, de symbiose – geïntensiveerd. Biseksuele fantasieën nemen weer toe, wat onzekerheid rond het eigen lichaam tot gevolg kan hebben. Veilige en vertrouwde homoseksuele strevingen ten opzichte van de moeder worden versterkt door even spannende als het evenwicht bedreigende nieuwe uitdagingen. Libidineuze prikkels in de richting van de vader en heteroseksualiteit creëren de behoefte om zich los te maken. Het meisje verkeert in verwarring, ze voelt haar stemmingen sterk wisselen en huilbuien zijn niet ongewoon. Ze reageert op dit alles door terug te vallen op oudere en meer bekende gedragspatronen. Aanhankelijkheid wordt afgewisseld met het tegendeel.

In deze opmaat tot de adolescentie begint de seksualiteit op de achtergrond mee te spelen en wordt het voorbeeld van de moeder opnieuw belangrijk. Seksualiteit valt gemakkelijk onder het verbod op ‘onreinheid’ – er is nogal eens verwarring met analiteit – en geeft aanleiding tot zowel schaamte- als schuldgevoelens. Het meisje probeert te voorkomen dat ze wordt afgewezen, want ze is doodsbang haar moeder te verliezen als steun en als identificatieobject in deze nieuwe fase. Inwendig wordt ze heen en weer geslingerd tussen tedere liefde voor haar moeder en haatgevoelens. Ze accepteert met meer moeite het hernieuwde verbod op 'onzindelijkheid', casu quo seksualiteit. Anderzijds neigt ze ertoe schuld- en schaamtegevoelens die tussen haar en haar moeder zouden kunnen rijzen te vermijden. Ze zou het liefst nog bij haar willen wegkruipen, al is ze ook regelmatig boos en verontwaardigd over schijnbare kleinigheden.

De fysieke veranderingen die zich in de puberteit voltrekken in het lichaam van een meisje – de ontwikkeling van de borsten, het op gang komen van de menstruatie – kunnen er de oorzaak van zijn dat ze zich angstig en beschaamd voelt in plaats van trots. Door deze veranderingen wordt ze meer de rivale van haar moeder, lang voordat ze emotioneel in staat is relaties met mannen aan te gaan: uiterlijk heeft ze het voorkomen van een volgroeide vrouw, innerlijk is ze nog een klein en beschroomd meisje. Hoewel de oedipale strijd en rivaliteit met de moeder weer nieuw leven wordt ingeblazen, zal het meisje tegelijkertijd de behoefte voelen om zich als een kind achter haar te verschuilen vanwege alle eisen waaraan ze in emotioneel opzicht nog niet kan voldoen.

Als dan de menstruatie op gang komt, groeit de verwarring rond het vrouwelijk genitaal. Een wederopleving van kinderlijke seksuele theorieën en anale bekommernissen – in het bijzonder de cloacatheorie, waarbij er slechts één orgaan is, één enkele opening waar alle (seksuele en uitscheidings-) functies plaatsvinden – kan tot gevolg hebben dat het meisje haar lichaam afwijst als onaantrekkelijk en vies, dat ze zichzelf als verachtelijk en ongewenst gaat beleven. De oude schaamtegevoelens leven weer op.

Er is geen inherente reden waarom de menstruatie, en daarmee samenhangend het gebruik van en de keuze tussen tampons en maandverband, alsook lichaamshygiëne of de kennis van seksuele functies geen bron van inzicht en emancipatie zou kunnen zijn.[14] Er is evenmin een reden waarom de moeder tijdens dat proces geen steun zou kunnen zijn. Een dergelijke 'positieve' ontwikkeling veronderstelt echter wel dat er over het lichaam en alle lichamelijke functies en gewaarwordingen vrijelijk kan worden gedacht en gesproken. Als het lichaam beladen is met taboes en archaïsche fantasieën, bestaat het gevaar dat het aversie opwekt in plaats van een bron van bevrediging te worden. De ontwikkeling van een gezond narcisme en van zelfvertrouwen en trots op het vrouw-zijn wordt soms door meerdere factoren bedreigd.

De seksualiteit van het meisje wordt heel sterk beïnvloed door de gezondheid van de moeder-dochterrelatie of de ernst van de problemen met haar moeder in de vroege kindertijd. Dit houdt in dat de begeerte naar een man en de eventuele wens om een kind te baren – dat wil zeggen, in oedipale termen, het verlangen naar de vader, de wens om een penis in zich op te nemen, de fantasie om hem een kind te schenken – ook gevreesd kunnen worden. Het meisje kan een en ander beleven als een agressieve in plaats van liefdevolle uitwisseling. De vader kan als agressief worden beleefd. Behalve dat bepaalde vaders daartoe aanleiding kunnen geven, kan het ook zijn dat de angsten rond een als indringend beleefde moeder vervolgens bij de vader terechtkomen. Ook kan boosheid op de moeder gemakkelijk naar de vader verschuiven. Vijandige gevoelens jegens de moeder moesten al eerder beheerst worden, maar dat geldt vervolgens jegens de vader niet minder. Daardoor krijgt het meisje te maken met een dubbel schuldgevoel, en dito agressieremming, namelijk zowel tegenover de moeder als tegenover de vader.

Als er al angst bestaat om de moeder te ontregelen of te vernietigen, kan diezelfde gevoelsinstelling leiden tot vrees om de vader te beschadigen, hem iets aan te doen. De fantasie om vaders penis te bemachtigen, op te eten of anderszins kapot te maken is een taboe dat tot seksuele remmingen kan leiden. Het afremmen van vijandigheid geeft gemakkelijk aanleiding tot projectie van eigen agressie op de ander. Dit is een oplossing waardoor de ander gevaarlijk wordt – de vader of mannen in het algemeen. Het gevaar dat de seksuele ontwikkeling oproept, wordt traditoneel door ouders én kinderen bij meisjes veel sterker gevoeld dan bij jongens. Het ontluikende meisje wekt vaak erotische gevoelens bij haar vader op, waar beide partijen voor weg plegen te vluchten. De moeder kan zich door deze nieuwe concurrent in haar vrouw-zijn bedreigd voelen. Dit kan zo ver gaan dat ze jaloers wordt op haar dochter. Sommige moeders proberen jong te blijven, mee te doen, de vriendin van hun dochter te worden, alsof ze zelf weer een adolescent zijn. Andere proberen de aandacht van de vriendjes van de dochter te trekken.

De angst voor seksualiteit hangt bovendien natuurlijk nog steeds ten nauwste samen met de angst voor ongewenste zwangerschap. Zowel moeder als dochter zijn hiermee bewust of onbewust bezig. In gunstige gevallen wordt in het gesprek tussen moeder en dochter het lichaam niet gemeden. Integendeel, het kan gaan over menstruatie, seksualiteit, de pil en alles rond het vrouwelijk lichaam waar het meisje vragen over heeft en waar moeder en dochter samen over kunnen keuvelen, al vinden veel moeders dat nog hoogst ongewoon en ongemakkelijk.

Het psychisch evenwicht wordt opnieuw door elkaar geschud als de driftmatige ontwikkeling voortschrijdt en een nieuwe impuls voorwaarts zich innerlijk aankondigt. Tijdens de adolescentie (de tijd die verloopt tussen puberteit of geslachtelijke rijpheid en volwassenheid), wanneer de separatie normaal gesproken wordt versterkt, kan het meisje meer haar eigen gang gaan en zich losmaken uit oude banden. De rivaliteit met de moeder kan dit bemoeilijken. Onopgeloste conflicten in de relatie tussen moeder en dochter hebben vaak tot gevolg dat het meisje afstand probeert te nemen als middel om de symbiotische ruk naar achteren te weerstaan. Een schijnlosmaking ligt op de loer. En zoals Saul Bellow zegt: 'Als je het ene eronder houdt, onderdruk je ook wat ernaast ligt', met als gevolg dat ook de seksualiteit ten prooi valt aan verdringing en afweer van gevoelens.

Het wordt langzamerhand duidelijk dat de geslachtsorganen een dubbele functie hebben en zowel de voortplanting dienen als seksueel genot. Als het meisje geslachtsrijp is, dient de clitoris nog steeds voor niets anders dan lustgevoel. De vagina is in de puberteit gevoeliger geworden en kan een lustfunctie des te beter vervullen. Omdat dit orgaan ook een essentiële rol speelt bij de voortplanting krijgt het nu een tweeledige functie, terwijl het ook met menstruatie verbonden is. Deze meervoudige functies werken verwarring in de hand. Naast de erotiek vervult de vagina de rol van in- en uitgang bij de voortplanting. Deze twee functies moeten gescheiden kunnen worden, terwijl er in de fantasie van het meisje toch ook een zekere samenhang behouden moet blijven.

Op de kraamafdeling van een ziekenhuis viel me ooit op dat er heel vrijelijk over de geslachtsorganen gesproken werd. Dat had ik van vrouwen nooit eerder zo gehoord, en het had kennelijk iets te maken met de totaal onerotische functies die deze lichaamsdelen opeens vervulden. Ze waren van de beladen erotiek ontdaan en dus benoembaar geworden.

Het belangrijkste obstakel dat de jonge vrouw moet overwinnen is misschien wel de dreigende repressie van de clitoris en van bevrediging in het algemeen. Zowel in het gewone leven als in de klassieke psychoanalyse bestaan er vooroordelen tegen een orgaan dat onbekommerd lust verschaft zonder nuttig te zijn. Het dient niet zelden genegeerd, zelfs verloochend te worden. Het vrouwelijk 'lustprincipe' geeft in vrijwel alle culturen aanleiding tot onbewuste angsten voor de onverzadigbaarheid van de vrouw. De mythe van de bacchantische bandeloosheid vertolkt de dreigende werking die er voor mannen onbewust van uit lijkt te gaan. De angst van vrouwen voor hun eigen genitaliën wordt nog versterkt door de angst die mannen ervoor hebben. Die varieert van de angst om verzwolgen te worden of in een groot gat te verdwijnen tot de angst voor bijtende vagina's en de vrees voor castratie en voor lichamelijk letsel in het algemeen, dat onder meer geassocieerd wordt met menstruatiebloed. Door dit alles vormt zich gemakkelijk een algemeen taboe op vrouwelijkheid, dat in vele culturen in wisselende mate bestaat.

In de adolescentie kan het meisje haar gevoel van eigenwaarde ontwikkelen, zich mooi en aantrekkelijk voelen, zich opdoffen en uitgaan om te zien wat voor effect ze op mannen sorteert. Dit is een experimenteerfase waarin aantrekken en afstoten niet ongebruikelijk zijn, omdat alles nog zo nieuw en dus vaag angstbeladen is. Het meisje voelt zich als de tovenaarsleerling in het sprookje van Goethe, die niet meer wist hoe hij het eenmaal ontketende geweld van het driftig stromende water weer tot bedaren kon brengen.

Het meisje, in verwarring gebracht, zou wel willen terugvluchten naar haar oude thuisbasis, maar het gevaar voor ongewenste versmelting met de moeder houdt haar daarvan af. Het verlangen naar de moeder wordt desnoods in een hysterische afkeer omgezet en in het tegendeel veranderd, als dit de enige mogelijkheid tot separatie lijkt te vormen. Voor sommige meisjes is dit de enige manier om zich te behoeden voor de angstwekende versmelting met de moeder. Maar een dergelijke bijna primitieve haat verschilt van de gezonde agressie die voor separatie nodig is, en geeft voedsel aan destructieve fantasieën waarin elke aanval als een boemerang terugkomt en angst voor vernietiging van het eigen ik veroorzaakt.

Voor separatie is gezonde agressiviteit nodig. Een primitieve haat voedt de fantasie dat wie zijn evenbeeld aanvalt, er zelf ook niet levend afkomt. Als je opstaat tegen je moeder groeit voor straf je hand boven je graf uit, het stoute handje dat niet mag masturberen verdient niet beter, en eeuwige schaamte is je deel.

Als een meisje het in deze tweede separatie-individuatiefase die de adolescentie heet moeilijk heeft, is de schuld die ze voelt vaak gemengd met archaïsche angsten voor vernietiging, wat tot gevolg heeft dat ze een gebrek aan ruimte ervaart om haar zelfstandigheid te ontplooien. Normaal gesproken blijft een dochter gedurende de gehele adolescentie, terwijl ze protesteert en zich losmaakt, tegelijk emotioneel aan haar moeder gebonden. Het ontbreken van een incesttaboe zoals tussen de jongen en zijn moeder bestaat, betekent onder meer dat er geen noodzaak is om lichamelijke nabijheid, als die er al was, te staken en bijvoorbeeld op te houden met knuffelen. Deze houd-me-vast-laat-me-loshouding van meisjes is voor moeders vaak moeilijk te verdragen.

De ononderbroken emotionele band van meisjes met hun moeder kan zowel positieve als negatieve gevolgen hebben. Een wederzijdse liefdevolle relatie die niet al te ambivalent is, kan bij de dochter warmte en hartelijkheid tot ontwikkeling brengen. Een parasitaire relatie zal de dochter echter kwetsbaar maken. De kans dat zij dit probleem aan de volgende generatie doorgeeft is groot. Ze ontwikkelt dan op haar beurt de behoefte aan een symbiotische relatie met haar kinderen. De kans dat zo'n ziekelijke band tot stand komt en doorgegeven wordt, is voor vrouwen groter dan voor mannen. Vrouwen moeten nu eenmaal dezelfde stadia en levensfasen doormaken als hun moeder vóór hen heeft gedaan. Daardoor blijft een dochter ook na de adolescentie emotioneel met haar moeder geïnvolveerd.[15]

Het gebeurt nogal eens dat meisjes zichzelf lelijk vinden –

en des te meer als ze ook 'lelijke' (in de zin van 'boze') gedachten hebben. De bewondering voor hun moeder zal dan hun gevoel van eigenwaarde overschaduwen. Mijn moeder is mooi en goed en dat ben ik niet. Zulke meisjes hebben eerder het gevoel dat hun besef van eigenwaarde afhangt van de ander dan dat ze in zichzelf een bron van vertrouwen kunnen vinden. Moeders die zelf, zij het onbewust, moeite hebben met hun seksuele gevoelens, zullen deze boodschap stilzwijgend doorgeven.

Aan de zwijgzaamheid en schaamte omtrent de seksuele functies zit natuurlijk ook een sociaal en cultureel aspect. Zelfs artsen spelen een rol bij het doorgeven van culturele vooroordelen en taboes, zoals we kunnen zien aan hun felle strijd tegen masturbatie en aan de denigrerende houding ten opzichte van vrouwen die in de negentiende eeuw nog veel voorkwam en die in Freuds geschriften evenmin ontbreekt.[16]

De zwangerschap als culminatie van de vrouwelijke ontwikkeling zet opnieuw aan tot fantasieën en preoccupaties die gericht zijn op het inwendige van het lichaam. Men wordt daarbij herinnerd aan de primitieve angsten die een te vroege zwangerschap omringen en die er vaak toe kunnen leiden dat het kind verborgen wordt gehouden of zelfs wordt gedood (zoals in veel ontwikkelingslanden gebeurt). Niet alleen zijn er individuele angsten in het geding, maar er worden ook culturele angsten en taboes tot uiting gebracht ten koste van vrouwen. De zwangere vrouw zelf wordt opnieuw geconfronteerd met de risico's die een terugval in oude patronen met zich meebrengt.[17] Het is niet zo dat de kwestie van de separatie met de adolescentie vanzelf oplost of verdwijnt.

De vrees voor letsel die, zoals we zagen, bij het meisje ontstond als gevolg van de projectie van boosheid, kan weer opduiken in de vorm van angsten met betrekking tot de bevalling en de gezondheidstoestand van het kind. Is het voorbeschikt dat de vrouw in pijn moet baren, om haar onbewust te straffen voor haar lust en haar scheppende vermogen? De fantasie maakt dat een bevalling, die toch altijd een zeker reëel gevaar inhoudt – omdat ze zich afspeelt op de grens tussen leven en dood of leven en niet leven –, niet zelden als een gewelddadige gebeurtenis wordt gezien waar vrouwen bang voor zijn.

Angsten rond het krijgen van een kind dat niet in orde is hebben ook veel te maken met onopgeloste agressieproblemen en de schuldgevoelens daarover, met name jegens de eigen moeder. Ten tijde van het moeder worden, als de jonge vrouw terugvalt op haar moeder, voelt ze zich daardoor tegelijkertijd ook weer deels baby. Al jong heeft zij het gevoel: Wat gij niet wilt dat u geschiedt, doe dat ook een ander niet – vooral ten aanzien van haar evenbeeld. Zeker nu zal ze zich niet graag tegen haar moeder verzetten, want kwetst ze haar moeder, dan kan hetzelfde háár worden aangedaan door haar eigen kind, vooral als het een dochter is. Haar moeder pijn doen zou door haar kind op haar als moeder verhaald kunnen worden.

Niet alleen de levensgeschiedenis van haar moeder, maar ook die van haar grootmoeder en overgrootmoeder klinken mee in de verwachtingen van een meisje ten aanzien van zichzelf en van haar eventuele dochter. Dit is des te meer het geval als er ziekelijke of mislukte separaties aan haar leven zijn voorafgegaan. Het is niet alleen zo dat ze op haar moeder lijkt, het kan ook zijn dat ze haar weer nodig heeft, of omgekeerd, dat ze vreest dat haar moeder haar en het kind zal verslinden of het kind van haar zal afnemen, omdat zij een concurrent is die het ook of zelfs beter kan. Deze angsten kunnen er de oorzaak van zijn dat ze een soort 'moederfobie' ontwikkelt.

Kortom, tijdens de zwangerschap worden alle problemen op het gebied van de separatie die zich al eerder hadden voorgedaan, weer tot leven gewekt. Als zulke problemen zich echter nog niet hebben voorgedaan, of althans niet in ernstige mate, dan wordt de moeder niet als een bedreiging, maar eerder als steun en hulp beleefd. Bij Adèle, een introspectieve, academisch gevormde jonge vrouw, wordt een analyse-indicatie gesteld vanwege haar verlammende angst en onzekerheid. Ze heeft een vriend, een baan en een dochter van twee jaar, maar is regelmatig overspannen. Ze durft haar ouders niet te vertellen dat ze in analyse is gegaan, daar zouden ze te zeer van schrikken. De cultuur thuis was er een van eigen problemen oplossen, hoewel de vader wegens zijn angsten onder psychiatrische behandeling was, maar dat is altijd strikt geheim gehouden.

Al in de eerste zittingen komt tot uiting dat de problemen van Adèle over vier generaties vrouwen lopen. Haar grootmoeder leeft nog en regeert de hele familie. Haar moeder is doodsbang van haar. Adèle is vooral bezorgd geworden nu ze zelf een kind heeft. Ze vreest, niet ten onrechte, dat ze de druk die de moeder uitoefent zal doorgeven aan haar dochter. De grootmoeder, die zeer dwingend is, wordt nooit door iemand tegengesproken. Ik vermoed dat niemand mag weten dat Adèle in behandeling is gegaan, omdat de grootmoeder dit zou afkeuren. Iedereen in de familie is doodsbenauwd voor de boosheid van de grootmoeder, bij wie de moeder van Adèle bijna dagelijks over de vloer komt.

Bij een gezonde ontwikkeling kan de vrouw terugvallen op haar moeder. De plaats van de moeder in het leven van haar dochter hangt niet alleen samen met de individuele, maar ook met de sociale omstandigheden, afhankelijk van milieu en etniciteit. Leunen op je moeder, zelfs haar elke dag zien of bellen kan ook worden beleefd als steun in plaats van als bedreiging van de zelfstandigheid. Het hoeft ook niet altijd een belemmering te vormen voor het eigen gezinsleven.

Bij het traceren van de seksuele ontwikkeling van meisjes wordt derhalve duidelijk dat elke stap vooruit zou kunnen leiden tot een stap achteruit. Een meisje voelt dat ze in tegengestelde richtingen wordt getrokken. Of om het anders te formuleren, een meisje is geneigd op elke progressie te reageren met een regressie. Dit betekent op de eerste plaats dat ze voortdurend zal proberen de separaties die reeds tot stand zijn gebracht ongedaan te maken, en zal terugschrikken voor elke nieuwe stap in de richting van meer zelfstandigheid. De angst voor de hernieuwde macht van de geïnternaliseerde moeder hoeft niet tot gevolg te hebben dat ze terugvlucht naar de werkelijke moeder, maar kan er ook toe leiden dat ze op bijna fobische wijze van haar wegvlucht. Een meisje moet deze beide uitersten vermijden, wil ze in staat zijn zeggenschap te hebben over haar lichaam, haar identiteit en haar seksualiteit.

Zoals we hebben gezien betekent de voortdurende herhaling van meisjes van hun identificatie met hun moeder dat ze bij elke stap vooruit meer op hun moeder gaan lijken. Ze maken dezelfde fasen en ervaringen van het vrouw-zijn door die hun moeder heeft doorgemaakt, met inbegrip van de menopauze; daardoor voelen ze zich opnieuw geïdentificeerd met haar. Deze 'separatie-identificatieparadox'[18] is derhalve een steeds terugkerend fenomeen. Het ontwikkelen van een eigen identiteit wordt steeds bedreigd. Een van de meest gehoorde klachten van vrouwen is dan ook dat zij bang zijn op de eigen moeder te lijken.

Sympathiek of niet, de moeder als innerlijk liefdes-, haat- en identificatieobject zal bij de dochter blijven zolang als ze leeft. Bij een minder gezonde band tussen moeder en dochter kan dit ernstige gevolgen hebben.

We zien soms dat gevoelens van primitieve haat – die voor een deel te wijten zijn aan de onderdrukking van normale boosheid en schuldgevoelens – zich herhalen tijdens een behandeling. Dat zal wel de reden zijn waarom in de psychoanalyse – meer dan in een minder frequente therapie – van vrouwen veel vaker dan bij mannen een primitieve razernij speelt, openlijk of ingehouden. De analysant vreest dan dat haar 'boosaardige moeder' haar intenties zal raden, zich op haar zal wreken en haar zal vernietigen; omgekeerd kan ze ook fantaseren dat haar analyticus (met name als dit een vrouw is) iets vreselijks zal overkomen, een fantasie waarover ze zich dan erg schuldig voelt. Ze fantaseert dat een van beiden, analyticus of analysant, het loodje zal leggen en er niet levend af zal komen. Het is mijn indruk dat deze gevoelens veel heftiger zijn wanneer de vrouw bij een vrouwelijke therapeut in behandeling is.

Vrouwen en masochisme

Niettegenstaande alle culturele en sociale veranderingen zijn er bepaalde gegevenheden die te maken hebben met de intrinsieke vrouwelijke ontwikkeling – zoals de moeder-dochterrelatie. Het voortbestaan van de primaire identificatie is in traditionele culturen heel normaal en ook bij ons niet ongebruikelijk. Een dochter kan blijkbaar ook voort zonder de vorming van een eigen identiteit en individualiteit.

Er is echter een belangrijk gebied waar problemen rond separatie en seksualiteit als het ware samenstromen, en dat is het masochisme. Masochisme is weliswaar niet inherent aan de vrouwelijke ontwikkeling, maar komt bij vrouwen wel veelvuldig voor. Zo is het wellicht een blijvend gegeven dat vrouwen gemakkelijker een verongelijkte houding aannemen en meer geneigd zijn tot moreel (slachtofferrol) of seksueel masochisme en tot depressiviteit. Dit is niet anders dan ten tijde van Electra in de Oudheid, toen vrouwen nog weinig mogelijkheden hadden om zich te ontplooien.

Vrouwen lijden dikwijls aan een 'toenaderingscomplex',[19] omdat ze zich niet zonder gevaar voor liefdesverlies kunnen losmaken van de moeder. Vrouwelijk masochisme hangt dan ook nauw samen met bepaalde aspecten van de separatie en zal vooral optreden naarmate de moeder-dochterrelatie meer als benauwend en parasitair wordt ervaren. De passieve opstelling die daarbij kan ontstaan, wordt gemakkelijk gekoppeld aan het soort lijden dat samengaat met bevrediging van liefdesbehoeften. De onderworpenheid aan de moeder kan vervolgens weer worden verwerkt in een fantasie over verkrachting door mannen.

Bovendien heeft het narcisme van de vrouw te lijden onder de ambivalente relatie met de moeder, zodat haar gevoel van eigenwaarde vaak nog belangrijker voor haar is dan erotiek. Ze moet versierd worden om zich goed te voelen, en valt zodoende gemakkelijk ten prooi aan de vleierijen van Don Juans. De liefde, voor mannen vaker een bijzaak, neemt zodoende een meer centrale plaats in haar leven in.

De masochistische erotische fantasieën van vrouwen hebben vaak met ingeslikte agressie ten opzichte van de moeder te maken (en later ook ten opzichte van de vader, zoals we zagen). Zo kunnen we ons afvragen of de door Freud in *Een kind wordt geslagen* beschreven fantasieën wel oedipale fantasieën zijn. Is het niet eerder de moeder die schuilgaat achter de kastijdende vader? Niet 'vader slaat mij', maar 'ik voel mij moeders aanhangsel en dus slachtoffer' lijkt aan deze masturbatiefantasie, zoals Freud die beschrijft, ten grondslag te liggen. Meisjes voelen zich namelijk maar al te vaak het verlengstuk, het werktuig en het slachtoffer van hun (innerlijke) moeder(-imago). De fallische moeder wordt vervolgens vervangen door een man, en deze relatie is daarmee behalve lustvol ook heteroseksueel (en mogelijk masochistisch) geworden.

Voorzover het masochisme in de ontwikkeling van de vrouw en dan met name in haar relatie met de man een rol speelt, is deze opstelling mijns inziens toch primair aan de oorspronkelijke relatie met de moeder ontleend. Als het meisje van object wisselt zonder een subject van begeerte te zijn, loopt ze het risico masochistisch gebonden te raken aan haar vader of aan haar echtgenoot en zijn begeerten. Als de fallische moeder uit de kindertijd kan worden overwonnen, kan de passieve relatie met haar niet alleen gemakkelijker in een actieve, maar ook in een heteroseksuele relatie worden omgezet. In feite is het niet de moeder, maar de fallische moeder der onbewuste fantasieën uit de kindertijd die moet worden overwonnen.

Bij dit alles lijkt er eerder sprake te zijn van een wisseling van doelstelling en bevrediging dan van een wisseling van object, zoals we eerder zagen. Homoseksuele verlangens bij vrouwen blijven altijd sterk aanwezig. Niet alleen hun eerste echtgenoot, zoals Freud in 1931 al signaleerde, maar ook hun tweede of derde mannelijke object kan een substituut vormen voor het eerste object, de moeder, en belast worden met de erfenis daarvan.

Het belang van de identificatie met de vader wordt in het klassieke Oedipuscomplex ten aanzien van meisjes over het algemeen onvoldoende onderkend. Meisjes krijgen meestal weinig gelegenheid om zich te vereenzelvigen met hun vader als onmisbare intermediair om tot separatie van de moeder te kunnen komen.[20] Als het meisje niet door haar vader of moeder als een afzonderlijk wezen met eigen initiatief wordt erkend, maakt de boosheid die voortvloeit uit haar afhankelijkheid van het primaire object een remming van openlijke agressie haast onvermijdelijk. Deze geremde boosheid leidt al te gemakkelijk tot slachtofferschap en depressie.

Losmakingsproblemen

Een jonge vrouw, Liselotte, komt op mijn spreekuur omdat ze een vriend heeft die onaardig tegen haar is en haar af en toe zelfs slaat. Ze lijdt aan twijfelzucht rond iedere kleinigheid, en kan zeker niet beslissen deze relatie dan maar eens te beëindigen. Ze 'houdt van haar vriend', al geeft ze op hem af. Bovendien vertelt ze nog dat 'er niet geneukt kan worden', want bij het penetreren verliest haar vriend zijn erectie, een probleem waar hij al twintig jaar aan lijdt.

Van haar ouders, aardige goedbedoelende mensen die volgens haar altijd beter weten welke beslissing ze het beste kan nemen dan zij zelf, kan Liselotte zich evenmin losmaken. Ze krijgt van hen alles wat haar hartje begeert. Ze is zeker verwend te noemen, en wordt daarmee tegelijk klein gehouden. Ze woont in een huis dat haar ouders voor de kinderen gekocht hebben en er is veel contact over en weer, omdat ze bij iedere crisis terugvalt op thuis en haar ouders om raad komt vragen. Ze kan nooit nee zeggen op de wensen van haar ouders omtrent haar plannen, haar levensvoering.

Terwijl ik me afvraag hoe Liselotte dan toch zo masochistisch komt, hoor ik haar vertellen dat haar mening volgens haar nooit telde, dat ze voor haar gevoel niet serieus genomen werd. Ze was in haar beleving nooit meer dan een instrument van de goede bedoelingen van haar zorgzame en overbezorgde ouders. Ik veronderstel dat Liselotte zich onbewust slachtoffer is gaan voelen van deze constellatie, hetgeen ze nu met haar partner lijkt uit te leven. Vervolgens komt ze dan weer thuis vertellen hoe slecht hij haar behandelt en provoceert op die manier haar ouders. Ze is nooit gesepareerd, noch van haar vader noch van haar moeder.

Deze jonge vrouw illustreert niet alleen dat beide ouders een rol spelen in de beslissing om al of niet het ouderlijk nest te verlaten, maar ook dat de ouders niet zozeer de schuldigen zijn, alswel voedsel leveren voor fantasieën waar het kind dan weer haar eigen verhaal uit maakt.

Een oudere vrouw van ongeveer zeventig jaar, Hanna, komt nog eens terug nadat ze jarenlang bij anderen in analyse is geweest. Haar masochistische fantasieën zijn nooit verdwenen. Het blijkt dat haar analyticus deze fantasie vooral verbond met de oedipale relatie met de vader, en de uitleg die Freud daaraan gaf. Dat masochisme wijst op een homo-erotische, zij het negatieve band met de moeder, was nooit ter sprake gekomen.[21]

Het separeren van de moeder lijkt zich voor meisjes in gradaties af te spelen, en niet in absolute zin plaats te vinden. Dat is een van de redenen waarom het vrouwelijk masochisme, ondanks onze veranderde ideeën hierover, een aanzienlijk probleem blijft. Woede en schuldgevoel blijven dikwijls onopgelost en ingeslikt.

Er is sprake van een ongezonde situatie als er geen enkele separatie ontstaat tussen het zelfbeeld van een meisje en het beeld dat zij van haar moeder heeft. Dat zou het geval kunnen zijn als het meisje nooit, zelfs niet tijdens de adolescentie, haar stem verheft tegen haar moeder of bijvoorbeeld een controversieel gespreksonderwerp durft aan te snijden. Dit soort meisjes heeft hun moeder zelfs in de tijd dat ze opgroeiden nooit tegengesproken. De stilzwijgende vanzelfsprekende band uit de babytijd wordt zonder meer voortgezet, zonder onderbreking of breuk. Ze beleven de verstoring, om maar te zwijgen van het verbreken, van de impliciete band die in de prille jeugd door wederzijdse acties en reacties is ontstaan, als te beangstigend. Het allereerste protest zou, in de verbeelding van de dochter, al tot een inzinking leiden bij haar al te kwetsbare en tegelijk onontkoombaar over haar heersende moeder.

Enige tijd geleden reisde ik een paar dagen met een Engels gezin door India en was onwillekeurig getuige van de conflicten die zich daarbij in stilte afspeelden. De dochter, Fenely, een intelligente, ontwikkelde jonge vrouw die zelfstandig woonde en veel alleen gereisd had, viel tijdens dit reisje, dat zij van haar ouders cadeau kreeg, onwillekeurig terug in oude patronen. De moeder was efficiënt en zorgzaam in het praktische vlak. Daarnaast was ze dermate voortvarend en opgewekt – nooit moe, steeds druk pratend over alle mogelijke futiliteiten en zich beroemend op haar nooit aflatende energie – dat de dochter, hoewel ze hartverscheurend hoestte en zichtbaar pijn leed aan een ontstoken oor, niet durfde te protesteren tegen het door de moeder opgelegde tempo. De vader, een vriendelijke man, liep er steeds wat onhandig, als een Pink Panther met zijn naar binnen gekeerde voeten achteraan en bood nooit enig tegenwicht. Als hij iets had beweerd waar zijn vrouw het niet mee eens was, trok hij zijn mening onmiddellijk in en koos voor de hare. Niet eenmaal kwam hij op voor het belang van de dochter.

Ik hield me voorzichtig op gepaste afstand. Toen ik aan Fenely vroeg hoe het met haar ging, vertrouwde ze me toe dat ze zich verschrikkelijk ziek voelde, maar dat haar moeder niet tegen ziekte of zwakte kon en dat ze er daarom maar niets over zei. Haar hele vakantie was echter bedorven. De moeder was een heel hartelijke, vriendelijke vrouw, tenzij iemand tegen haar wensen inging, dan verscheen er een diepe rimpel op haar voorhoofd en een bitse trek om haar mond.

Natuurlijk heeft de dochter, zoals elk kind, haar eigen aandeel in zo'n ziekelijke interactie. Fenely lokt zelf uit dat deze moeder zich overmatig met haar bemoeit, al was het maar omdat ze zich niet verzet en niet laat merken hoe onaangenaam een en ander voor haar is. Ze werd als jongste 'the baby' genoemd en schepte zelf ook ongetwijfeld behagen in deze rol.

Ook in de normale ontwikkeling is de separatie tussen moeder en dochter problematischer dan die tussen moeder en zoon. De gelijkheid van lichamelijke en psychische seksuele identiteit creëert een gebrek aan verschil, waardoor de relatie met de dochter beiderzijds veel meer aanknopingspunten geeft voor identificatie zonder separatie. Masochisme heeft, behalve met agressie, ook veel te maken met het verbod op seksualiteit. Genieten van het eigen lichaam kan een bron van pijnlijke fantasieën zijn, als een meisje het gevoel heeft dat haar plezier met een derde ten koste gaat van haar moeder of deze zal kwetsen. Zo'n dochter gelooft dat ze geen goede dochter is als ze zich niet volledig ter beschikking stelt van haar moeder. Wanneer dit idee eenmaal heeft postgevat, kan het de dochter er zelfs toe brengen haar erotische begeerten geheel en al op te geven.

Deze fantasie kan ook, bij een niet geslaagde separatie,

door mannen worden gekoesterd, en leidt in dat geval tot een zwakke mannelijke identiteit. Voor zowel jongens als meisjes komt het erop neer dat ze het gevoel kunnen hebben dat hun lichaam niet aan henzelf toebehoort, maar nog steeds aan hun moeder, die dan ook het recht heeft om hen te manipuleren.

De rol van de vader

We weten dat de vader in de ontwikkeling van het meisje een scheidende functie kan vervullen tussen moeder en dochter.[22] Hij kan het meisje helpen de moeder niet meer als absoluut te zien en haar separatie zodoende bevorderen. Meisjes zijn vaak bang de liefde van hun vader, die ze meestal veel minder vaak zien, te verspelen. Ze idealiseren hun vader op afstand en verlangen naar hem. Bij hun vader en later bij hun man zoeken ze de vervulling van hun heteroseksuele, erotische en vrouwelijke wensen, die bij de moeder niet aan bod konden komen.

Ook, maar in mindere mate, is de vader een identificatieobject. Daarnaast behoudt de vader een compenserende functie bij de ontwikkeling van het meisje. Hij kan iets goedmaken, iets rechttrekken wat ze bij de moeder miste of teveel van het goede was. Hij biedt een herkansing, die ook op een dubbele teleurstelling kan uitlopen. De agressieverdringing tegenover de vader, die door bovengenoemde factoren haast onvermijdelijk is, leidt tot hoge verwachtingen: hij zal de idylle kunnen bieden die het meisje bij haar moeder misgelopen is. Het meisje neigt ertoe haar vader krediet te geven, ze stelt aan hem veel minder hoge eisen dan aan de moeder. Maar hij mag het niet al te bont maken en haar al te zeer verwaarlozen. Meisjes neigen meer tot verinnerlijking van relaties, ze dromen erover, houden er allerlei fantasieën op na, hetgeen hen ook kwetsbaarder voor teleurstellingen maakt.

Het lijkt er bij dit alles meer op dat nieuwe en andere libidineuze tendensen op de vader worden gericht, dan dat men kan spreken van een objectwisseling. Het ziet ernaar uit dat de moeder haar oude plaats blijft innemen, terwijl de band met de vader wordt toegevoegd: hij krijgt zijn eigen plaats, omdat hij iets anders te bieden heeft. In de loop van de ontwikkeling gaat niets verloren, het oude blijft behouden, er komt alleen steeds iets nieuws bij. Van een authentieke objectwisseling kan mijns inziens ten aanzien van het meisje geen sprake zijn, daarvoor is de moeder te belangrijk, te bedreigend en te onmisbaar.

Over het onderwerp vader en dochter is helaas minder bekend dan men zou verwachten, gezien de veronderstelde centrale plaats van het Oedipuscomplex in de ontwikkeling van de vrouw.

Wat verzwijgt het meisje?

'Was will das Weib?' We zijn tot nu toe in dit betoog drie onderwerpen tegengekomen waarover de vrouw geneigd is te zwijgen. Ten eerste is dat de haat. De haat tegen de moeder moet verzwegen worden, omdat het meisje haar als steun en toeverlaat niet kan missen. Bovendien is het zo dat ze, als ze haar moeder haat, met wie ze zo sterk geïdentificeerd is, ook zichzelf haat. Deze verzwegen haat roept veelal schuldgevoel op. Ten tweede verzwijgt het meisje de lust en het bijbehorende orgaan, de clitoris. Ze heeft haar geslachtsorganen niet leren benoemen, en denkt mede daardoor dat seksueel genot en het bijbehorende orgaan beschamend zijn. Ten derde verzwijgt ze haar verlangen naar de liefde van de moeder, omdat ze zich schaamt voor het kleine meisje dat nog altijd in haar leeft.

De laatste twee bronnen van schaamte worden door de aanname van de noodzaak van wisseling van 'zone' en van 'object' als voorwaarde voor de vrouwelijke ontwikkeling bekrachtigd.

Behalve dat er uit schuld en schaamte door vrouwen gezwegen wordt over hun lichaam en hun verlangens, geeft dit zwijgen zelf ook weer schaamte. Als spreken en schrijven maatschappelijk niet aangemoedigd worden en innerlijk op verbod stuiten, wordt zwijgen in het ideaal-Ik opgenomen. De vraag is: verlangt ze in stilte, ongemerkt en onbewust toch steeds terug naar haar eerste liefdesobject, de moeder? Kan het diepste verlangen ooit iets anders zijn dan het terugvinden van de oorspronkelijke twee-eenheid uit de tijd van het primair narcisme, de bron waar ook het oceanische gevoel uit stamt? Is dit soms wat de vrouw verzwijgt, omdat ze het zelf niet weet?

Uit de geschetste lotgevallen van de ontwikkeling blijkt mijns inziens steeds dat de moeder in het onbewuste van de vrouw de eerste plaats blijft innemen. De vrouw blijft zoeken naar de bevrediging die het eerste object gaf of haar onthield. Zoals een analysant het eenmaal kernachtig verwoordde: 'Ik heb dat verlangen naar mijn moeder, maar heel tweeslachtig: Houd me vast, laat me los. Het is een aantrekken en afstoten tussen ons.' Volgens mij wil een vrouw in haar hart het liefst een moeder met een pik als partner, en omdat dat niet kan, neemt ze een man en een hartsvriendin. Met andere woorden, ze praat het liefst met vrouwen, maar voelt zich seksueel aangetrokken tot mannen, dat is het probleem.

In het voorgaande ben ik nog eens de ontwikkeling van de vrouw, speciaal haar betrekking tot de moeder, nagegaan. Wat opvalt is dat een meisje bij iedere volgende rijpingsfase weer teruggeworpen dreigt te worden op een vereenzelviging met haar oorspronkelijke object. Het feit dat zij van hetzelfde geslacht is als haar moeder, uit wie ze geboren is en die ze ook weer herboren kan laten worden, aan wie ze zich spiegelt en optrekt, biedt vaak te weinig kans om een van haar onderscheiden zelfbeeld te ontwikkelen.

Reeds in de pre-oedipale periode zien we dat de separatie

van het machtige imago van de moeder bemoeilijkt is. De afhankelijkheid van de moeder wil het meisje niet alleen ontvluchten, ze zoekt die ook op, en dit brengt haar in een lastig dilemma. De angsten en projecties ten opzichte van de moeder betreffen een andere castratieangst dan bij het jongetje, maar angst voor innerlijke beschadiging of van binnen kapot zijn blijft een meisje niet bespaard. Vooral ernstige conflicten met de moeder leiden tot de angst om door haar vernietigd te worden. De fantasie door de moeder te worden geannexeerd, weer in de moeder te verdwijnen, door haar opgegeten of kapotgemaakt te worden, leidt tot een versterkte neiging om de eigen agressie te onderdrukken en zich voortijdig en overmatig aan te passen.

In de oedipale fase moet een meisje met haar moeder concurreren om de liefde van de vader. Ze ziet zich dan onverwachts geplaatst tegenover het object dat haar tegelijk toch ook bescherming en veiligheid moet bieden. In de adolescentie herhaalt zich de separatieproblematiek voor het meisje ten opzichte van de moeder, terwijl dan ook nog het probleem van de seksualiteit opgelost moet worden. De normale jongen is dan al lang geïndividueerd en gesepareerd en hoeft niet meer terug te kijken.

Heeft de vrouw van Lot, die omkeek naar Sodom en Gomorra, het daaraan te danken dat zij in een zoutpilaar veranderde? Een meisje valt immers automatisch terug in oude patronen als ze haar agressie niet genoeg voor positieve doelen weet aan te wenden en energie weet te mobiliseren om eigen initiatief te ontplooien. Ze moet opnieuw de strijd met de moeder aangaan, terwijl ze zich tegelijk een schakel in de keten der generaties voelt en het beeld voor ogen heeft zelf moeder te worden. Uit schuldgevoel moet ze haar agressie wel inslikken, wat kan leiden tot een te braaf zich voegen en niet volwassen worden, of zelfs tot masochisme en autodestructie.

Het lijkt erop dat de vrouw net zo min als ze ooit van zone

wisselt door de clitoris af te zweren ten gunste van de vagina, een objectwisseling doormaakt. Ze blijft levenslang aan de moeder gebonden, en zoekt bij haar partner opnieuw datgene wat ze bij haar moeder kreeg, verlangde of miste. Het meisje blijft meer in de homoseksuele objectbetrekking verwijlen. De wens om te wisselen is er wel, maar de loyaliteit aan het oorspronkelijke object is te groot. Als de vrouw haar moeder als innerlijk object vernietigt is dat ziekmakend, want ze schendt haar evenbeeld.

Ik heb vooral de negatieve aspecten van de vrouwelijke ontwikkeling geschetst, de klippen waar een meisje omheen moet om niet in een beklemmende infantiliserende band verstrikt te blijven. Hier tegenover staat dat de band met de moeder niet alleen noodzakelijk is, maar ook innig en groeibevorderend kan zijn, juist omdat moeder en dochter veel gemeen hebben. Voorwaarde is dan wel dat de moeder separatie en seksuele ontwikkeling niet slechts verdraagt en toestaat, maar zelfs aanmoedigt. Als afgunst en narcisme van de moeder het meisje niet in de weg staan, als de moeder plezier heeft in haar eigen functioneren en haar seksuele beleving, kan ze dat op de dochter overbrengen. Ze heeft haar dochter dan ook niet nodig voor haar eigen bevrediging. De symbiotische illusie vanuit de moeder doet zich niet voor en het meisje kan zich in dat geval des te meer door haar moeder begeleid en aangemoedigd voelen.

Van belang daarbij is het noemen en benoemen van seksuele en lichamelijke gevoelens, functies en verlangens. Een positieve omgang met het eigen lichaam spreekt bij meisjes niet vanzelf, maar moet mede door de moeder gestimuleerd worden. Vooral in de adolescentie kan de moeder een onmisbare functie vervullen van enerzijds intimiteit toestaan en beantwoorden, anderzijds afstand kunnen doen en ambivalentie verdragen. De rapprochementfase wordt door meisjes in de adolescentie allerhevigst herhaald, wat een beroep doet op het ontwikkeling bevorderende vermogen van de moeder. Het kunnen verdragen van vijandigheid zonder zich afgewezen te voelen speelt dan opnieuw een doorslaggevende rol, en wel speciaal voor een meisje dat sterk aan haar moeder gebonden is gebleven. Zij kan de angstige beleving hebben dat haar seksuele lustbeleving voor haar moeder een last is. Of dat ze haar moeder tekortdoet als ze niet geheel en al tot haar beschikking staat.

Het gevoel dat haar plezier ten koste van de ander gaat veralgemeniseert zich gemakkelijk, wat een meisje te vaak afbetaalt door erotische wensen op te geven en schuld op zich te nemen. Ze is niet alleen verantwoordelijk voor de erfzonde, waarbij het genieten haar wordt ontzegd en baren in pijn haar wordt voorgeschreven. Ze neemt de verantwoordelijkheid voor het wel en wee van de kinderen op zich, ze moet niet slechts een moeder zijn die 'goed genoeg' is (een uitdrukking van de beroemde Engelse kinderarts en analyticus Donald Winnicott), ze moet liefst beter zijn dan haar eigen moeder.

7
Postnatale depressie

Na de geboorte van een kind kan een psychische ontregeling van de moeder optreden. De stoornis varieert in ernst en duur: iedereen kent de voorbijgaande verdrietigheid na de bevalling. Ernstiger is de langer aanhoudende neurotische depressie, onheilspellend de ineenstorting van de borderlinemoeder, en levensgevaarlijk de psychose, het totale verlies van realiteitsbesef na de geboorte van een baby. Als psychose komt de stoornis voor na één à drie van de duizend geboorten, als zware emotionele ontregeling bij 1 tot 3 procent, als neurotische depressie bij één op de tien vrouwen, en van een lichtere depressie zou in één op de drie gevallen sprake zijn.[1] Dit zijn voorzichtige ramingen, mogelijk liggen de aantallen veel hoger.

De postnatale depressie is een universeel verschijnsel dat in alle culturen voorkomt en reeds in de Oudheid door Hippocrates werd beschreven. Pas in de negentiende eeuw kwam dit onderwerp weer onder de speciale aandacht van de psychiatrie en verschenen er in Engeland en Frankrijk monografieën over.[2] Sindsdien beschreven psychiatrische publicaties vooral de verschijnselen, de epidemiologie en de etiologie, maar niet de emotionele samenhangen en de betekenis. De postnatale depressie werd lange tijd puur fysiologisch verklaard, een psychologische verklaring bleef uit.

De geneeskunde heeft door de eeuwen heen altijd allerlei geheimzinnige processen verondersteld rond menstruatie, zwangerschap, geboorte en lactatie. De postnatale depressie werd toegeschreven aan de mysterieuze gebeurtenissen in het lichaam van de vrouw, die altijd al sterk tot de verbeelding hebben gesproken. De 'hysterie' is immers in de Oudheid zo genoemd omdat emotionele stoornissen bij vrouwen aan een 'zwervende' uterus (Gr. *hysteros*) werden toegeschreven. Sinds de ontdekkingen van de endocrinologie, de leer der interne secretie, in de jaren dertig van de twintigste eeuw, werd labiliteit na de bevalling meestal aan de veranderde hormonale balans voor en na de geboorte geweten.

De depressie wordt echter onvoldoende uit de weliswaar dramatische lichamelijke veranderingen verklaard. Dat blijkt onder andere uit het feit dat zich bij grootmoeders én zelfs adoptiefmoeders dezelfde verschijnselen kunnen voordoen. De geboorte van een baby verstoort het emotionele evenwicht in het gezin. Ook de vader, door de baby van zijn plaats gedrongen, kan klachten krijgen, die uiteraard niets met zijn fysiologie te maken hebben. Bovendien zijn de psychologische veranderingen en aanpassingen aan de nieuwe situatie veel langduriger en ingrijpender dan de lichamelijke. De laatste tijd neigt men dan ook meer naar een verklaring op basis van een verstoord psychisch en sociaal evenwicht.

Ik zal het in het navolgende hebben over de meest voorkomende vorm: de niet-psychotische varianten van de postnatale depressie. De verschijnselen variëren van afwijzing van het kind tot afwijzing van zichzelf als moeder. In alle gevallen is er sprake van een regressie,[3] een terugval in oude posities van afhankelijkheid, zoals die dreigt in iedere nieuwe ontwikkelingsfase van de vrouw, waartoe het krijgen van een kind ook zeker behoort. Conflicten rond de relatie met de eigen moeder, zoals door mij benadrukt, worden door de meeste auteurs genoemd, zij het vaak niet nader uitgewerkt. Er kunnen allerlei angsten optreden rond afhankelijkheid en zelf baby willen zijn, zich een slechte moeder voelen, angst om hetzij zichzelf of de baby te doden, te vergiftigen, of door de baby te worden opgegeten. De moeder voelt veel wanhoop, zelfverwijt en schuld. Psychosomatische stoornissen, verlies van seksuele belangstelling, veelvuldig huilen, anorexia en hypochondere klachten, ook ten aanzien van het kind, kunnen er allemaal bij horen.

De postnatale depressie, en zeker de 'mildere' neurotische vorm, is helaas nog steeds een toestand die meestal aan de aandacht van de gezondheidszorg ontsnapt. De klachten worden maar zelden behandeld, tenzij het tot een bloeiende psychose komt, waar dan meestal opname en medicatie op volgen zonder dat naar de achtergronden gekeken wordt. De preventie van psychisch lijden bij de volgende generatie en het voorkomen van onnodig lijden van de moeder zou de geestelijke gezondheidszorg moeten motiveren om meer aandacht aan dit probleem te schenken.[4] Depressieve moeders werken al vanaf de eerste dag verstorend op het lichamelijk en geestelijk welzijn van hun baby.

Als er van een psychotherapeutische behandeling sprake is, geschiedt dat meestal vanuit een psychoanalytisch referentiekader. Daarom verbaast het mij dat psychoanalytici weinig over dit belangrijke onderwerp gepubliceerd hebben. Het aantal auteurs dat zich met deze verschijnselen heeft beziggehouden, is op de vingers van twee handen te tellen. Zelfs Hélène Deutsch besteedt er, temidden van haar beschouwingen rond de bevalling, niet meer dan een paar ongepassioneerde regels aan. Uitvoerige gevalsbeschrijvingen ontbreken en dat is dan ook de reden waarom ik hier wat dieper op een analyse in wil gaan.

De verklaringen die in de schaarse psychoanalytische literatuur over de postnatale depressie gegeven worden, volgen de veranderingen in de theorie op de voet. De oudere literatuur legt meer nadruk op penisnijd, mannelijkheidscomplex, castratieangst, masochisme en narcisme van de vrouw, waarbij de baby, in navolging van Freud, wordt gezien als substituutbevrediging voor haar gebrek. Alles wordt in deze begintijd bezien vanuit de 'driftontwikkeling', met name de fallisch oedipale fase, en nauwelijks vanuit de objectrelaties. In de tijd na de Tweede Wereldoorlog, toen de ego-ontwikkeling en de afweermechanismen in het centrum van de aandacht stonden, is er nauwelijks over postnatale depressie gepubliceerd.

Vanaf de jaren zestig krijgen de objectbetrekkingen, en nog later wederom het narcisme, een meer centrale plaats: de separatie tussen moeder en kind, het verband met de voorgeschiedenis van de moeder, de relatie met haar (imaginaire) moeder, de fantasiebetekenis die het kind voor haar heeft, en ten slotte de relatie met de partner en met het kind. De kleinianen hebben altijd al gelet op de objectrelaties, en dan vooral in de zin van fantasieën rond de innerlijke (imaginaire) moeders en vaders. De daarbij voorkomende 'splitsingen' in 'goede' en 'kwade' objecten, de diverse projecties en projectieve identificaties komen als begrippen goed van pas bij het bestuderen van de preoccupaties van de moeder rond haar kind en haar moeder, zoals uit het vervolg duidelijk moge worden.

Alle genoemde gezichtspunten behouden, gevoegd bij de nieuwere inzichten, een zekere geldigheid en zijn ook van toepassing op Anitra, de vrouw die hier ter sprake komt. De twee gezichtspunten die ik eerder uitwerkte ten aanzien van stoornissen in de moeder-dochterrelatie kunnen hier op hun toepasbaarheid getoetst worden: ten eerste de multigenerationele betrokkenheid en ten tweede de symbiotische illusie. De postnatale depressie is bij uitstek een stoornis die te maken heeft met de moeder-dochterrelatie. De twee gezinnen – dat waaruit de moeder komt en het gezin dat zij zelf sticht – raken met elkaar verbonden en vormen aldus een schakel in de keten der generaties. Zo valt het bijvoorbeeld op dat de moeder van de moeder vaak zelf ook aan een postnatale depressie geleden heeft en soms, zoals ook hier het geval was, komt deze episode zelfs terug in de tijd dat haar dochter een kind krijgt.

Het depressief zijn na een geboorte gaat niet altijd gepaard met een ondubbelzinnige afwijzing van het kind. Een stoornis in de hechting van de moeder aan haar kind kan optreden, maar dat is lang niet altijd het geval. Het gaat juist vaak om zorgzame en goede moeders, al is de ambivalentie en de behoefte dat te ontkennen altijd wel groot. Soms staat in de depressie de afwijzing van het kind centraal, soms meer de wanhoop, de hulpeloosheid, het gevoel te falen tegenover het kind – ook als het met het kind goed gaat, zoals bij Anitra. Hierbij komt me het zelfbeeld van de vrouw met anorexia nervosa in gedachten, want ook daarbij weet het meisje zeker dat ze veel te dik is, terwijl dat niet klopt met de werkelijkheid. Zo kan de vrouw die pas een kind heeft gekregen zich ook ongerust en schuldbeladen voelen: hoe ze ook haar best doet, het is nooit genoeg. Al bewaakt ze het kind het klokje rond, ze blijft het gevoel houden dat het tekortkomt.

De kennismaking

Anitra verschijnt voor ons eerste gesprek, niet toevallig zoals later zal blijken, met een bus melkpoeder. Fantasieën rond opeten, opgegeten worden, verhongeren en vergiftigd worden staan in haar beleving centraal. Het valt me op dat Anitra er zo weinig florissant uitziet, ze is eerder wat sjofeltjes en jongensachtig gekleed en kijkt heel zorgelijk uit haar ogen. Ze laat blijken dat ze met zeer gemengde gevoelens is gekomen, met tegenzin ook wel, hoewel ze aan de andere kant heel vriendelijk en welwillend is.

Haar verhaal zit vol tegenstrijdigheden: eigenlijk is er 'niet zoveel met haar aan de hand', hoewel ze wel de hele dag loopt te huilen en veel ruzie maakt met haar vriend. Dit is begonnen na de geboorte van hun eerste, niet geplande en volslagen onverwachts geconcipieerde kind. Zij wilde eigenlijk nooit kinderen hebben en loopt al tegen de veertig. Ze is een tegenstander van de rol van de vrouw in onze maatschappij en voelt zich nu dan ook volslagen overgeleverd aan haar lot: ze is door de omstandigheden noodgedwongen de slaaf van man en kind geworden.

Van de fantasie haar kind uit het raam te gooien is ze erg geschrokken, ze is ook bang hem met haar moedermelk te vergiftigen en voelt zich erg schuldig over deze en dergelijke gedachten.

Ze vertelt dat ze een jeugd zonder ernstige problemen heeft gehad, en de relatie met haar ouders zou goed zijn. Wel was het zo dat haar moeder niet reageerde op de mededeling dat haar dochter zwanger was en nu ook niet in het kind geïnteresseerd is. Het lijkt volgens Anitra of ze het liever niet aanraakt.

Anitra heeft altijd last gehad van zware hoofdpijnen, vooral tijdens de menstruatie (dit komt vaak voor bij vrouwen met een postnatale depressie en heeft vermoedelijk te maken met boosheid over en deels afwijzing van de vrouwenrol of de vrouwelijke seksuele identiteit), maar ze is er zeker van dat dit een puur lichamelijk verschijnsel is. Haar zwangerschap heeft ze tot haar verrassing als aangenaam beleefd, ze voelde zich voor het eerst supervrouw en -moeder als ze prettig liep te schommelen met haar dikke buik. Des te groter was de schok toen het kind eenmaal geboren was en zij zich leeg, plat en berooid voelde. Ze miste het bij zich dragen van het kind en voelde veel heimwee naar de zwangerschap: een duidelijke rouwreactie.

Sinds de geboorte is Anitra woedend op haar vriend, die haar niet zou steunen en helpen. Ze voelt zich volslagen door hem in de steek gelaten, al moet ze anderzijds toegeven dat hij juist heel veel voor haar doet en volop probeert bij te springen. Ze was aanvankelijk ook boos op het kind, dat zoveel van haar eiste en haar leven totaal veranderde. Ik krijg de indruk dat ze nu het in haar ogen verachtelijke vrouwenleven denkt te moeten leiden dat ze altijd heeft weten te vermijden. Ze bleef wel werken, maar ook dat is haar opeens te zwaar geworden.

Uit haar relaas blijkt dat Anitra een ware perfectioniste is, die alles tot in de puntjes voor anderen wil regelen, terwijl ze zichzelf nogal verwaarloost.

De therapie

Hoewel een psychoanalyse bedreigend voor haar lijkt te zijn, stemt Anitra ermee in. Ze houdt tegelijk vol dat er niets bijzonders met haar aan de hand is, al is ze wanhopig. Ik heb de indruk dat de regressie, de terugval in competentie, de afhankelijkheid, het toegeven van zwakte waarmee een analyse voor haar gepaard gaat, een schrikbeeld is. Vanaf het eerste begin kondigen zich de ook uit de literatuur bekende ambivalentieconflicten aan – en ook meteen tegenover mij als psychoanalytica. Iemand nodig hebben betekent imperfect zijn en dus falen, denk ik.

Algauw blijkt dat Anitra wel degelijk een belastende achtergrond heeft en uit een onharmonisch gezin komt. Ten eerste heeft haar moeder al heel vroeg haar moeder verloren: als driejarig kind en onder dramatische omstandigheden. De moeder van haar moeder zou midden in de Indische rimboe zijn gestorven, niet van de honger, maar door overmatig eten. Dit verhaal, dat deels symbolisch lijkt en vermoedelijk aan de gezinsmythologie moet worden toegeschreven, bevat natuurlijk tevens een kern van waarheid. Het heeft opnieuw te maken met het thema eten, dat blijkbaar al bij de grootmoeder een belangrijke rol speelde. Bovendien maak ik nu kennis met een steeds terugkerende fantasie over leven en dood, die helaas in het verleden wel degelijk op werkelijkheid gebaseerd was, namelijk: Als er één komt moet er één gaan. Als er een kind komt, gaat er een moeder dood, of omgekeerd, het kind moet gedood worden voordat het de moeder opeet.

Het kleine meisje dat de moeder van Anitra destijds was, maakte desperate tijden door. Niet alleen had ze geen moeder meer, ze leidde bovendien een zwervend bestaan. Ze werd ondergebracht bij een pleeggezin of zwierf alleen met haar vader, die een avonturier was, te paard door de rimboe. Het is dan ook niet moeilijk te voorspellen wat er gaat gebeuren als dit emotioneel verwaarloosde meisje later zelf een gezin gaat stichten. De problemen zullen in meerdere generaties doorwerken.

Uit alles blijkt dat de moeder van Anitra doodsbang was om kinderen te krijgen, wat geen wonder is na hetgeen haar en haar eigen moeder overkomen was. Toen ze in verwachting was van Anitra, raakte ze in paniek en kreeg ernstige hypochondere klachten. Ze had hevige buikpijn en liet zich opereren aan een vermeende blindedarmontsteking. Uit het latere verloop valt te vermoeden dat ze daarmee onbewust een symbolische abortus arrangeerde. Dat mislukte echter, ze kreeg in snelle opeenvolging twee kinderen die ze niet wilde en voelde zich, zo vertelde ze Anitra later, rampzalig.

Kort nadat Anitra geboren was, ging haar stiefgrootmoeder dood. Deze oma was ooit ziek bij de ouders van Anitra in huis gekomen en werd door haar stiefdochter als een moeder verpleegd. Er werd dus, net als bij Anitra zelf, van twee kanten een beroep op haar moeder gedaan. Anitra's moeder moest tegelijkertijd voor een moeder en voor een kind zorgen, wat haar duidelijk teveel was.

Pas gaandeweg begon ik me te realiseren dat de moeder van Anitra indertijd ook aan een postnatale depressie geleden moet hebben, dat zij te kampen had met dezelfde ambivalenties, dezelfde gemengde gevoelens tegenover haar (stief)moeder en tegenover haar kind als waaraan Anitra later leed. Deze depressie lijkt, voorzover ik de situatie kan reconstrueren, in gang te zijn gezet door de herinnering aan de dood van haar moeder toen ze klein was, en geactualiseerd door het sterven van haar stiefmoeder. Er lijkt bij Anitra's geboorte zowel sprake te zijn geweest van een splitsing als van een omkering: de woede tegen de moeder werd op de baby (Anitra) gericht, terwijl de positieve gevoelens naar de stiefmoeder gingen over wie de moeder van Anitra op dat moment moederde, aldus gevend wat ze zelf niet had ontvangen.

Anitra, volgens haar moeder een magere en lelijke baby, ontwikkelde een voedingsstoornis. De negatieve gevoelens van haar moeder hadden ertoe geleid dat het kind na een borstontsteking snel gespeend werd en voor haar onverteerbaar voedsel kreeg. Ze raakte zo ernstig vermagerd en uitgedroogd dat men voor haar leven vreesde, en werd na een ziekenhuisopname ten slotte op een bonendieet gezet. Ze zou een allergie voor koemelk hebben en was dus moeilijk te voeden. Anitra heeft als baby daardoor daadwerkelijk honger geleden. De aanpak van dit probleem klinkt me nogal Spartaans, of beter negentiende-eeuws in de oren.

Anitra zou buitengewoon lastig en veeleisend zijn geweest, huilde aan één stuk door en liep haar moeder overal achterna. Deze kon niet eens meer rustig naar de wc, want het kind bleef tot haar grote ergernis op de deur bonzen tot ze weer tevoorschijn kwam. Omdat haar stiefmoeder bij haar op sterven lag, had ze geen tijd voor het kind. Nu, bijna veertig jaar na dato, wordt Anitra alsnog getrakteerd op deze verhalen en uitgenodigd om medelijden te hebben met haar moeder. Haar moeder vond het zo'n ramp om kinderen te hebben, ze was zo moe en ziek dat ze zich na de geboorte van haar tweede dochter liet steriliseren, hoewel haar man nog een zoon had gewild. Uit alles blijkt dat de moeder van Anitra aandacht wil voor de worsteling met haar verleden en dat ze nu door haar dochter extra bemoederd wenst te worden.

Anitra, die altijd een trouwe, volgzame en zorgzame dochter is geweest, kan dit echter niet meer opbrengen sinds ze zelf een kind heeft. Deze verhalen roepen bij haar een stille, ingehouden storm van woede op en ze gaat haar moeder steeds meer haten. In plaats van de steun waar ze op hoopte nu ze zelf moeder is geworden, krijgt ze alleen maar te horen hoe ze vroeger in feite ook al geen moeder heeft gehad. Bovendien ontwikkelt haar moeder in het eerste levensjaar van haar kleinkind allerlei ernstige hypochondere klachten, zodat Anitra zelfs voor haar leven vreest, terwijl de dokters niets kunnen vinden.

Het lijkt erop dat de moeder alle registers opentrekt om haar dochters aandacht niet te verliezen. Zij was het er altijd roerend mee eens dat haar dochter geen kinderen wilde en voelt zich nu verraden. De komst van het kleinkind als concurrent is voor haar een ware catastrofe. Het verlies van en de rouw om haar eigen moeder worden geconcretiseerd en gesymboliseerd door het 'verlies' van haar dochter, die ze in latere jaren als een moeder was gaan beschouwen. Bovendien brengt haar jaloezie op de baby die ze zelf wil zijn haar behoefte aan een moeder weer levensgroot naderbij. Kortom, Anitra's moeder lijkt na de bevalling van haar dochter een herhaling van haar eigen postnatale depressie door te maken. Het is bovendien onthullend hoe sterk uit het relaas van Anitra de noden van haar moeders levensloop spreken, alsof zij zich daarmee vereenzelvigd heeft.

Anitra beleefde na haar traumatische baby- en kleutertijd een dramatische omslag en ontwikkelde zich van het lelijke eendje tot het brave modelkind. Haar jongere zusje, als baby wel 'mooi en lief', werd de stoorzender in huis, die er altijd in slaagde de vader in drift te doen ontsteken. Hij koelde de woede tegen zijn vrouw voor een deel op Anitra's zusje. Hij hield deze dochter, die niet de zoon was die hij had willen hebben, onophoudelijk in de gaten en had voortdurend iets op haar aan te merken, waarna de hel weer losbarstte. Anitra was het gemakkelijke, geslaagde, goed lerende en sportieve kind. Ze deed haar best om tegen iedere prijs de lieve vrede in huis te bewaren, leidde de anderen af en trachtte over de conflicten heen te praten. Ze deed bovendien haar best om de sportieve zoon te zijn die haar vader miste.

Anitra's moeder was in het gezin de martelares, zowel sloof als slaaf van de vader. Hij maakte altijd woedende scènes, meestal over futiliteiten rond eten (!), tafelmanieren van de 'verkeerde' dochter of zout en peper die aan de maaltijd ontbraken. Uit angst voor haar tirannieke echtgenoot rende moeder dan het vuur uit haar sloffen om alles weer goed te maken. Vader nam schoorvoetend genoegen met zijn oudste dochter als plaatsvervanger van een zoon, als ze maar presteerde. Nog altijd beukt hij haar ter begroeting weliswaar hartelijk, maar ruw op de schouder, als mannen onder elkaar, bijna alsof hij haar symbolisch tot ridder wil slaan. Hij wilde ook het liefste dat het kind van zijn dochter zijn achternaam zou krijgen, beschouwt het kennelijk als zijn eigen kind en suggereert op die manier een incestueuze situatie.

Met haar moeder heeft Anitra een heel speciale collusie door tot vervelens toe naar haar te luisteren als ze zich bij haar beklaagt over haar man. Moeder vereenzelvigt zich daarbij met haar dochter en suggereert: wij maken precies hetzelfde door met die verschrikkelijke mannen van ons. Volgens Anitra luistert haar moeder niet naar haar, maar praat ze alleen over zichzelf. Ze vraagt daarbij voortdurend om raad en steun, waarop ze het antwoord dan niet hoort en zeker nooit opvolgt. Ze wil niets horen wat niet samenvalt met haar definitie van de situatie, namelijk: wij zijn allebei slachtoffers. Anitra heeft het gevoel dat ze helemaal oplost bij deze vraag om aandacht waarbij haar identiteit er niet toe doet: ze vervloeit als het ware met haar behoeftige moeder, iets wat ze als zeer bedreigend ervaart.

In de overdrachtsrelatie herken ik wat Anitra over de interactie tussen haar en haar moeder vertelt. Ze vervult bij mij de positie die haar moeder tegenover haar inneemt, ze klaagt, vraagt raad en accepteert niet wat ik zeg. Ik kan me haar ergernis dus maar al te goed indenken. Ze kan er maar niet genoeg van krijgen te vertellen over haar man en haar vriendinnen, die allemaal op haar leunen en niets voor haar doen, zij is het slachtoffer. Tegelijk wijst ze de hulp die ze vraagt af, hetgeen ondermijnend werkt.

Ze heeft grote moeite om haar kind aan haar vriend of aan wie dan ook toe te vertrouwen. Ze zoekt ongeschikte oppassen, die het dan volgens haar niet goed doen, zodat ze eigenlijk niet naar haar werk of naar mij toe kan. Ze maakt geen op- of aanmerkingen, maar is in stilte woedend, ze huilt van narigheid en frustratie en stikt bijkans in haar verongelijktheid en machteloosheid. Ze heeft nooit rust en kan zich nu alleen nog maar totaal opofferen. De relatie met haar partner gaat slecht en ook daar is het wederzijds ondermijnen aan de orde van de dag.

Ik gebruik mijn beleving van de situatie – zoals zij die in me weet op te roepen zonder me direct met woorden ook maar ergens in te betrekken – om haar duidelijk te maken wat ze met me doet. Onbewust tracht ze bij mij een opstelling uit te lokken die een sterke analogie vertoont met hetgeen haar moeder met haar doet. Ik gebruik de tegenoverdracht, het me bewust maken van mijn eigen emotionele reacties – als hulpmiddel onmisbaar – om te weten te komen wat er aan de hand is tussen Anitra en haar moeder. Dit te rade gaan bij de beleving die een patiënt oproept is cruciaal, zeker bij deze vrouw, die heel concreet te werk gaat en niet met woorden kan vertellen wat ze van me verlangt of op me tegen heeft. Anitra voelt niets voor mij en wil niets persoonlijks met me te maken hebben. Ze heeft me niet nodig en komt omdat het van mij moet. Ik ben de deskundige en verder niet, ze mist me niet tijdens weekends of vakanties, kortom, ze heeft voorzover ze weet geen enkel gevoel van betekenis ten opzichte van mij. Er zijn dus geen geverbaliseerde overdrachtsgevoelens en alles moet met haar van de grond af aan worden opgebouwd.

Gaandeweg begint haar nu duidelijk te worden hoe haar samenspel met haar moeder verloopt en hoe haar innerlijk moederbeeld eruitziet: iemand door wie ze zich mateloos tekortgedaan voelt. In plaats van een moeder en een dochter, een volwassene en een kind, waren de rollen omgekeerd: de wijste moest de oudste zijn. Nu is in plaats daarvan zelfs de situatie ontstaan dat Anitra en haar moeder allebei baby zijn geworden en rivaliseren met de echte baby. Dit patroon wordt tijdens de analyse vrij snel doorbroken, doordat Anitra zich bewust wordt van haar boosheid en teleurstelling jegens moeder. Ze probeert niet meer tegen beter weten in de symbiotische illusie met de moeder vol te houden door haar te geven wat ze zelf had willen ontvangen. Ze zet de goede vrede op het spel en trekt zich meer en meer terug uit de verzorgende rol voor haar moeder. Ze richt zich met meer plezier op de zorg voor haar kind en merkt dat ze het eigenlijk leuk vindt om een kind te hebben, ze kan er ongemerkt zelfs van genieten.

Behalve een hernieuwd verbond met haar vader treden nu ook allerlei andere verschuivingen op. Anitra ontwikkelt splitsingen zoals die vroeger in het gezin ook al heersten. In de eerste plaats waren zij en haar zuster opgesplitst in de 'goede' en de 'slechte' dochter. Nu splitst zij de 'slechte' moeder-baby en de 'goede' echte baby, terwijl ze de 'goede' man in haar baby gaat zien en de 'slechte' in haar vriend. Haar vader krijgt een meer oedipale rol toebedeeld, omdat ze hem eindelijk het kind geeft, de zoon die hij altijd had willen hebben, waardoor hij voor het eerst een iets minder ambivalente houding tegenover haar als vrouw aanneemt. Dit wordt natuurlijk bevorderd doordat de toegang van de vader tot de dochter pas mogelijk wordt nu de symbiotische illusie met de moeder door de geboorte van een zoon doorbroken is: Anitra triomfeert in de rivaliteit met haar moeder. Ze heeft het gevoel dat zij meer bereikt heeft, zij heeft haar vader gegeven waartoe haar moeder niet in staat was. Hij brengt bloemen voor haar mee en is trots op haar.

Anderzijds wordt Anitra nu meer haar moeder, en dat is precies wat vrouwen als zij vrezen: in iedere nieuwe levensfase te worden teruggeworpen op de eigen moeder, op wie ze niet willen lijken, voor wie ze bang zijn, met wie ze zich niet willen identificeren, van wie ze niet opnieuw afhankelijk willen worden. Onwillekeurig maakt Anitra een sterke identificatie door met haar moeder, van wie ze het leven als het ware moet herhalen: ze heeft net als haar moeder na de geboorte een depressie en de neiging om haar kind weg te doen. Als de gevoelens rond moeder en kind enigszins zijn doorgewerkt, herhaalt het conflict zich nog eenmaal in een andere vorm: ze krijgt nu een haast onbedwingbare neiging om haar vriend eruit te gooien. Ze voelt alleen nog maar haat voor hem. Het probleem manifesteert zich bovendien gedurende de gehele analyse in de overdracht: Anitra wil mij als haar analytica steeds wegduwen en wegdoen.

Het verdriet en de emotionele pijn dat ze een lieve moeder mist, duurt de hele analyse voort, de boosheid wordt uitvoerig doorgewerkt. Toch is ze niet goed in staat zichzelf haar verlangens toe te geven, laat staan toe te laten dat ze zich bij mij nestelt. Iedere vakantie is ze zogenaamd blij dat de analyse wordt onderbroken, ze mist me nooit en wacht op een excuus om voortijdig te eindigen. Ze pleegt haar behoefte aan hulp en steun van mij altijd via projectieve identificatie te beleven, namelijk door deze in anderen te leggen en voor hen te zorgen. Daarvoor heeft ze ook het leger van noodlijdende vriendinnen die bij haar komen klagen en uithuilen. Ze hoort alles altijd geduldig aan zonder ooit iets over zichzelf te vertellen. Ze voelt zich wel het slachtoffer van deze egocentrische vriendinnen die nooit naar haar informeren, maar houdt vol dat zij niets te klagen heeft of niet het recht daartoe, want het gaat haar toch veel beter dan al die anderen. Ze is dus in feite zelf 'therapeut' geworden en ontkent dat ze bij mij toch onmiskenbaar de rol van patiënt vervult, wat mijn persoon voor haar des te onuitstaanbaarder maakt, hoewel duidelijk merkbaar is dat ze tegelijk op me gesteld is.

Ik vind haar beeldende manier van denken vaak origineel en boeiend, ze drukt zich goed en zorgvuldig uit en komt ondanks alles heel trouw. Ze blijft klagen dat ze behoefte heeft aan liefde en aandacht en dat ze zo graag hulp wil krijgen van haar man. Haar veeleisendheid beleeft ze zelf niet zo, denk ik. Ze heeft meer het idee dat ze zich alsmaar naar anderen moet voegen. Ondertussen is ze veeleisend en onverzadigbaar zolang niet alle eisen vervuld zijn. Is dit de gulzigheid van de orale regressie, waar in de literatuur veel naar verwezen wordt? Ze is boos, maar kan haar woede slecht uiten. Ze maakt zichzelf ongrijpbaar, want haar verzet is erg indirect. Ze stelt zich slaafs en onderdanig op, maar torpedeert stilletjes alles wat ik aandraag, onder luid geweeklaag over haar lot. Ze is niet in staat van wie dan ook hulp te aanvaarden, zeker niet van de door haar benijde analytica. Anders dan een dociel bewonderen dat ik er altijd voor haar ben, heeft ze zelden of nooit associaties die op mij betrekking hebben.

Haar angst voor afhankelijkheid en haar behoefte aan controle uiten zich nog op een andere manier: ze spreekt dwangmatig, thematisch, zonder een zweem van vrije associatie, en beent zo ieder onderwerp dat ze bij de kop neemt uit tot op het bot. Dromen of fantasieën komen weinig ter sprake, hoewel ze een enkele keer een heel beeldende droom of fantasie heeft, die ons helpt op te helderen wat haar onbewust bezighoudt. Haar bewuste beleving is anderzijds soms buitengewoon magisch en ze neigt ertoe alles heel concreet te beleven in plaats van op een symbolische of abstracte manier. Over het algemeen ensceneert ze haar dromen en fantasieën en worden die zogenaamde werkelijkheid voor haar.

Als analytica word ik tot de machteloze peuter gemaakt, vruchteloos bonzend op de emotionele deur die moeder hermetisch gesloten houdt. De verbinding met de voorgeschiedenis langs moederlijke lijn wordt het duidelijkst in de preoccupatie met voedsel, borstvoeding en vergiftiging. Anitra is bang om haar kind te vergiftigen via de kanker en 'shit' die haar vriendinnen over haar uitstorten. Ze kibbelt eeuwig met haar man over levensmiddelen die volgens haar te lang in de ijskast staan. Hij wil altijd alles bewaren omdat het nog bruikbaar is nadat de uiterste consumptiedatum is verstreken, zij wil alles weggooien omdat het gif geworden is.

Eenmaal rukt ze impulsief een goudenregen uit de tuin (en legt die op straat te vondeling, waar een voorbijganger hem kan vinden en adopteren, zodat de plant op die manier toch kan overleven), omdat het zaad giftig is. Ze vreest dat haar kind onder de boom zal gaan zitten en dood zal gaan door van het 'giftige zaad' te eten. De analogieën dringen zich hier op: de grootmoeder die door voedsel vergiftigd is, haar leven dat vergiftigd is door haar veeleisende, weinig gevende moeder en door haar man die haar zwanger heeft gemaakt met zijn giftige zaad. Ze is gepreoccupeerd met gezondheidsvoedsel en met alternatieve, vooral orale geneesmiddelen. Melk en vlees zijn uit den boze.

Als Anitra uiteindelijk nog een tweede keer onverwachts zwanger blijkt, wordt ze nog vijandiger, ook naar mij toe. Ze kan zich waarschijnlijk niet voorstellen dat ik, als remplaçant van de jaloerse moeder, haar de symbiose met het kind gun. Ze is ook bang dat het oudste kind zal stikken in jaloezie en droomt dat hij doodgaat: hij wordt opgegeten door een krokodil. Als er een kind komt, moet er een gaan – een symboliek die Anitra concreet tot uitdrukking brengt door haar zoon naar het verdronken kind van een vriend te vernoemen. Ze wil beslist geen meisje: ze kan 'geen vrouw van haar maken'; haar moeder zal dan beslist sterven en in de gedaante van een meisjesbaby terugkomen; het kind zal doodgaan; zij zal het vermoorden, enzovoorts. Ik denk dat een meisje haar banger maakt voor haar eigen babyverlangens, jaloerser ook.

Anitra's zoon krijgt in deze periode zijn eerste astmatische aanvallen. Zij beschuldigt de dokters er min of meer van dat ze hem vermoorden en roept steeds nog net op het nippertje medische hulp in. Ze voelt zich opnieuw van alle kanten hevig onder druk gezet. Ze wil weg uit de analyse. Ze kan mij om verschillende redenen niet meer verdragen. Enerzijds is ze bang dat ik, net als haar moeder, een blok aan haar been zal worden, dat ze voor me moet zorgen door rekening met me te houden, terwijl ze het met twee kinderen al druk genoeg heeft. Anderzijds moet ik weg omdat zij opnieuw te afhankelijk van mij dreigt te worden.

Zo verklaart Anitra, in mijn ogen voortijdig, dat ze na de tweede geboorte haar analyse wil beëindigen, waarmee ze mij als het ware 'aborteert'. Aldus zet ze haar gefantaseerde vijandigheid om in een concrete daad, net als haar moeder deed. Zodoende redt ze mij, zo vermoed ik althans, in haar fantasie van haar destructieve neigingen. Bovendien redt ze zichzelf, het kind en haar moeder: hun kan niets overkomen wanneer ik als heks in hun plaats geofferd word. Ze kan er zelf nu tenminste niet meer uitgegooid worden, evenmin als haar kind dat niet welkom is als het een meisje zou zijn. De analytica lijkt de representant van de vrouwelijke baby die zij was en die haar moeder en zij op haar beurt niet willen hebben. Tevens kan Anitra door splitsing het contact met haar echte moeder handhaven, namelijk door de in mij geprojecteerde 'ongewenste' moeder af te wijzen.

Dochter, moeder of minnares?

Anitra weet zich met haar vrouwelijke rol opeens dramatisch minder goed raad als het evenwicht verstoord is doordat ze vrouw, kostwinster, moeder en dochter tegelijk moet zijn. Ze compenseert haar grotere kwetsbaarheid na de bevalling door, heel paradoxaal, haar man meer te domineren, terwijl ze dat tegelijk maskeert door op masochistische wijze zijn slachtoffer te spelen. Ze is enigszins dwangmatig en kan moeilijk de psychische flexibiliteit opbrengen die na de geboorte van een kind vereist is om het emotionele evenwicht te reorganiseren. Ze neigt ertoe alles op te lossen via projectie, projectieve identificatie en splitsing, maar deze mechanismen voldoen onder de gewijzigde omstandigheden niet meer.

De normale regressie tot de 'primary maternal preoccupation'[5] vormt een bedreiging voor deze moeder. Ze zoekt het meer in de actieve aanpak van perfectionisme in de verzorging van haar kind. Hiervan wordt ze moe en wanhopig en ze glijdt af in de depressie. Het loochenen van de ernst van de toestand, ook bekend uit de literatuur, is duidelijk te onderkennen. Van een terugvallen op de moeder, waar iedere vrouw in de kraamperiode naar verlangt, kan wegens (innerlijke) conflicten met haar geen sprake zijn. Ook dit is kenmerkend. Van Anitra's moeder is geen steun te verwachten, het omgekeerde is eerder het geval: haar moeder zoekt meer steun bij haar. Dit maakt haar nog kwader en wanhopiger. Tegelijkertijd voelt ze zich schuldig tegenover haar moeder.

Er speelt nog iets anders: bij de postnatale depressie ontstaat bij de jonge moeder vaak de fantasie dat zij het kind van de moeder heeft afgepakt, dat de moeder jaloers zal worden en het kind zal terugpakken. Dit alles heeft tot gevolg dat de dochter zich door haar moeders afgunst achtervolgd voelt. De rivaliteit met de moeder en de hernieuwde oedipale band met de vader zijn duidelijk te onderkennen.

De jaloezie op de vriend, die naar achteren geschoven dreigt te worden zodat de baby alleen van haar is, verwijst tevens naar rivaliteit met mannen. Omdat ze als vrouw niet voldeed, zal ze nu laten zien dat ze het wel alleen kan. Ze splitst de boosheid: haar zoon wordt haar idool, want hij is wat zij had willen zijn. Terwijl haar moeder en haar man de zwartepiet krijgen toegespeeld en de 'slechte' worden, is hij de 'goede', fantastische zoon. Zodoende krijgt ze snel plezier in hem en verzorgt ze haar kind uitstekend. Wel blijft hij inzet van de ruzies tussen zijn ouders en binnen het jaar, nadat Anitra wederom per ongeluk zwanger wordt, ontwikkelt hij een ernstige astma bronchiale. Mogelijk mede omdat de ambivalentie van de moeder achter haar goede zorgen voelbaar is voor het kind.

Er vinden na de geboorte van Anitra's eerste kind, dat ze pas op latere leeftijd onverwachts gekregen heeft, enorme verschuivingen plaats in de twee gezinnen, dat van de moeder en dat van de dochter. Iedereen dreigt nu jaloers op iedereen te worden: Anitra is jaloers op haar vriend omdat hij haar voor de baby laat zorgen en zelf vrijuit gaat. Haar moeder is jaloers op de baby die ze zelf wil zijn en op Anitra omdat zij een zoon heeft. Anitra's vriend is jaloers op haar omdat ze hem niet bij het kind toelaat, en op de baby die de liefde krijgt die ze hem onthoudt. Anitra's vader is jaloers op haar man omdat hij een rivaal is die bovendien nog een zoon verwekt.

En dat is niet het enige probleemgebied. Anitra heeft haar leven lang ernstige conflicten gehad rond activiteit versus passiviteit, mannelijke versus vrouwelijke identiteit, masochisme versus sadisme, eten versus opgegeten worden, vergiftigen versus vergiftigd worden, doden versus gedood worden. Door de verzwakking van de afweermechanismen zoals die rond een geboorte in het innerlijk van een vrouw plaatsvindt, wordt dit alles versterkt. Gelukkig heeft de behandeling, en misschien het afbreken ervan, ervoor gezorgd dat er na de geboorte van het tweede kind geen herhaling van de postnatale depressie optreedt.

In een follow-up-contact blijkt dat het Anitra en haar gezin goed gaat. De problemen hebben niet opnieuw de kop opgestoken, de astma van het oudste kind is verdwenen en over haar relatie met haar vriend spreekt ze met meer warmte.

Een tragisch gemis aan moederlijke zorg twee generaties

eerder, en wie weet hoe vaak al daarvoor, leidde hier samen met de onopgeloste symbiose met de moeder tot een 'symbiotische desillusie'. De depressie komt voort uit een hele reeks van veranderingen en verschuivingen, maar misschien in de eerste plaats uit de rouw rond het 'verlies' van het kind (bij de geboorte), dat in de fantasie de verlangde twee-eenheid met de moeder vertegenwoordigde.

Nabeschouwing

Mijn twee hypothesen rond de symbiotische illusie en multigenerationaliteit in de vrouwelijke linie overlappen elkaar voor een deel. De moeder-dochterrelatie is bij de postnatale depressie op een heel specifieke manier van belang. De moeder die zelf geen bevredigende relatie met haar moeder heeft gehad, neigt ertoe op haar dochter te leunen. Meestal gaat dit probleem enkele generaties terug en zien we een mislukte separatie in de vrouwelijke afstammingslijn van moeder op dochter overgaan.

In onbevredigende moeder-kindrelaties pleegt een mengsel van overbetrokkenheid en gebrekkig contact samen te gaan met verwaarlozende en verwennende momenten. De moeder kan gemakkelijker parasiteren op een dochter, die ze onbewust verwart met het moederbeeld waar ze naar verlangt, zodat het kind de therapeute van haar moeder wordt. Als gevolg hiervan is de dochter in dergelijke gevallen enerzijds altijd al zwaar belast geweest, en kan ze zich anderzijds slecht uit de symbiose met de moeder losmaken. Ze zal ertoe neigen voor zwangerschap terug te schrikken. Als ze dan ten slotte toch een kind krijgt, komt versterkt naar voren dat ze zelf nooit voldoende kind heeft kunnen zijn. Ze voelt zich dan overbelast, omdat ze haar moeder altijd al moest stutten en steunen, waar nu ook nog eens een echt kind bij komt. Haar afgunst op de baby zal daardoor des te groter zijn, juist omdat rond de geboorte een versterkte, beangstigende orale regressie optreedt. De jonge moeder wil zelf in de wieg liggen en verzorgd worden.

Haar ambivalentie wordt steeds groter en ze voelt zich hierdoor steeds hopelozer worden. Ze haat het kind omdat het haar eens te meer verplicht te zorgen in plaats van verzorgd te worden. De magische band van de symbiotische illusie, die ook tussen dit moeder-dochterpaar bestaan heeft, lijkt bij de geboorte van de baby acuut verstoord te zijn. Zowel de moeder als de dochter beleeft de ander als 'ontrouw'. De vijandigheid die altijd onderdrukt is en die door de symbiotische idylle – het elkaar zo veel mogelijk vasthouden en idealiseren – verhuld werd, dreigt nu met volle kracht los te barsten. De tot dan toe succesvol verdrongen haat dreigt via splitsing op het kind ontladen te worden, vooral als het een meisje is. Het oude conflict, namelijk dat afhankelijkheid en woede tegen de moeder zo moeilijk verenigbaar zijn, komt in alle hevigheid terug.

De vrouw voelt zich bovendien in de kraamperiode bedreigd door de sterker wordende identificatie met haar moeder, een vereenzelviging die voor haar tegelijk een schrikbeeld is. Het ambivalentieconflict, dat zich uit in scheidingsangst ten opzichte van het innerlijke imago van de moeder en het verlangen naar een idyllische of oceanische eenheid met haar, leidt tot een depressie na het baren van het kind, dat als een verlies van de twee-eenheid wordt beleefd.

Het vormen van een nieuw gezin betekent in alle gevallen een kritische situatie die gemakkelijk op een crisis kan uitlopen. De zwangerschap is een tijd van regressie, de bevalling een moment van scheiding, en de zorg en het zorgen betekenen dat eigen verlangens en belangen deels moeten worden opgegeven. Het is duidelijk dat het kind liefde wekt, maar ook haat. De ingehouden woede tegen het kind, het verdriet en de rouw om de eigen verloren kindertijd, om de gemiste kansen, de problemen die een vrouw met de moederrol kan hebben, dat alles kan nu stormachtig naar voren komen.

Het kind maakt inbreuk op de relatie tussen de ouders: zij kunnen nu, met deze verantwoordelijkheid, zelf moeilijker kind blijven, ze schuiven een generatie op. Ze identificeren zich met de baby en zijn voorrechten, maar zijn daar ook jaloers op. De vader voelt zich buiten de intimiteit gesloten die de moeder met het kind heeft, hij wordt als het ware de jaloerse oudste broer die groot moet zijn. De moeder verlangt terug naar haar eigen babytijd, haar eigen moeder, ze wil meer van wat ze toen genoot, of wil inhalen wat ze miste.

Het terugvallen van de moeder op haar eigen moeder kan een onvervuld verlangen blijven. Het kan ook leiden tot genoemde moederfobie, tot aversie: moeder mag niet in de buurt komen, ze mag het kind niet aanraken, ze mag zich nergens mee bemoeien. Dit zijn gevoelens die in de kraamperiode ontstaan uit angst om terug te vallen in een afhankelijke of verlangende positie ten opzichte van de eigen moeder, kortom uit angst om zelf weer baby te worden.

De oedipale band met de vader kan voor de vrouw door het krijgen van een kind versterkt worden. Ze kan alsnog het gevoel ontwikkelen toch eigenlijk met haar vader getrouwd te zijn, terwijl haar man er minder toe doet. Het devalueren van de partner en het voor zichzelf opeisen van het kind heeft ernstige gevolgen, onder meer voor zijn psychoseksuele ontwikkeling. Bij jongens lijdt hun genderidentiteit onder een te nauwe band met de moeder. Bij meisjes zijn de gevolgen minder drastisch, maar ook bij hen is het niet loskomen van de kinderlijke band met moeder een belemmering voor de eigen ontwikkeling.

Een vrouw van dertig jaar, die als kind al bij mij in behandeling was, kwam onlangs terug omdat ze in moeilijkheden zat. Ze had al tien jaar een veel oudere vriend, maar geen seksuele relatie. Ze slaapt met hem zoals ze vroeger met haar alleenstaande moeder in één bed sliep. Van deze moeder is ze nooit genoeg losgekomen om een bevredigende relatie met een man aan te gaan. De kwellende en onopgeloste homoseksuele band – in de ruimere zin van het woord – met de moeder laat vaak geen ruimte voor een daadwerkelijke relatie met iemand anders.

Voor de vraag of pathologie zich al dan niet over de opeenvolgende generaties zal voortplanten, is het van doorslaggevend belang of de vorming van een nieuw gezin ook samengaat met loskomen uit de kinderlijke banden met de ouders en het gezin van herkomst. De nieuwe moeder moet de separatie en individuatie van haar eigen innerlijke moederbeeld enigszins doorgemaakt hebben om in haar man niet vooral de overeenkomsten met haar moeder te zoeken of in hem haar moeder te haten. Ze moet de oedipale relatie met de vader tot een goed einde hebben gebracht om haar kind niet als een kind van haar vader te zien. De grootouders op hun beurt staan nogmaals voor de taak om zich uit de oedipale banden met hun kinderen terug te trekken en ruimte te maken voor een nieuwe generatie en een nieuw gezin. Aan al deze eisen kan vaak niet voldaan worden, en een postnatale depressie is dan ook geen zeldzaam verschijnsel.

Vanwege het lijden van de vrouw en ook vanwege de preventie ten aanzien van het kind is behandeling van een postnatale depressie uitermate belangrijk. Niet alleen in de praktijk, maar ook in de theorie van de psychoanalyse is de postnatale depressie helaas een stiefmoederlijk behandeld onderwerp, onder andere doordat moeders weinig aandacht krijgen, daar ze meestal bekeken worden vanuit het kind. Zonder de fantasie van de moeder in het onderzoek te betrekken kan de stoornis van het jonge kind echter niet begrepen worden. Welke verlangens, idealen en angsten tracht de moeder via het kind te realiseren, en hoe voelt ze zich door het kind daarin gefrustreerd of achtervolgd en bedreigd? Met andere woorden, in hoeverre projecteert de moeder de door haar vurig verlangde eigenschappen in het kind om zich via die weg alsnog te completeren, en in hoeverre schrijft ze het kind agressie en verguisde karaktertrekken (projectieve identificatie) toe, waarna ze zich daardoor bedreigd gaat voelen?

De postnatale depressie is meestal heel goed te behandelen en klaart vaak snel op. De perinatale periode is zo'n ingrijpende omwenteling dat de algehele gevoeligheid voor invloeden van buitenaf en de behoefte aan verandering groter is dan normaal. Alle poorten staan als het ware nog open en maken vrouwen in deze fase van hun leven toegankelijker.

8
Martha:
De middenjaren

Het midden van het leven kan behalve een teruggang in vitale functies ook een aanleiding zijn tot hernieuwde progressie, ontplooiing en creativiteit. De confrontatie met eindigheid en sterfelijkheid kan de kwaliteit van het subjectieve beleven verhogen en intensiveren, mits de rouw om het verlorene en de angst voor de dood voldoende kunnen worden doorgewerkt.[1]

Met name in het leven van vrouwen kunnen er in deze middenfase belangrijke veranderingen optreden in werk en relaties. Uiteraard zijn er verschillen tussen vrouwen die een actief beroepsleven en een gezin hebben, vrouwen zonder een actief beroepsleven maar met kinderen, en diegenen die de laatstgenoemde etappe, het ouderschap, hebben overgeslagen.

In dit hoofdstuk gaat het vooral over de eerste groep vrouwen, en wel in het bijzonder over hun lotgevallen in de periode nadat de kinderen het huis hebben verlaten. In die levensfase is het vanzelfsprekend dat de ouders intensiever dan daarvoor zullen worden geconfronteerd met omvang en inhoud van hun partnerschap en dat hun onderlinge betrekkingen daardoor meer dan voorheen centraal zullen komen te staan.

Aan de hand van de gevalsbeschrijving van een analysant die ik Martha zal noemen, zullen enige theoretische gezichtspunten met betrekking tot haar middenjaren worden uiteengezet. Naar aanleiding van haar relaas zullen diverse kwesties aan de orde komen. In hoeverre staat Martha's ontwikkeling in de middenjaren in verband met aspecten van de moeder-dochterrelatie, gezien over drie generaties (Martha's moeder, Martha zelf, Martha's dochter)? In vorige hoofdstukken ging het vooral over de neurotische aspecten van de moeder-dochterrelatie, die de emotionele ontwikkeling remmen of doen stagneren. Bij deze gelegenheid wil ik daarentegen de gezonde kanten benadrukken en hoop ik juist de progressieve en groeistimulerende tendensen in de verhouding tussen moeder en dochter aan te tonen.

Het betreft hier dus geen ziektegeschiedenis of het verloop van een behandeling, maar slechts de follow-up van een vroegere, redelijk geslaagde psychoanalyse. Geïllustreerd zal worden welke positieve na-effecten er van deze behandeling uitgingen en ook welke problemen er, desondanks, onopgelost bleven. Er wordt verondersteld dat Martha's behandeling een gunstige invloed heeft gehad op haar verdere ontwikkeling in de middenjaren. Uit de literatuur is echter ook bekend dat een behandeling in de kinder-, puber- of adolescentenleeftijd, zoals hier het geval was, helaas geenszins vrijwaart voor het ontstaan van psychische problemen in latere levensfasen. Dit gegeven wordt door de geschiedenis van Martha bevestigd.

Ten slotte zal ik enkele factoren noemen die de prognose ten aanzien van de ontwikkelingen in de middelbare leeftijd gunstig kunnen beïnvloeden, dan wel juist dubieus kunnen maken.

Martha's levensverhaal

Martha was ongeveer vijftig jaar toen zij mij, haar vroegere analytica, opnieuw opzocht voor een aantal gesprekken over haar huidige levenssituatie. Daarmee werd ik niet alleen in de gelegenheid gesteld om van haarzelf te vernemen hoe het haar sedert de analyse was vergaan, het bood me tevens de kans om dit materiaal, met haar toestemming, voor mijn betoog te gebruiken.

Martha was al een flink eind op weg in de belevingswereld

die vroeger als de 'middelbare leeftijd' werd aangeduid en die tegenwoordig, optimistischer, de middenjaren wordt genoemd. Niet alleen had ze de taak van het verzorgen en opvoeden van haar kinderen naar haar gevoel bevredigend volbracht, ze had bovendien, na lang aarzelen vanwege de kinderen, het volgens haar zeggen 'pijnlijke' besluit genomen om haar man te verlaten en haar huwelijkse staat na vijfentwintig jaar te beëindigen. Na enkele moeilijke jaren (waarover hieronder meer) hervond ze toch haar narcistische balans. Er ontstond ruimte om nieuwe intieme betrekkingen aan te gaan en haar creativiteit verder te ontplooien.

Indertijd ging Martha in analyse omdat ze leed aan buien van neerslachtigheid. Ook schrok ze steeds terug voor duurzame bindingen, hoewel ze daar anderzijds wel behoefte aan had. Ze verlangde naar een partner en naar kinderen. Haar bindingsangst leidde echter tot relaties met getrouwde mannen of met mannen die ze gemakkelijk aankon, maar die haar om die reden dan weer niet konden boeien. Op jonge leeftijd had ze haar vader verloren. Inmiddels had ze een aantal liefdesrelaties van langere duur met oudere mannen achter de rug. Oppervlakkig gezien ging het bij haar dus om oedipale problematiek.

Pas tijdens de analyse bleek dat Martha innerlijk nog weinig was gesepareerd van haar eerste object, haar moeder. In haar belevingswereld was dit moederimago nog allesoverheersend. Bovendien was deze moeder voor Martha in haar kinderjaren ernstig traumatiserend geweest, niet alleen in haar fantasie, maar ook feitelijk. Haar moeder had haar verwaarloosd, was agressief ontremd, chaotisch en wantrouwend. In verband met haar achterdocht reageerde ze bovendien sterk inperkend en controlerend. Martha had de buien, de uitvallen en de woede van haar moeder altijd als zeer bedreigend ervaren.

De onderneming om deze onopgeloste negatieve verhouding met haar moeder alsnog tot een goede oplossing te brengen leek bij een vrouwelijke analyticus de beste kans van slagen te hebben. Nu, achteraf bezien, zou een andere conclusie gerechtvaardigd kunnen zijn, namelijk dat de negatieve overdracht destijds te weinig uit de verf was gekomen. Desondanks werd er in deze analyse vooruitgang geboekt en kwam er een nieuwe ontwikkeling op gang.

Na een behandelingsduur van een jaar of vijf wenste Martha, in wederzijds overleg, de analyse te beëindigen. Ze was verliefd op een man van haar eigen leeftijd en niveau, met wie ze na verloop van tijd ook in het huwelijk trad.

Martha en haar man kregen drie kinderen, achtereenvolgens twee zoons en een dochter, die intussen allemaal min of meer volwassen zijn. Over het huwelijk vertelt ze dat de relatie, hoewel problematisch, in het begin wel goed leek. Er was in de periode van een gezin opbouwen en kinderen grootbrengen bovendien weinig ruimte geweest om aandacht aan elkaar en aan de relationele moeilijkheden te besteden. Langzamerhand ontwikkelde zich tussen de partners echter een steeds hechter sadomasochistisch samenspel, waarin Martha zich meer en meer het verwaarloosde slachtoffer ging voelen.

Dankzij zelfanalyse en zelfinzicht, mede het gevolg van haar psychoanalytische behandeling, slaagde Martha erin haar situatie onder ogen te zien. Ze stelde vast dat ze niet langer een masochistische rol wilde spelen, die ze als onontkoombaar had beschouwd toen de kinderen nog klein waren. Destijds slikte ze alles om haar huwelijk te kunnen handhaven. Ze merkte nu echter meer en meer dat ze zich onveranderlijk eenzaam voelde in gezelschap van haar man.

Lange tijd probeerde ze de onbevredigende verhouding nog te verbeteren. Een poging tot partnerrelatietherapie verliep stroef en bracht geen wezenlijke verbetering. Martha ervoer steeds duidelijker dat de opstelling van haar man vijandiger werd naarmate zij zich meer aan haar benarde positie ontworstelde. Ten slotte zag ze in dat het zinloos was de relatie nog langer in deze vorm voort te zetten. Ze stelde voor om uit elkaar te gaan, waarop spoedig de scheiding volgde.

De middelbare leeftijd

Aanvankelijk belandde Martha in een periode van grote sociale angst en onzekerheid. Vaak wist ze voor haar gevoel haar houding tegenover de buitenwereld niet goed te bepalen en had ze de beleving nauwelijks meer te weten waar ze nu eigenlijk stond. Deze gevoelens hingen vooral samen met haar veranderde sociale status na de echtscheiding. Ze had de beangstigende sensatie nu opeens zonder de bescherming van een man in het leven te (moeten) staan. Bij haar plannen als voorbereiding op de grote stap had ze de voordelen zwaarder laten wegen dan de risico's. De winst van de onafhankelijkheid had haar scherper voor ogen gestaan dan de verlieszijde, namelijk het verdriet dat de ontbinding van haar huwelijk ook met zich meebracht. Maar uiteindelijk telde dat ze haar vrijheid weer had herwonnen. Ze was weer een zelfstandige vrouw, stond weer net als vroeger op eigen benen. Er was echter een belangrijk verschil met de tijd van toen, en daarvan had ze de gevoelsmatige consequenties van tevoren ook te weinig doorgedacht: ze was inmiddels in de postmenopauze beland en was geen bloeiend jong meisje meer zoals destijds.

Desalniettemin herwon Martha langzamerhand weer een zeker gevoel van eigenwaarde. Ze ontwikkelde genoeg zelfvertrouwen om oude vriendschappen weer op te vatten en ook nieuwe banden aan te gaan, zowel in haar privé-leven als in haar werksituatie. Tot haar genoegen merkte ze in haar beroep meer creatieve mogelijkheden te bezitten dan voorheen, alleen al doordat ze nu meer tijd en gelegenheid had om vorm te geven aan haar wetenschappelijke interesses.

Dit gegeven stemt overeen met wat Erikson en anderen betogen over de 'middle years': niet alleen liefdevolle banden worden belangrijker, maar ook het werk. Onder andere de toegenomen ervaring kan op het vlak van de professie bijzonder productieve jaren opleveren. Zo ervoer Martha na de echtscheiding meer plezier in haar beroep als docente aan een universiteit. Ze organiseerde haar leven als vrouw alleen, had veel contacten met vriendinnen en verwachtte niet ooit nog aan een nieuwe relatie te zullen beginnen.

Martha verliefd

Toch gaf Martha enige jaren later haar leven weer een andere wending. Tot haar eigen verrassing werd ze niet alleen – het zijn haar eigen woorden – 'voor het eerst in haar leven spontaan verliefd', deze gevoelens bleken ook wederkerig. Beide partners hadden de beleving, zij het laat in hun bestaan, in elkaar een vooral op emotioneel gebied passende levensgezel te hebben gevonden. Ze ontdekten van elkaar dat ze beiden voorheen steun hadden gezocht bij een partner die orde en nuchterheid inbracht en die daarin hun strenge bestraffende tegenpool vormde. Nu, nadat de opbouwfase van hun leven definitief achter de rug was, konden beiden zich blijkbaar de luxe van een meer gedeelde gevoelsmatige instelling permitteren.

Martha vertelt dat hun verliefdheid in het begin, vooral van haar kant, gepaard ging met veel angst, schaamte en schuchterheid. Hij was er onzeker over of hij wel bij haar in de smaak zou vallen, en zij was bang niet meer aantrekkelijk te zijn – typerend voor vrouwen op oudere leeftijd. Bij haar manifesteerde zich deze onzekerheid door aanvallen van intense verlegenheid, gepaard gaande met overvloedig transpireren. Hij verried zijn gevoel van onveiligheid door de neiging om vooral zo veel mogelijk geestige verhalen en grappen te vertellen. Maar hij deed ook nog iets anders: hij prees haar door haar te zeggen, vele malen en hardop, hoe lief en aantrekkelijk hij haar vond. Dit was weliswaar een geheel nieuwe ervaring voor Martha, althans vergeleken met haar huwelijk, maar het stelde haar aanvankelijk toch nog niet erg op haar gemak. Van haar angstigheid werd hij op zijn beurt weer onzeker.

Bij beiden was er duidelijk sprake van een verhoogde narcistische kwetsbaarheid in deze levensperiode. Deze heet bij vrouwen nog uitgesprokener te zijn dan bij mannen.[2] Dat geldt te meer wanneer het om verliefdheid gaat, waarbij het ouder geworden lichaam opnieuw in het centrum van de aandacht staat, zo al niet in de werkelijkheid, dan toch zeker in de fantasie.

Overigens constateerde Martha een opvallende verandering bij zichzelf. Liet ze zich vroeger de gunsten van de heren graag welgevallen – zo zelfs dat ze zich meer liet beminnen dan dat ze op eigen initiatief een partner koos –, ditmaal had ze wel eerst zelf haar keuze bepaald. Dat was een nieuwe ervaring voor haar. Natuurlijk was ze vroeger wel vaker verliefd geweest, maar daar was altijd één conditie aan verbonden geweest: dat hij eerst haar diende te hebben uitverkoren. Blijkbaar moest haar narcisme eerst worden gestreeld, voordat ze 'iets in hem wilde zien'. Dat kon dan gemakkelijk tot een 'verkeerde keus' leiden, hoewel dit volgens Marcel Proust een tautologie is. Zijn stelling is namelijk dat er bij verliefdheid altijd sprake is van de slechtst mogelijke keus, omdat we noodzakelijkerwijze 'onze tegenpool' kiezen. Een dergelijke relatie wordt dan een kwelling omdat we niet kunnen verdragen wat we zelf gekozen hebben. Dit geldt natuurlijk bij uitstek voor sadomasochistische relaties, zoals Martha die ook kende.

Martha beschouwt deze ommekeer, dat ze zelf haar voorkeur bepaalt, als een duidelijke vooruitgang. Terugkijkend op haar leven heeft ze het gevoel dat ze voor het eerst een werkelijk liefdevolle ervaring heeft met een man. Zij en haar partner zijn beschikbaar voor elkaar en voor hun werk. Ze worden niet meer afgeleid door dwingende verplichtingen jegens derden die van hen afhankelijk zijn. Deze beschikbaarheid voor elkaar biedt perspectieven aan de relatie en creëert een ervaringswereld die Martha voordien niet kende.

Daarnaast speelt er spijt over het verloren gaan van de wereld met de vorige partner, is er een duidelijke beleving van de eindigheid van het leven, de angst om snel ouder of zelfs ziek te worden, en het gevoel van haast dat van dit alles een gevolg kan zijn. Genieten van de dag van vandaag gaat hand in hand met de vraag: Zullen we nog wel de tijd hebben om de ontbrekende gezamenlijke ervaringen op te doen en een arsenaal van gedeelde belevingen op te bouwen? Het loslaten van het verleden en van de vorige partner blijft voor beiden een tijdlang een duidelijke preoccupatie. Gevoelens lijken 'kleveriger' te worden, ze klinken langer na naarmate men ouder wordt. De meest essentiële etappes van het leven zijn al (met anderen) doorlopen, zodat er relatief weinig gemeenschappelijke geschiedenis bestaat om op terug te vallen.

Niet alleen had Martha met haar vorige partner minder positieve ervaringen, er was voor haar als vrouw, echtgenote en moeder ook altijd een driedubbele taak geweest ten aanzien van carrière, man en kinderen. Die verantwoordelijkheid had zwaar op haar gedrukt. Achteraf bezien komt het haar voor dat deze combinatie zeker afbreuk heeft gedaan aan haar huwelijksrelatie. In tegenstelling daarmee beleeft Martha haar huidige leven als een verrassende fase. Ze had niet gedacht dat er voor haar nog zo veel nieuwe belevingen en zelfs ongekende bevredigingen zouden zijn weggelegd.

Juist de druk om volgens stereotiepe rolpatronen te leven had ze als inperkend ervaren. Naarmate die verminderde, ontstond er meer ruimte voor andere rollen, voor reflectie en voor levensplezier. Speciaal het meer mannelijk mogen functioneren van de vrouw en het meer vrouwelijk mogen zijn van de man, zoals dat in de literatuur beschreven staat,[3] opent mogelijkheden voor partners om elkaar beter te begrijpen en minder te polariseren.

Martha en haar dochter

Martha vertelt dat ze een goede relatie heeft met haar jongste kind, een dochter. Dat valt des te meer op omdat ze een dergelijke verstandhouding met haar eigen moeder nooit heeft meegemaakt. Uit deze nieuwe ervaring is voor haar gevoel veel goeds voortgekomen voor haar verdere ontwikkeling.

Tussen Martha en haar dochter bestaat een tedere en vertrouwelijke band, die ze als inniger beleeft dan die met haar twee zoons, met wie de relatie overigens altijd wel degelijk positief is geweest. Separatie en groei naar zelfstandigheid zijn bij de beide jongens goed verlopen. De nauwe band met haar dochter heeft ze niettemin, en anders dan men zou verwachten, betrekkelijk gemakkelijk kunnen laten vieren toen de tijd daarvoor rijp was. Bij navraag onderkent Martha zelfs een gevoel van opluchting te hebben beleefd toen het meisje het huis verliet en ging samenwonen met een vriend. Voor de dochter was dat een eerste poging om op eigen benen te staan, voor de moeder begon een nieuwe levensfase.

Mede als gevolg van de geslaagde separatie van haar dochter was de moeder in staat weer een eigen leven op te bouwen, zoals ze dat voor haar huwelijk had gekend als vrouw alleen.

Tot haar verrassing ontwikkelde zich, weliswaar na een lastige eerste puberteitsperiode – uit de literatuur overigens welbekend[4] –, tussen Martha en haar dochter een band, zoals ze die noch met haar man noch met haar moeder had gekend. Uit wat ze vertelt, krijg ik sterk de indruk dat de onopgeloste homo-erotische relatie van liefde-en-teleurstelling die zij met haar moeder had beleefd, als het ware alsnog tot nadere ontplooiing kwam door de groeiende goede verstandhouding met haar dochter. Ze konden elkaar troosten en tegelijktijd was er ook ruimte voor de boosheid en het verdriet van het meisje jegens haar moeder vanwege de echtscheiding van de ouders. Daarbij wist Martha te voorkomen dat ze haar dochter te zeer zou belasten met haar eigen problemen. Ze had in haar analyse immers geleerd om over eigen moeilijkheden ook bij zichzelf te rade te gaan.

Toen de dochter ten slotte verliefd werd, wekte dat bij Martha maar weinig van de gebruikelijke rivaliteitsgevoelens. Ook het uit huis gaan van de dochter riep bij Martha niet de beleving op van in de steek gelaten worden. Integendeel, ze genoot eerder van het alleen zijn na haar leven met een dominerende echtgenoot die haar, net als haar moeder, weinig ruimte had gelaten. Wanneer de dochter nu op haar beurt deze nieuw verworven ruimte en vrijheid dreigde in te perken, bijvoorbeeld door te veel aan haar te hangen of haar te vaak om raad te vragen, schiep Martha behoedzaam weer de nodige afstand.

Interessant is verder het gegeven dat Martha het uitgesproken gevoel heeft dat deze dochter en de onderlinge verstandhouding een heilzame en zelfs helende werking op haar hebben uitgeoefend, en haar hebben geholpen het traumatische verleden te verwerken. Dit is misschien wel een voorbeeld van wat Freud 'Nachträglichkeit' noemde, dat wil zeggen het verschijnsel dat belevenissen uit de kindertijd in het licht van nieuwe ervaringen in latere ontwikkelingsfasen van betekenis kunnen veranderen, ofwel bondig geformuleerd: 'de retroactieve reorganisatie van het persoonlijk verleden'. Zo groeide ook de betekenis van Martha's analyse met haar mee en werd deze mettertijd alsnog anders ingekleurd, door nieuwe belevingen in latere levensperioden.

De verklaring voor dit alles lijkt, althans voor een deel, te liggen in de goede verwerking van het zelf moeder worden.

Martha heeft deze ervaring kunnen gebruiken als een stimulans voor haar verdere rijping en ontwikkeling als vrouw, mede dankzij haar analyse en ondanks de negatieve ervaringen met haar eigen moeder.

Moeder worden wordt trouwens door diverse auteurs beschouwd als de derde separatie-individuatiefase in het leven van een vrouw, na de kleutertijd en de puberteit. Volgens deze zienswijze maakt de vrouw dan ook drie separatie-individuatiefasen door, en niet twee zoals de man. De vrouw heeft deze drie cycli van het separatie-individuatieproces mijns inziens nodig omdat zij, anders dan de man, bij iedere nieuwe ontwikkelingsstap weer wordt geconfronteerd met zowel haar identificaties met de eigen moeder als haar pogingen om zich ten opzichte van deze moeder te differentiëren.

Intermezzo 1
Moderne psychoanalytische visies op de vrouw en haar middenjaren

Martha's verhaal sluit aan bij hedendaagse ontwikkelingen in de psychoanalytische theorievorming over de middenjaren. Dit levenstijdperk kan een creatieve nieuwe periode zijn, waarin kansen bestaan om oude emotionele conflicten alsnog op te lossen en waarin nieuwe bronnen van inspiratie en creativiteit kunnen worden aangeboord.[5] Martha is een goed voorbeeld van de stabilisering van het zelfgevoel en de positieve invloed op het gevoel van eigenwaarde welke de middenjaren kunnen hebben.

Ik zal de geschiedenis van de psychoanalytische visies op de vrouw toelichten aan de hand van enkele citaten. In 1913 schreef Freud als volgt over de vrouw van middelbare leeftijd: 'Het is een bekend feit en het heeft de mensheid veel stof tot klagen gegeven dat vrouwen dikwijls een merkwaardige karakterverandering ondergaan nadat zij hun genitale functies hebben opgegeven. Zij worden twistziek, zeurderig en betweterig, kleinzielig en gierig; ze vertonen kortom typisch sadistische en anaal-erotische eigenschappen, die ze eerder, in de periode van hun vrouwelijkheid, niet bezaten. Blijspeldichters en satirici hebben te allen tijde hun invectieven gericht tegen de 'oude draak' die ooit een lieftallig meisje, liefhebbende vrouw en tedere moeder was. Wij begrijpen dat deze karakterverandering correspondeert met een regressie van het seksuele leven naar de pregenitale fase van sadisme en anale erotiek, waarin wij de dispositie voor dwangneurose hebben ontdekt.'[6]

En in 1933 schreef hij over dezelfde middelbare leeftijd van de vrouw in vergelijking met die van de man: 'Ik kan evenwel niet nalaten gewag te maken van een indruk die men steeds weer in de analytische praktijk opdoet. Een man van rond de dertig komt ons voor als een jeugdig, nog niet geheel gerijpt individu, van wie wij verwachten dat hij de hem door de analyse geboden mogelijkheden tot ontwikkeling krachtig zal benutten. Een vrouw van dezelfde leeftijd daarentegen doet ons vaak schrikken door haar psychische starheid en onveranderlijkheid. Haar libido heeft definitieve stellingen betrokken en lijkt niet in staat die voor andere op te geven. Middelen tot verdere ontwikkeling dienen zich niet aan; het is alsof het gehele leven al voltooid is en zich niet meer laat beïnvloeden, alsof de moeizame ontwikkeling naar de vrouwelijkheid de mogelijkheden van de betrokkene zelfs heeft uitgeput.'[7]

Freuds kijk op de vrouw in de middenjaren was dus tamelijk zwart, en deze optiek heeft in de psychoanalytische wereld pas geleidelijk aan plaatsgemaakt voor een andere visie. Hélène Deutsch laat zich nog vrij somber uit over de menopauze. Thérèse Benedek klinkt al optimistischer, maar met betrekking tot het climacterium spreekt zij niettemin van 'Torschlußpanik'.[8] Deze blijken van een uitgesproken negatieve dunk van de vrouw moeten begrepen worden tegen de achtergrond van het destijds heersende klimaat in de psychoanalyse, namelijk het primaat van de drifttheorie en van het Oedipuscomplex. Kort samengevat houdt deze 'mannelijke' kijk op de vrouwelijke ontwikkeling in dat de man de lusten geniet van het man-zijn, en dat de vrouw de lasten draagt van het gemis aan een penis. In de menopauze verliest zij dan ook nog haar vruchtbaarheid. Deze sombere berichten over het vrouw-zijn kwamen niet alleen van Freud, maar vreemd genoeg tevens van vrouwen die zelf allerminst bij de pakken neerzaten, die niet masochistisch waren en vaak na hun vijftigste levensjaar hun meest creatieve periode beleefden, zoals Hélène Deutsch en Thérèse Benedek.

De moderne psychoanalytische theorievorming beschouwt de vrouwelijke ontwikkeling veel positiever en ziet de middenjaren juist als ruimte scheppend voor nieuwe ervaringen. De vrouwelijke seksualiteit blijkt helemaal niet beëindigd met het einde van de vruchtbaarheid. Eerder blijkt de seksualiteit een functie die bij beide seksen het langst behouden blijft.[9] Voor vrouwen zijn de vooruitzichten alleen maar gunstiger geworden dankzij de mogelijkheid tot toediening van oestrogenen, ondanks de bedenkingen van Germaine Greer daartegen in haar boek *Overgang*.

De middelbare leeftijd wordt in de moderne psychoanalytische literatuur over dit onderwerp aangemerkt als een levenstijdperk waarin meer dan de driften, de objectrelaties centraal staan. Het uit huis gaan van de kinderen, het omwerken van het ouderbeeld als de eigen ouders kwetsbaar en behoeftig blijken te worden, het naderbij komen van de dood en het gaan beseffen van de eigen sterfelijkheid, dit alles verstoort het narcistisch evenwicht en roept op tot een heroriëntatie. Freud had Jung niet meer nodig als vriend en steun toen hij eenmaal zeker wist wat hij wilde. Op de middelbare leeftijd aangekomen bepaalde hij in het vervolg geheel zijn eigen weg, net als Martha deed. De combinatie van betekenisvolle relaties, talent en wijsheid kan, zoals gezegd, in deze latere fase van het leven een specifieke creativiteit bewerkstelligen.[10]

Ook het ouderschap speelt een belangrijke rol als etappe in de ontwikkeling in de middenjaren. De tijd nadat de kinderen het huis uit zijn wordt wel de 'postparental relaxation' genoemd[11] – dit naar aanleiding van de min of meer constante stress die het opvoeden en verzorgen van kinderen voor beide ouders met zich meebrengt. Na deze 'emergency phase of parenthood' treedt meestal een rustiger periode voor hen in. Het vaak extreem gepolariseerde rolpatroon van vader die verschaft en moeder die verzorgt, kan nu plaatsmaken voor een ontspanning en voor een heel scala van nieuwe ervaringen.

Martha is een voorbeeld van een geslaagde 'derde individuatie', zoals de middelbare leeftijd ook wel wordt aangeduid.[12] Dit naar analogie van de twee eerdere separatie-individuatiefasen, namelijk de 'psychological birth' in de peuterjaren en de herkansing tijdens de adolescentie.

Commentaar

We zullen nu de ontwikkelingslijn van Martha meer in detail en ook kritischer gaan bekijken. Ten behoeve daarvan proberen we allereerst een balans op te maken van haar psychoanalytische behandeling. Daarbij moeten zowel de positiva als de negativa in ogenschouw worden genomen. In welke opzichten kunnen we haar analyse als geslaagd beschouwen? En op welke punten mogen we aannemen dat er een beter resultaat te bereiken zou zijn geweest?

Vervolgens zullen we de aandacht richten op factoren die niet van haar psychoanalytische behandeling afhankelijk zijn. Welke waren de positieve momenten bij Martha zelf, dat wil zeggen in haar pre-existente persoonlijkheid, waardoor ze zich alsnog uit de problemen kon redden? Deze laatste vraag is geenszins onbelangrijk, hoewel de beantwoording moeilijk zal zijn, zelfs achteraf. In welke opzichten leidde Martha's heroriëntatie nu tot persoonlijke groei en op welke punten bleef haar leven stagneren?

Negativa

Om te beginnen nemen we de negatieve aspecten ten aanzien van Martha's ontwikkeling onder de loep. Reeds in het beschrijvende gedeelte werd geconstateerd dat Martha's angst voor haar driftige en humeurige man toch wel veel weg had van haar uitwijken voor haar grillige en opvliegende moeder. Martha's huwelijk vertoonde kenmerken van wat Freud al signaleerde, namelijk dat de man de erfgenaam van de onverwerkte relatie met de moeder pleegt te zijn.[13] Een vrouw neigt ertoe, aldus Freud, om met haar (eerste) man de onopgeloste intrapsychische conflicten uit de vroegkinderlijke relatie met haar moeder alsnog uit te vechten. Het blijkt altijd weer hoe machtig en sterk de herhalingsdwang zich doet gelden.

In Martha's geval gaat dat zeker op. Ook in haar eigen beleving, zo ziet ze het achteraf, was de eerste echtgenoot duidelijk de opvolger van de moeder. Beiden werden op traumatische wijze als dwingend en inperkend ervaren. Een heranalyse zou nodig zijn geweest om de gelijkenissen tussen de man en de moeder op te sporen en nader te onderzoeken. Voorzover de overeenkomsten tussen beiden ook met de objectieve realiteit zouden blijken te stroken, zou een echtscheiding het meest waarschijnlijke gevolg zijn geweest. Voor vrouwen is een echtscheiding immers vaak een poging om zich alsnog van de zogenaamde verinnerlijkte moeder te bevrijden. Blijkbaar was de relatie met deze intrapsychische moeder in Martha's analyse niet voldoende opgelost om een onbeladen partnerkeuze mogelijk te maken.

Het vermoeden ligt voor de hand dat Martha de confrontatie met deze negatieve moederoverdracht in haar behandeling voor een deel met succes heeft omzeild. Dit stuk van zichzelf heeft ze vervolgens door middel van projectieve identificatie (het onderbrengen van ongewenste eigenschappen in een intieme naaste, om zich vervolgens daarmee te kunnen vereenzelvigen) naar haar partner verplaatst.

Martha's reserves en angsten met betrekking tot de analytica lijken onvoldoende in de overdrachtsrelatie te zijn doorgewerkt. Was dit wel gebeurd, dan zou hierdoor waarschijnlijk meer 'psychische ruimte' zijn geschapen om haar te helpen de boosheid op de moeder (let wel: het infantiele en verinnerlijkte moederimago) te 'bevatten' en te verdragen.

De Britse psychoanalyticus W.R. Bion spreekt in dit verband van 'containing'.[14] Hij doelt daarmee op de mogelijkheid tot het psychisch uitwerken van fantasieën die behoren bij heel primaire sensaties en reacties, zoals dat in de eerste levensjaren wordt gefaciliteerd door de moeder. Door bijvoorbeeld het gevoel van angst onder woorden te brengen helpt zij het kind om de bron van de angst te lokaliseren, waardoor de angstbeleving voor het kind te 'bevatten' wordt. Een psychoanalytische behandeling beoogt eveneens niet te 'bevatten' gevoelens om te zetten in hanteerbare gedachten en deze vervolgens van een context te voorzien door ze in te passen in het levensverhaal van de analysant.

Kennelijk heeft Martha zich in de behandeling niet veilig genoeg gevoeld – iets wat helaas maar al te vaak voorkomt – om haar fantasie in alle heftigheid te beleven en te tonen. Ze bleef kampen met onbewuste, ingehouden boosheid, die ze gedeeltelijk onderbracht bij haar eerste man. Hij vertolkte als het ware de onbewuste, verdrongen kanten van haar persoonlijkheid. Haar 'ingeslikte' moeder had ze (onbewust) op hem geprojecteerd, en ze leed onder zijn onaangename gedrag zoals ze destijds onder haar moeder had geleden. Dit is overigens een sprekend voorbeeld van de reeds genoemde projectieve identificatie. De onopgeloste infantiele conflicten en de verdrongen aspecten van de persoonlijkheid worden ondergebracht in een intieme relatie, waarin de partner de ongewenste kanten van het eigen ik mag vertolken, en dat dan ook vaak prima doet.

Positiva

Er zijn daarnaast ook verschillende punten die als positief kunnen worden aangemerkt. In de eerste plaats valt op dat Martha de emotionele verwaarlozing die ze heeft moeten ondergaan, eerst door haar moeder en later door haar echtgenoot, niet herhaalde in de actieve rol ten opzichte van haar dochter. Deze laatste is nagenoeg verschoond gebleven van de emotionele problematiek uit het verleden van haar moeder. Sterker nog, Martha was zelfs in staat profijt te trekken uit de positieve ontwikkeling die haar dochter doormaakte.

Bij intense problemen in de moeder-dochterrelatie valt steeds weer op dat de moeder vasthoudt aan de binding met de dochter teneinde de eigen narcistische problematiek tot zwijgen te kunnen brengen. Onvervulde liefdeswensen in het huwelijk, die hun oorsprong vinden in onbevredigde verlangens ten opzichte van de eigen moeder, zoeken vaak langs deze weg alsnog naar bevrediging bij de volgende generatie. Dit is een voorbeeld van hetgeen wel 'transgenerationele transmissie' wordt genoemd, namelijk de overdracht van onverwerkte emotionele problematiek (zoals 'rouw') van de ene generatie op de volgende. Psychotherapie c.q. analyse beoogt nu juist herhalingen van infantiele conflicten te voorkomen. Dit niet alleen met betrekking tot de 'Wiederholungszwang' in het eigen leven van de analysant, maar ook tot de transmissie van traumatische ervaringen naar de volgende generatie(s).

Overigens wordt tegenwoordig algemeen aangenomen dat de separatie tussen moeders en dochters minder drastisch verloopt dan die tussen moeders en zoons. Tussen de eersten blijft een sterke band van identificatie bestaan, die onmisbaar is voor de normale ontwikkeling van de dochter tot vrouw en moeder. Daar komt nog bij dat de moeder-dochterrelatie, gezien vanuit de moeder, meer door de lotgevallen van de relatie met haar eigen innerlijke moeder wordt bepaald dan bij de moeder-zoonrelatie het geval zal zijn.

Bij Martha bleef de relatie met haar dochter onbelast en conflictvrij, ondanks het feit dat zij, zoals boven uiteengezet, in haar behandeling de negatieve moederoverdracht met de vrouwelijke analyticus slechts gedeeltelijk had doorgewerkt. De analyse heeft blijkbaar op dit punt wel een preventieve werking gehad ten aanzien van de dochter. Transgenerationele herhaling werd voorkomen, zelfs in die zin dat er voor een traumatische en frustrerende relatie een liefdevolle en groeibevorderende verhouding in de plaats kon komen. In dit geval bleek duidelijk dat niet alleen de moeder invloed uitoefent op de dochter, maar dat ook het omgekeerde geldt. De kans dat de dochter een gunstige invloed uitoefent op de ontwikkeling van de moeder wordt aanmerkelijk vergroot door een (voorafgaande) psychoanalytische behandeling van de moeder.

Een tweede positief punt vormt Martha's beleving dat ze met de middenjaren in een totaal nieuwe levensperiode is beland, met heel andere en nog ongekende mogelijkheden. Martha vond een nieuwe en passender partner en had voor het eerst in haar leven een weinig ambivalente, onverdeeld positief beleefde relatie met een man. Haar behandeling sorteerde alsnog effect op haar ervaringen, aanpassingen en ontwikkelingen in latere levensperioden, denk ik.

De komst van Martha's nieuwe partner volgt spoedig na het uit huis gaan van de dochter. De man lijkt haar plaats in te nemen en dus in feite een erfgenaam te zijn van de goede moeder-dochterrelatie. De slechte relatie met de moeder en met de vorige partner wordt niet herhaald met (of beter: verhaald op) dit nieuwe liefdesobject. De 'herhalingsdwang' was ten tijde van haar analyse gedeeltelijk wel en gedeeltelijk niet opgelost.

Dit laatste aspect heeft er onder meer toe geleid dat haar onbevredigende huwelijk uiteindelijk is misgelopen.

Ten derde kan het positief en groeibevorderend worden genoemd dat Martha heel duidelijk een rouwperiode heeft doorgemaakt over wat er in haar leven verloren ging of wat door haar nooit zou worden bereikt. Langzaam herwon ze in dit proces haar gevoel van eigenwaarde en ging ze weer van zichzelf houden, waardoor ze eens te meer zin kreeg in de liefde. Ze begon opnieuw 'om zich heen te kijken', met het genoemde resultaat. Na verloop van tijd kreeg ze, mede door de relatie met haar nieuwe partner, met de zekerheid geliefd en gewaardeerd te worden ook haar zelfbewustheid weer terug: haar narcistisch evenwicht herstelde zich. Daardoor kon ze zich ook meer baas over haar eigen lichaam gaan voelen en voor het eerst een zowel boeiende en bloeiende als tedere seksuele relatie aangaan. Ook wat dat betreft is ze niet meer de passieve vrouw van vroeger, toen de man eerst verliefd op haar moest worden en in alles het initiatief moest nemen. Dit is volgens Martha nu radicaal veranderd.

Het geeft enerzijds meer angst en onzekerheid dan voorheen om zich in deze levensfase in een nieuw relationeel avontuur te storten. Over dit specifieke onderwerp is in de literatuur nog weinig te vinden. Er zijn mijns inziens ook positieve veranderingen verbonden aan het inzicht omtrent de eindigheid van het leven en het besef een geboden kans goed te moeten benutten. Met het klimmen der jaren wordt het idealiseren dat bij de verliefdheid hoort, wel moeilijker, maar geenszins onmogelijk. Dit toont andermaal aan dat bij verliefdheid niet de zogenaamde objectieve aantrekkingskracht van het object aan het werk is. Het is de fantasie-arbeid die de verbeelding aan de macht helpt, zoals Sigmund Freud en Marcel Proust aan het begin van deze eeuw ongeveer gelijktijdig constateerden.[15]

In de vierde plaats bleek Martha in staat lang na haar analyse alsnog ten volle gebruik te maken van wat ze daar had 'geleerd', en dat met een 'vers' liefdesobject in praktijk te brengen. Volgens Pearl King is de middenfase van het leven een soort omgekeerde puberteit: teneinde deze periode goed door te kunnen komen is een doorwerken van kindertijd, puberteit en adolescentie vereist.[16] Dat is blijkbaar in Martha's analyse gebeurd.

Intermezzo 2
Therapie vroeger en nu

Martha's psychoanalytische behandeling in de adolescentie vond plaats in een tijd dat psychoanalytici, zeker in Nederland, helaas nog niet erg waren geschoold in het hanteren en bewerken van de finesses van overdracht en tegenoverdracht. Ook was men niet opgeleid in het microscopisch bekijken van moeder-dochterconflicten en het exploreren van de destructieve fantasieën die daar omheen kunnen spelen. Alle pathologie werd nog gezien in termen van een oedipale relatie en van de gefrustreerde verliefdheid van het meisje op de vader.

Bovendien werd en wordt vaak naar het verleden verwezen bij al datgene wat juist ook speelt in het heden, in het hier en nu van de analytische overdrachtssituatie. Dat leidde vaak tot een meer intellectualiserende en rationaliserende, in het algemeen een meer verklarende en zelfs pedagogische benadering dan tot een aanpak die voor alles gericht is op emotionele interactie. De onbewuste fantasiewereld, die immers een geheel individuele ondergrondse mythologie vormt, kwam daardoor vaak nauwelijks of in ieder geval onvoldoende aan bod.

Destijds was ook 'reconstructie' nog het toverwoord, dat wil zeggen dat de infantiele situatie van de kinderjaren in de analyse diende te worden gereconstrueerd. Dit werkte een zekere preoccupatie in de hand met wat er werkelijk zou kunnen zijn gebeurd, met de vraag hoe traumatisch de ouders het kind zouden kunnen hebben bejegend. Dit terugverwijzen naar de veronderstelde 'realiteit van het verleden' kon gemakkelijk ten koste gaan van het bewerken van de interactie in de overdracht. Het is heel comfortabel om allerlei uitingen die betrekking hebben op de overdrachtsrelatie over het hoofd te zien. De verhulde gevoelens en fantasieën van de analysant ten opzichte van de analyticus blijven vaak onopgemerkt, of er worden met opzet geen slapende honden wakker gemaakt om boosheid te omzeilen. Het is voor beide partijen natuurlijk gemakkelijker als alles zich zogenaamd in het verleden afspeelt, buitenskamers in plaats van in het heden van de actuele overdrachtsrelatie.

Zeker het behandelen van negatieve overdracht, van agressieve strevingen en haatgevoelens van de analysant jegens de analyticus ging ook ik destijds maar liever uit de weg. Argument hierbij was dat aanpak daarvan de therapeutische relatie zou schaden of de patiënt te veel angst zou bezorgen. Uit de 'Brief aan mijn analyticus' zagen we al dat het tegendeel het geval is. Als de door de overdracht (noodzakelijkerwijs) ontstane angst en boosheid onbesproken blijven, blokkeert dit iedere verandering. Het is niet genoeg als de ouders als boosdoenders op het analytische toneel verschijnen.

Een follow-up-onderzoek als hier beschreven helpt om te kunnen constateren dat noch de psychoanalyse als wetenschap, noch de analyticus als individuele behandelaar stil is blijven staan in vergelijking met dertig jaar geleden.

Nabeschouwing over Martha

Rest de vraag welke factoren bij Martha en vrouwen als zij een progressieve ontwikkeling in de middenjaren mogelijk maken. Waardoor kwam er in de middenjaren alsnog persoonlijke groei op gang, waardoor konden stagnatie en regressie vermeden worden?

Belangrijk was haar introspectief vermogen, haar nieuwsgierigheid om te blijven zoeken naar nieuwe ervaringen en toepassingen daarvan en – last but not least – haar gelukkig niet in de erotiek verankerde masochisme. Het vermogen om de eigen gevoelens te doorgronden en die te gebruiken om de eigen motieven te begrijpen is een vorm van zelfanalyse die vaak het blijvend gunstige gevolg is van een goed verlopen behandeling. Verder was Martha goed in staat haar 'depressieve positie'[17] te beleven en door te werken. Dit houdt in dat iemand het kinderidee dat hij het centrum van de wereld is los kan laten en kan aanvaarden dat hij twee ouders heeft die reeds elkaar hadden voordat hij eraan te pas kwam. Iemand kan pas volwassen worden als dat gelukt is. Dat wil zeggen dat de betrokkene in staat is zijn positie in de driehoek tussen ouders en kind, als derde, te erkennen en te verdragen. Martha was bovendien al heel jong goed gemotiveerd voor een behandeling, ze wilde zelf graag haar leven veranderen. Ten slotte spelen natuurlijk de factoren talent en levensloop, hoe onvoorspelbaar ook, een belangrijke rol.

Tot slot

In dit hoofdstuk werd de emotionele ontwikkeling van een vrouw in de middenjaren beschreven, vervolgens afgezet tegen nieuwe gezichtspunten in de hedendaagse psychoanalytische theorievorming en daarbij tevens in verband gebracht met de psychoanalytische behandeling van deze vrouw in haar jeugdjaren.

Het hierboven geschetste proces suggereert de mogelijkheid dat door een analyse niet alleen wordt voorkomen dat er een herhaling van de moeder-dochterproblemen optreedt, maar dat er bovendien achteraf, 'nachträglich' zoals Freud het noemt, nog ruimte kan ontstaan voor een positieve herbeleving van het dochter zijn. Er blijkt een intrapsychische reparatie van de moeder mogelijk via de volgende generatie, evenwel zonder (de noodzaak om) te parasiteren op de dochter die deze nieuwe identificatie mogelijk maakt.

Daarnaast werden de psychische evolutie, de emotionele rijping en de nieuwe vormen van creativiteit, zoals in de literatuur over de middenjaren meermalen beschreven, aan een concreet geval geïllustreerd.

Of voor een vrouw in de middenjaren haar 'anatomy' ook haar 'destiny' is, hangt af van haar creatieve vermogens om haar leven inhoud en richting te geven. Voor de vrouw tikt de tijdklok harder dan voor de man. De middenjaren brengen een vermindering van biologische mogelijkheden, een fysieke neergang en een mogelijke psychische terugval. Het wegvallen van allerlei fysieke en emotionele verplichtingen kan echter ook een opluchting zijn en ruimte voor nieuwe dingen verschaffen, zoals de echtgenote van Freud, Martha, eenmaal verzuchtte: 'op deze leeftijd wordt het allemaal wat minder moeilijk voor een vrouw'.[18]

Competentie, kennis van zaken, ervaring en effectiviteit behoren bij de middelbare leeftijd. Het vinden van een nieuwe balans op allerlei levensgebieden is een ontwikkeling die past bij het ouder worden. De mogelijkheden tot leiderschap, overzicht en overwicht worden groter. De middenjaren zijn ook een periode waarin verdrongen aspecten en onaangeboorde capaciteiten van de persoonlijkheid alsnog een kans krijgen om zich te laten gelden.

Al deze dingen plegen bij vrouwen later te gebeuren dan bij mannen het geval is. In de puberteit zijn meisjes weliswaar eerder geslachtsrijp dan jongens, maar de volkomen erotische rijping vindt bij vrouwen meestal later plaats dan bij mannen. De tijdklokken van de beide geslachten lopen niet gelijk. Wel lijkt de harmonie tussen de geslachten op latere leeftijd te kunnen toenemen, niet alleen doordat mannen gevoeliger plegen te worden, maar ook doordat vrouwen zichzelf meer expansie durven toestaan. Beide geslachten tenderen tot meer reflectie en introspectie. Ze kennen hun onderlinge relaties een belangrijker rol toe (Erikson 1980), niet in de laatste plaats omdat de kinderen de romantiek en de erotiek niet langer in de weg staan.

Het heeft er alles van weg dat de middenjaren een nieuw gebied van onderzoek gaan vormen voor de psychoanalyse, zoals eerder de adolescentie volledige erkenning vond en de 'infant research', geholpen door video en computer, aan een ongekende bloeiperiode begon. De ontwikkelingstheorie wordt langzamerhand uitgebreid van het allereerste begin tot aan het einde van het leven.

9
Historie of hysterie

Dit hoofdstuk gaat in op de geschiedenis en de achtergronden van de theorie over de vrouwelijke ontwikkeling. Ruim honderd jaar geleden, in 1895, verscheen *Studien über Hysterie* van Josef Breuer en Sigmund Freud, waarmee het begin van een nieuwe eeuw in de psychiatrie werd ingeluid.[1] Dit boek is geheel gebaseerd op de ervaring met vrouwelijke patiënten en mag hier, hoewel de moeder-dochterrelatie er nog niet in voorkomt, niet ontbreken. Het ziektebeeld hysterie – het model van de psychoanalyse en het prototype van de neurose – lijkt inmiddels zo goed als verdwenen en is als diagnose uit de diagnostische handboeken geschrapt.[2] Toch rijst steeds opnieuw de vraag of hysterie nu wel of niet bestaat. Een historisch overzicht van de ontwikkelingen in de afgelopen honderd jaar kan helpen het nut van het hysteriebegrip af te wegen.

Historie

Pas tegen het eind van de achttiende eeuw werden hysterie en hypochondrie niet alleen verbonden met het zenuwstelsel in plaats van met de uterus, maar ook als stoornissen van de geest gezien.[3] Deze ontwikkeling maakte de weg vrij voor de wetenschappelijke studie van de hysterie, waar de Parijse psychiater Charcot zich voor het eerst op grote schaal mee bezighield. De *Studien* braken met de traditie van de neurologie en trachtten een psychologische verklaring voor hysterie te geven. Freud vond het overigens ook toen al een moeilijk af te grenzen diagnose: ‘het is geen onafhankelijke klinische entiteit’, schrijft hij.[4]

Inmiddels is de hysterie opgesplitst en onderscheiden we ‘hysterische’, ‘borderline’ en ‘narcistische’ persoonlijkheidsstoornissen.[5] Men is thans, evenals Freud honderd jaar geleden, van oordeel dat hysterische kenmerken bij verschillende beelden kunnen optreden. Tevens is de structuur van een hysterische persoonlijkheid, de cognitieve stijl, de dynamische, economische en adaptieve kenmerken, nauwer omschreven.[6]

Charcot, Freuds leermeester op hysteriegebied, hield wel enige rekening met psychologische factoren, maar was toch voor alles somaticus.[7] Freud vertoont, ondanks zijn polemische toon jegens hem, eigenlijk meer verwantschap met Janet.[8] Hoewel Freud zich nog moest losmaken van zijn voorgangers en leermeesters, kan *Studien über Hysterie* gezien worden als het beginpunt van de psychoanalyse. In 1896 zal Freud het nieuwe vakgebied voor het eerst met name noemen.[9]

De voornaamste conclusie van de *Studien* is dat belevenissen die emotioneel onvoldoende afgereageerd zijn, werkzaam blijven in een afgesplitst deel van de psyche. ‘Der Hysterische leide größtentheils an Reminiscenzen.’ Let wel, reminiscenties en niet herinneringen. Een psychisch trauma waarvan de gevoelslading was ‘ingeklemd’ lag aan de stoornis ten grondslag. Maar waarom bleef een belevenis als herinneringsspoor werkzaam in het onbewuste? Om dit verschijnsel te verklaren gebruikte Breuer de term ‘hypnoïde’. Daarmee duidde hij een dissociatieve toestand aan, waarin symptomen zowel zouden ontstaan als, via hypnose, opgeheven konden worden. Het trauma was psychisch en bestond uit onaangename herinneringen en verwerpelijke gedachten die verdrongen waren.

Het denken over hysterie had tot gevolg dat Freud een theorie begon te formuleren over het onbewuste. Daarin bestaat misschien wel de belangrijkste filosofische revolutie die de *Studien* hebben bewerkstelligd. Het cartesiaanse dualisme tussen lichaam en geest werd vervangen door een spinozistische eenheid, bestaande uit twee soorten (on)bewustzijn. Dissociatie en splijting – toen nog een 'Willensakt' – werd later pas verdringing.

Het onbewuste was als concept niet onbekend in Freuds tijd, al had het een wat andere betekenis. Het krachtenveld in de psyche had al eerder – bij Janet – gediend om te verklaren hoe onwelkome gedachten, zoals seksuele fantasieën, buiten het bewustzijn werden gehouden.[10] Het dynamische onbewuste was echter even nieuw als het voor het eerst door Freud geopperde idee om de relatie tussen patiënt en therapeut in de behandeling te betrekken.

Het onbewuste werd door Breuer en Freud bestempeld als 'afgesplitst', 'gedissocieerd' van het bewustzijn (nog niet als verdrongen). Het ging dus meer om ongewenste of verboden dan volledig onbewuste gedachten en voorstellingen. De term splitsing of splijting voor een verschijnsel dat tot dissociatieve stoornissen leidde, een term die vandaag opnieuw in zwang is, was oorspronkelijk afkomstig van Janet. De splijting van het Ik werd in Nederland door Le Coultre voor het eerst als 'centraal neuroseverschijnsel' bestempeld.[11] Bij de kleinianen heeft splitsing echter altijd centraal gestaan. Dit begrip wordt door Kernberg overgenomen en gebruikt om wat hij noemt de 'hysterische persoonlijkheid' te verklaren. Opvallend is hoe goed de zienswijze uit de *Studien* zowel bij de moderne cognitieve psychologie als bij de hedendaagse psychoanalyse aansluit.

Op het therapeutische vlak vond eveneens een revolutie plaats. Zowel Freud als Breuer luisterde dagelijks urenlang naar de gedetailleerde klachten van zieken. Dat waren in die dagen vooral vrouwen die, getuige onder meer de toneelwerken van Schnitzler en Ibsen, door hun mannelijke tijdgenoten meer als onmondige kinderen dan als volwassenen werden beschouwd.[12] Al luisterend verlieten de onderzoekers het gebied van de neuropsychiatrie om te zoeken naar psychologische wetmatigheden die de vaak bizarre symptomen konden verklaren. Onveranderbare en onbewijsbare 'feiten' als erfelijkheid, degeneratie en constitutie werden zoveel mogelijk teruggedrongen ten gunste van meer psychologische verklaringen.

Breuer en Freud gebruikten aanvankelijk de 'katharsis' om hysterische symptomen, meestal conversies – emoties die niet in fantasieën, maar in lichaamstaal en allerlei ziekteverschijnselen geuit worden –, tot verdwijnen te brengen. De psychoseksuele ontwikkeling, die later tot alles verklarend sjibbolet werd, stond als ontstaansbron van de hysterie in die tijd nog niet vast. De twee pioniers onderzochten iedere klacht tot in het kleinste detail om verbanden te kunnen leggen met traumatische belevenissen als mogelijke oorzaak. Dit was niet alleen een tijdrovende, maar ook verre van bevredigende onderneming. Het was een methode die Breuer ontwikkeld had met zijn briljante patiënte Bertha Pappenheim, alias Anna O., de latere feministe en sociale vernieuwer. Zij bedacht aldus haar eigen 'talking cure' en 'private theatre', die ze 'chimney sweeping' noemde.[13]

Het door Breuer vers bedachte begrip hypnoïde werd in Freuds bijdrage aan de *Studien* alweer verlaten, want hij geloofde er niet in. De twee heren waren het lang niet altijd eens en gingen later dan ook met ruzie uit elkaar. In het laatste hoofdstuk van de *Studien*, geschreven door Freud en handelend over psychotherapie, concludeert hij vinnig dat dit begrip niets verklaart. De klachten hebben volgens hem bij nader inzien allemaal als achterliggende oorzaak de seksualiteit.[14] Freud verloor eveneens zijn vertrouwen in de genezingskracht van de katharsis. Hij noemt het nu symptoombestrijding die alleen maar helpt waar spontane genezing ook was opgetreden. Breuer verrichtte Sisyfusarbeid met Anna O., constateert Freud met nauw verholen hoon.

Na het verlaten van technieken als hypnose, 'Kopfdruck' en massage liet Freud zich meer leiden door de vrije invallen van zijn patiënten. Hij werd gefascineerd door verschijnselen die hij afweer (van de aanstootgevende fantasie, de driftmatige impuls) en weerstand (verzet tegen het streven van de therapeut) noemde. De problemen rond de 'Gegenwille' en de 'Übertragung', inclusief de later pas met name te noemen 'Übertragungsliebe', de beroemde en beruchte overdrachtsverliefdheid, werden in de *Studien* voor de allereerste keer aan de orde gesteld. Dat de psychoanalyse inderdaad niet kon slagen zonder de wederzijdse therapeutische relatie, de 'overdracht', nader uit te werken, zou Freud later bij Dora nog pijnlijk genoeg ervaren,[15] alsook in de treurige affaire rond Sabina Spielrein en Jung.[16] In ieder geval had de hysterie geleid tot de psychoanalyse en de 'vrije associatie', een methode waarbij overdracht wordt uitgelokt, niet om de gevoelens te bevredigen, maar om deze ten behoeve van meer inzicht te kunnen onderzoeken.

Het nieuwe psychologische inzicht van de *Studien* werd rond de toenmalige eeuwwende niet alleen redelijk tot goed ontvangen, veel in Freuds hoofdstuk over de psychotherapie der hysterie, zoals de analyse van de overdracht, is nog altijd geldig.

Het begrip trauma

Het trauma kon in de tijd van de *Studien* nog van geheel verschillende aard zijn: het langdurig verplegen van een zieke vader, het verdriet om een ongelukkige liefde, het getuige zijn van een erotische scène. Hoewel eind negentiende eeuw de betekenis van seksuele gevoelens door de psychiatrie ruimschoots erkend werd, nam dit onderwerp nog geen prominente plaats in, ook niet in de *Studien*. Breuer was namelijk minder enthousiast over een seksuele verklaring van de neurose dan Freud. Het verschil van mening tussen de beide auteurs over dit onderwerp is in de *Studien* dan ook al voelbaar. Vermoedelijk heeft Breuer Freud in dit opzicht afgeremd, want zowel vóór de *Studien* als direct na hun breuk kwam bij Freud de seksualiteit als verklaring centraal te staan, al heeft hij nooit helemaal duidelijk kunnen maken wat daar nu zo ziekmakend aan zou zijn. Zelf zegt hij daarover: 'Toen ik de tweede patiënt begon te analyseren, mevrouw Emmy v. N., geloofde ik nog helemaal niet aan de seksuele aetiologie. Ik had recent de school van Charcot verlaten en achtte de verbinding van de hysterie met het thema seksualiteit een soort smaad – precies zoals de patiënten zelf plegen te doen.'[17]

Het psychisch trauma behoeft een nadere toelichting, omdat dit begrip aanleiding tot misverstanden omtrent de rol van binnen- en buitenwereld heeft gegeven. Het psychisch evenwicht wordt meestal niet zozeer verstoord door de objectieve gebeurtenis als wel door de betekenis die het individu daaraan geeft. Freud stelde voor 1895 al vast dat het steeds gaat om een voorstelling, al of niet gekoppeld aan een daadwerkelijk beleefd trauma. Zodoende wordt begrijpelijk dat een verboden wens eveneens als trauma kan werken. Ten tweede gaat het meestal helemaal niet om één losstaande gebeurtenis, maar om een serie trauma's, een aanhoudende schadelijke situatie en de daarmee verbonden angsten en fantasieën. Freud trachtte via zijn behandeling deze keten van fantasieën en gebeurtenissen terug te voeren tot de door het Ik en opper-Ik of boven-Ik (respectievelijk ego en superego) verboden en daarom traumatische seksualiteit.

Voordat Freud de pas later door Kris[18] zo genoemde 'verleidingstheorie' verwierp, had hij er overigens verschillende elkaar opvolgende traumatheorieën op nagehouden.[19] Gedurende enkele jaren hield Freud zich enthousiast bezig met het begrip trauma in de betekenis van seksuele verleiding. Hij vroeg zich af of misbruik van het kind, al of niet door een ouder, meestal de vader, de oorzaak van alle neuroses zou kunnen zijn. Hij was steeds al op zoek geweest naar één enkele oplossing van het raadsel van de sfinx, waardoor hij in een klap beroemd en rijk zou worden, een in die tijd niet ongebruikelijk en evenmin onmogelijk streven.

Omstreeks 1897, na de dood van zijn vader en een toenemende depressie, volgde Freuds zelfanalyse. De 'psychische realiteit', de eigen beleving van de onderzoeker en de subjectieve elementen in zijn theorie en praktijk die daar het gevolg van waren, drongen zich meer en meer aan hem op. Het verlaten van de verleidingstheorie geschiedde, in tegenstelling tot wat door modieuze Freudhaters beweerd wordt,[20] niet plotseling en werd niet door gewin of eigenbelang ingegeven. Het was een zowel geleidelijk als pijnlijk proces.[21]

Freud ontdekte de factor 'verleiding' in zijn eigen behandelingen en merkte hoe hij zich aangetrokken voelde tot zijn dochter Mathilde.[22] De schuld op de vader als de verleider werpen was niet de oplossing van het raadsel, omdat de patiënt meestal niet alleen maar passief slachtoffer is, maar ook een medespeler in zijn wordingsgeschiedenis. De fantasieën, wensen, angsten en verlangens die het kind ten opzichte van zijn ouders koestert, werden vervolgens belangrijker in de psychoanalytische behandeling. Temeer omdat alles wat passief ondergaan werd of nog wordt, moeilijk vanuit de spreekkamer beïnvloedbaar is. Alleen de eigen houding van de analysant kan veranderen, en daarmee de invloed die de omgeving op hem heeft.

Dat invloeden van buitenaf voor Freud van belang bleven, kunnen we zien aan de verleidingstrauma's die hij aan Dora toeschreef. Dora was een in haar milieu bekneld geraakte weerbarstige adolescente, die van 'vader' Freud helaas weinig medeleven mocht ontvangen. Overigens is de theorie rond het Oedipuscomplex van het meisje hier bij nader inzien minder centraal en ook minder gefundeerd dan altijd werd en wordt aangenomen. In het geval van Dora blijft de oorzaak van haar klachten en haar lijden – aanvallen van benauwdheid, een nerveuze kuch en grote afkeer, zelfs walging van alles wat met seksualiteit te maken heeft – onduidelijk. Gaat het om een masturbatieconflict, om de als traumatisch beleefde verleiding door Herr K. of om seksuele verlangens jegens Herr K. en oorspronkelijk, als klein meisje, jegens de vader? Latere gevalsbeschrijvingen van Freud omtrent het vrouwelijke Oedipuscomplex zijn niet voorhanden, wat doet vermoeden dat hij zelf aan de geldigheid ervan twijfelde, althans wat de vrouw betreft.

Toen Freud meende gevonden te hebben wat hij zocht, namelijk het centrale belang van de seksualiteit, wilde hij zijn hypothese graag bevestigd zien. Mede daardoor had hij minder geduld om onbevooroordeeld naar de patiënt te luisteren dan in de tijd dat hij nog met Breuer samenwerkte. Freuds methode werd – door de toenemende nadruk op de seksualiteit en ondanks het verlaten van de hypnose – suggestiever en dwingender. Hij kon zijn boosheid over Dora's neiging om hem machteloos te maken – die hij als haar hysterische geldingsdrift zag – nauwelijks bedwingen. De behandeling werd ten slotte door Dora voortijdig afgebroken. Desondanks vormt Freuds beschrijving van de overdracht en de wederzijdse verleiding in de interactie met dit ongrijpbare en onbegrepen meisje een schitterende weergave van alle elementen die een rol spelen in het nog steeds mysterieuze hysteriebegrip. Het verhaal leest nog steeds als een spannende roman.

De fantasieën rond de ouder van het andere geslacht in Freuds 'zelfanalyse' hadden tot de ontdekking van het mannelijke Oedipuscomplex geleid. Ten tijde van Dora trachtte Freud deze theorie uit te werken voor het meisje. De opgave om de ontwikkeling van de vrouw in harmonie te brengen met het door hem tot algemeen geldig verklaarde Oedipuscomplex van het jongetje bleef Freud achtervolgen.[23] Pas aan het eind van zijn leven ontdekte Freud het belang van de moeder als centrale figuur in het leven van het meisje. De blinde vlek van Freud voor de rol van moeders, allereerst van zijn eigen moeder, een zeer dominante aanwezigheid in zijn leven, speelde hem hierbij parten. Dit bemoeilijkte voor lange tijd het inzicht in de ontwikkeling van het meisje en, hier minder van belang, in het ontstaan van perversies bij jongens, waarin de moeder eveneens een centrale rol pleegt te spelen.[24]

Hysterie na de Studien

Rond 1900 was Freuds belangstelling voor de hysterie reeds duidelijk verminderd. Misschien raakte hij een beetje uitgekeken op zijn lastige vrouwelijke patiënten. Hoe dit ook zij, Freud publiceerde er, behalve over de fobie van de Kleine Hans, nog slechts enige korte artikelen en verspreide opmerkingen over. Tot een samenhangende theorie over hysterie die het exposé uit de *Studien* kon vervangen, kwam het nooit meer.[25] Dit werk bleef het fundament voor het begrijpen van hysterisch psychisch functioneren, zowel in Freuds zelfanalyse als in die van zijn patiënten.

Freuds zoektocht naar de bron van de hysterie leidde hem tot de psychoanalyse en de ontdekking van de wetten van het onbewuste denken. De oorsprong van de symptoomvorming, de opbouw van de droom, de 'Fehlleistung' ofwel de vergissing en niet te vergeten de grap en de bronnen van de humor werden hierdoor beter te begrijpen. Het formuleren van verschijnselen als verdringing, overdracht en afweer had Freud eveneens aan zijn hysteriepatiënten te danken.

Revoluties kunnen te ver doorschieten, waarna meestal restauratie volgt. Zo ging het ook met Freuds ideeën over de alles bepalende seksualiteit en het Oedipuscomplex, die hij na de studies over hysterie ontwikkelde. Het generaliseren vanuit één idee zoals Freud deed, was in de negentiende eeuw gebruikelijk, maar is inmiddels achterhaald. Des te opmerkelijker is het dat veel ideeën van de vroege Freud weer terug zijn, omdat ze soms beter bruikbaar bleken dan de meer generaliserende latere theorie. Zo noemt Grotstein[26] (1992) de vervanging van de horizontale splitsing (naast elkaar bestaande bewustzijnstoestanden) door de verticale (id, ego, superego) een 'fatal rotation', waarmee Freud de alter ego's, zijn eigen ontdekking van splitsing in het bewustzijn, ongedaan maakte.

Fairbairn, een van de belangrijkste vertegenwoordigers van de Britse objectrelatietheorie, betreurde het eveneens dat Freuds latere driftmodel de ego-splijting en de dissociatie verving.[27] De geïnternaliseerde objectrelaties, de ouderfiguren die, soms als stoorzenders, in ons voortleven, werden hierdoor verwaarloosd. Freuds latere theorie van de erogene zones, die de libido in fasen indeelde, vond hij evenmin een vooruitgang. Bij conversie met betrekking tot lichaamszones leek hem het hysteriebegrip beter op zijn plaats dan de taal der driftfasen. Anale symptomatologie, zoals constipatie, kan bijvoorbeeld beter worden opgevat als hysterische conversie, als uiting van een onbevredigend verlopen objectrelatie, dan als anale-faseproblematiek. De anus als 'erogene zone' verklaart niet genoeg, omdat de betrekkingen met de verzorgers er niet bij genoemd worden. De vroege Freud had volgens Fairbairn vaker gelijk dan de latere.

Hysterische klachten worden tegenwoordig niet meer los

gezien van de interactie met de ouders, zoals verleiding in de zin van prematuur gewekte verlangens, die meer te maken hebben met de behoefte van de volwassene dan die van het kind. De rol van de moeder, door Freud niet in verband gebracht met de hysterie, is inmiddels verder uitgediept. Freud noemde de verleiding van het kind door de moeder pas tegen het eind van zijn leven, en wel in verband met de moeder-dochterrelatie en de vrouwelijke seksualiteit.

Menig snel op de achtergrond geraakt begrip uit de begintijd van de haastig tot ontwikkeling gekomen psychoanalyse – zoals hypnose, trauma, verleiding – staat opnieuw volop in de aandacht. Het posttraumatisch stresssyndroom is nu een veelgehoorde diagnose. Er is eveneens hernieuwde belangstelling voor kindermishandeling, seksueel misbruik en incest. De hypnotherapie is een moderne versie van de aloude werkwijze van Breuer en Freud. De katharsis werd gebruikt door Janov en tot primal scream-therapie omgevormd. Het begrip splijting of splitsing van het bewustzijn heeft thans algemeen ingang gevonden in de pychoanalyse en de psychiatrie. De dissociatieve stoornis, een oude diagnose uit de *Studien*, is thans populair als MPD of meervoudige persoonlijkheidsstoornis, compleet met de hypnoïde toestand. Hierbij wordt de term dissociatie gehanteerd, een rigoureuzere vorm van verdringing, als afweerreactie op ernstige trauma's.[28]

Bestaat hysterie? is een vraag die steeds opnieuw gesteld wordt. Toch is de angsthysterie, een door Stekel[29] geïntroduceerde term, nog steeds de meest voorkomende neurose. Bij kinderen is het zelfs een normale, zij het voorbijgaande toestand. De hysterie is en blijft het prototype en de eerste vorm van de neurose, omdat de lichaamstaal de eerste taal is. Afgezien van de inmiddels verouderde encyclopedie van Fenichel,[30] die angsthysterie, fobie en conversie onderscheidt, en de karakteranalyse van Wilhelm Reich[31] kent de psychoanalytische literatuur na Freud nog maar enkele fundamentele beschouwingen over hysterie. Rangell stelde vast dat conversie en hysterie los van elkaar kunnen voorkomen en dat de twee dus zeker niet synoniem zijn.[32] Wisdom integreert een aantal van Melanie Kleins ideeën, die helpen om het ontstaan van de (conversie)hysterie te verduidelijken.[33]

De hysterie is ondertussen geenszins uit de kliniek verdwenen. Vooral verbaal minder ontwikkelde mensen neigen nog steeds sterk tot het lichamelijk uiten van emotionele klachten. De spreekkamers van artsen zitten nog steeds vol patiënten met conversieverschijnselen. Spreekuren van psychiaters worden bezocht door mensen met alle mogelijke hysterisch gekleurde klachten. Psychiatrische klinieken worden onder meer bevolkt door kinderen, adolescenten en volwassenen met hysterische psychoses.

De beschrijving van wat de hysterie inhoudt en de verklaring ervan volgt overigens de psychoanalytische theorie op de voet en verandert ook met haar. Het ontstaan van de hysterie wordt nu meer naar de vroegste kindertijd verplaatst, het wordt meer als pre-oediaal en vooral pregenitaal gezien dan als oedipaal. De zogenaamd goed behandelbare hysterie uit de vroege psychoanalyse wordt inmiddels vaker als een moeilijk te genezen archaïsche stoornis bestempeld.[34] Het erotiserende verleidende gedrag (van vooral vrouwen) blijkt pseudo-oedipaal te zijn. Het wijst op al vroeg begonnen problemen die een zwak gevoel van eigenwaarde tot gevolg hebben gehad. De erotische verleiding moet dan ook vooral dienen om die onzekerheid op te heffen en te maken dat de ander alsnog van de onzekere persoon zal gaan houden. Met erotiek heeft dit weinig te maken en de suggestie dekt de lading niet.

Van de Engelse psychoanalyticus Eric Brenman is het gevleugelde woord: 'Alhoewel ik niet weet wat het woord hystericus betekent, weet ik wel wanneer ik er eentje tegenkom.'[35] Hij vertelt vervolgens over een man die hem manipuleert, machteloos maakt en in een schijnwerkelijkheid wil doen geloven. Dat hysterie ook bij mannen voorkomt, was overigens in de vorige eeuw al algemeen bekend. De Don Juan wordt meestal als voorbeeld gegeven.

Nog steeds weet niemand exact te vertellen wat de hysterie als ziekte inhoudt, en in de DSM-IV ontbreekt deze diagnose, of liever is ze vervangen door de 'dissociatieve' (conversie) of 'histrionische' persoonlijkheidsstoornis. De nieuwste historische studie over het onderwerp noemt het een 'state of mind'.[36]

Terug naar de verleidingstheorie?

Het voornaamste probleem waar Freud mee worstelde, is nog steeds onopgelost. Met name hoe vast te stellen wanneer het – bij een tijdens de behandeling gereconstrueerde herinnering – om fantasie of werkelijkheid gaat. Een levensverhaal is immers noch het een noch het ander. Reconstructie als tussenstap is bij vrijwel iedere herinnering onontkoombaar. De dialectiek tussen fantasie en realiteit is juist het kenmerk van de mens en zijn verhaal.[37]

Lange tijd heeft de psychoanalyse te weinig oor gehad voor het psychotrauma, of het nu ontstond door maatschappelijke terreur of door privé-geweld. De klachten van overlevenden die door vervolging waren getroffen en met uitroeiing bedreigd, werden al te lang als gevolgen van neurotische mechanismen uit de vroege jeugd opgevat.[38] Kindermishandeling, seksueel misbruik en incest werden vaak over het hoofd gezien.[39]

Thans zijn er excessen naar de andere kant te bespeuren: therapeuten die hun cliënten 'verdrongen' herinneringen aan seksueel misbruik aanpraten. Zij pakken de oude verleidingstheorie van Freud weer op, verklaren alle stoornissen uit seksuele trauma's en negeren zijn waarschuwing dat het vaak om fantasieën gaat.[40] Deze 'recovered memory'-therapeuten maken de vraag of het bij een trauma om een herinnering of een fantasie draait opnieuw actueel. Naar aanleiding van de suggestieve technieken die door hen worden toegepast en die veel schade kunnen aanrichten, is research verricht waaruit moet blijken dat verdringing niet bestaat.[41] Er is een vaak kwaadaardige discussie losgebrand rond het 'false memory'-syndroom, waarbij enerzijds de vroege Freud, die aan verdrongen trauma's geloofde, vaak wordt vereerd met voorbijzien aan zijn latere ontdekkingen en zijn vroege vergissingen. De latere Freud wordt anderzijds door de tegenstanders als boosdoener opgevoerd, omdat hij de verleidingstheorie nooit had mogen verlaten.[42]

Sommige critici van de psychoanalyse gebruiken de 'repressed memory'-therapeuten als levend bewijs dat Freud zijn patiënten een seksueel trauma zou hebben aangepraat. Anderen, te beginnen bij Miller[43] en Masson,[44] later gevolgd door Han Israëls,[45] beweren juist weer dat Freud de verleidingstheorie tegen beter weten in heeft verlaten.

Hysterie nu

Brenman noemt vier aspecten van de hysterie: het ontkennen van de realiteit, zowel de innerlijke als de uitwendige, de neiging om de ander van het eigen gelijk te overtuigen, identificatie met een fantasieobject en een bezitterige, maar steriele afhankelijkheid. De hysterie is gebaseerd op 'wishful thinking', schrijft hij. Manipulatie en pogingen om binnen te dringen in het denken en voelen van de ander dienen om die ander in een niet-bestaande werkelijkheid te doen geloven en zeer dramatische gebeurtenissen te suggereren. Er wordt een catastrofe gevreesd – waaraan door de inperkende angst, fobie of conversie het hoofd moet worden geboden – en tegelijkertijd wordt geloochend dat er ook maar iets aan de hand is. Met name de hypomane stemming dient om een depressie, die vaak achter de hysterie schuilgaat, af te weren. De heftigheid verbergt een gevoel van leegte, ontstaan door splitsing en verdringing (dissociatie) van ongewenste fantasieën.

Symptomen zoals hevige en aanhoudende overdrachtsverliefdheid hebben te maken met het repareren van een narcistisch tekort: 'Houd van mij' is de boodschap. Vooral de angst om onaantrekkelijk te zijn en seksueel niet te voldoen speelt een rol. Er worden verleidingspogingen ondernomen die niet tot het (on)gewenste doel leiden, omdat ze weinig tot niets met seksualiteit te maken hebben. Frigiditeit kan dienen om seksualiteit te ontkennen, hyperseksualiteit om seksuele problemen te loochenen en slachtofferschap om agressie te ontkennen. Insufficiëntiegevoelens bij zogenaamd erotiserende patiënten hebben, zoals gezegd, vaak te maken met een verleidende ouder, die verlangens had waaraan het kind onmogelijk kon voldoen.

Omtrent de genese, het ontstaan van de hysterische opstelling, is intussen het een en ander duidelijker geworden. Brenman bijvoorbeeld noemt de volgende kenmerken van de (hysterische) moeder-kindrelatie: de moeder is angstig en vreest catastrofes. Ze suggereert goede oplossingen te hebben die ze in werkelijkheid helemaal niet heeft en biedt op die manier geen realiteit en geen realistisch identificatieobject aan het kind. Ze stimuleert ontkenning van de psychische realiteit, van zijn innerlijke beleving van wat waar en onwaar is. Ze verschaft hem idealiserende, ophemelende, onechte liefde en onterechte inadequate sensuele bevrediging, waarmee ze hyperseksualiteit en afhankelijkheid stimuleert.

Tegenwoordig neemt men algemeen aan dat het bij hysterie meer gaat om het afweren van depressie, verlatingsangst en narcistische gevaren dan om (genitale) seksualiteit. Noch conversies, noch andere lichamelijke of niet-lichamelijke symptomen zijn een voorwaarde om van een hysterische reactie te spreken. Zo eenvoudig is het helaas niet. Wel staat het vermijden van angst centraal. De subtiele fobische mechanismen die daarvoor dienen springen niet altijd in het oog.

Het blijven steken in de kinderlijke almachtsfantasie van biseksualiteit, de wens om van beide geslachten te zijn, niet te hoeven kiezen om jongen of meisje, man of vrouw te worden wordt door bijna alle auteurs genoemd. Hetzelfde geldt voor de ontkenning van het geslachtsverschil, het verschil tussen de generaties (een zoon moet de verlangens van zijn moeder kunnen bevredigen, een dochter die van de vader) en tussen subject en object (het onderscheid tussen wat ik ben en heb en wat jij bent en hebt). Dit wordt gemakkelijk verwisseld en door elkaar gehaald als de grenzen tussen ik en niet ik vervloeien. Fixatie op fallisch niveau, de fantasie dat het bezit van een penis onmisbaar is om geluk en bevrediging van alle (narcistische gekleurde) wensen te verkrijgen en de daarbij horende verhevigde castratieangst spelen zowel bij mannen als bij vrouwen steeds een rol.

Het fantaseren heeft bij de hysterie slechts een symboolfunctie en dient niet als voorbereiding op werkelijke plannen. Het leidt tot plannen die halverwege hun doel blijven steken en niet naar bevrediging voeren. Het driftmatige leven wordt ingeperkt. Uit angst voor herhaling van trauma's wordt liever actief objectverlies gezocht (aantrekken en afstoten) dan een binding aan te gaan die weer kan afbreken. Bezitterigheid en intrusiviteit worden middels projectieve identificatie via de ander beleefd, 'niet ik maar hij wil zich met mij bemoeien, mijn leven binnendringen, een relatie met mij beginnen, mij verleiden'.

De hysterische overdracht is al even onecht en verleidend en lijkt vaak op drijfzand. De onoplosbare wrok en het onherstelbare tekort waar de therapeut mee te maken krijgt, kunnen sterke negatieve tegenoverdrachtsgevoelens oproepen. De onschuld, het infantiele, soms sadomasochistisch aandoende beschuldigende gedrag kan antipathie wekken.

De hysterische persoonlijkheid verbergt zijn verlangen naar bewonderende liefde achter de oppervlakkigheid van zijn relaties en identificeert zich met de gefascineerde toeschouwer van het drama dat hij opvoert. Een ander kenmerk is de cognitieve stijl, die zich uit in de waarneming, het denken en het bewustzijn. Verdringen, dissociëren en splitsen kunnen tot de cognitieve stijlen van de hysterische afweer gerekend worden. Freud maakte een globale tweedeling in typen mensen, hij onderscheidde het meer dwangmatige en het meer hysterische type. Deze indeling is nog steeds bruikbaar en geeft ook een onderscheid tussen de geslachten weer. De eersten, de dwangmatigen of dwangneurotici zijn namelijk vaker mannen, de tweeden, de tot hysterische trekken neigenden vaker vrouwen.

Het blijkt nu dat de cognitieve kenmerken van beide typen, althans bij de neurotische extremen, eveneens verschillend zijn. Dwangmatige mensen plegen heel precies waar te nemen, te onthouden en vervolgens te rapporteren, echter zonder het bijpassende gevoel te vertolken. Meer hysterische karaktertypen hebben de neiging te vergeten, alles zo vaag mogelijk te houden, gemakkelijk te mystificeren en soms zelfs te confabuleren. Zij nemen minder goed waar en er zitten vaker leemten in hun verhaal, dat bovendien overgoten is met gevoelens die overdreven en onecht kunnen aandoen.

Ten slotte een ander kenmerk, namelijk de identificatie als middel om met de ander om te gaan en de eigen leegte op te vullen en te overdekken. De hysterische persoonlijkheid identificeert zich gemakkelijk – maar ook oppervlakkig – met bestaande mensen, maar vaak ook met niet goed gelijkende fantasieobjecten, zoals filmsterren en sporthelden. Hij beleeft via zijn fantasie over anderen wat hij, vooral door verdringing, aan eigen innerlijk leven is kwijtgeraakt. Inlevingsvermogen in de ander als zodanig, als onderscheiden van het subject, ontbreekt juist vaak.

Projectieve identificatie, het beleven via de ander en zijn

kenmerken wat uit het eigen innerlijk geweerd wordt, dient om onzekerheid en insufficiëntiegevoelens te bestrijden. 'Hij is verliefd op mij, ik vind hem niet aantrekkelijk.' Vaak gaat het om pseudo-, snel reversibele en vluchtige projectieve identificaties. Iemand snel idealiseren en dan toch weer teleurgesteld raken om de volgende te bewonderen. Angsten probeert de hysterische persoonlijkheid soms kwijt te raken door ze in het object te projecteren en zich vervolgens op afstand daarmee te identificeren. Dit gebeurt bijvoorbeeld door de ander machteloos en onzeker te maken, waardoor deze gevoelens van subject naar object verhuizen. De chaos en wanhoop die de hysterische persoonlijkheid bij de tegenspeler teweeg kan brengen had Breuer ervaren met Anna O., die hem regeerde en om de tuin leidde met haar ziekte en haar hulpeloosheid.

We kennen allemaal het 'shoppen', van de ene therapeut of arts naar de andere lopen, een gedrag dat verschillende patiënten uit de *Studien* vertonen. De hulpverlener wordt eerst idealiserend tegemoet getreden, om vervolgens tegen te vallen, verguisd en ten slotte gedumpt te worden.

Hysterie en de vrouw

De mening dat biseksuele strevingen, met name verdrongen mannelijke, fallische fantasieën, maken dat de vrouw vaker hysterisch is dan de man, blijft in Freuds latere korte publicaties over hysterie onverminderd van kracht.[45] Waarom komt hysterie bij vrouwen vaker voor? Een vrouw is niet het ideale object van haar moeder en evenmin van haar vader. Daardoor kan ze twee keer een blauwtje lopen en moet ze twee keer proberen in het gevlij te komen. Ze leert daardoor al vroeg te behagen, zich aan te stellen, zich anders voor te doen dan ze zich eigenlijk voelt. Ze is vaker onzeker over haar lichaam, haar waarde als persoon en haar vermogen om de ander te boeien.

Ze zet haar erotische aantrekkingskracht in om alsnog te veroveren wat ze niet vanzelf heeft gekregen. Ze biedt zich aan als lustobject voor het plezier van de ander, om op die manier liefde te winnen en haar gevoel van eigenwaarde te schragen.

Natuurlijk deden al deze factoren zich veel sterker gelden in het achter ons liggende Victoriaanse tijdperk dan tegenwoordig het geval is. Er zullen echter altijd consequenties blijven kleven aan het man of vrouw zijn. Het als jongen of als meisje bij een moeder geboren worden, het geslacht, de ontwikkelingsgang van beide seksen is nu eemaal verschillend en niet elkaars spiegelbeeld. De speciale relatie van een vrouw met haar steeds wisselende lichaamstoestand en de specifieke kenmerken van de vrouwelijke seksualiteit zouden een mogelijke factor in het vaker voorkomen van hysterie bij de vrouw kunnen zijn. De genoemde cognitieve kenmerken van de hysterie, die overigens bij beide geslachten een rol spelen, zijn het vaag houden van de waarneming, het onduidelijk laten zijn van het verhaal.[46] De vrouwelijke seksualiteit wordt diffuser beleefd en is minder duidelijk te lokaliseren dan die van de man.

De man op zijn beurt kan zich moeilijk identificeren met de totale overgave waartoe de vrouw in staat is. Haar seksuele beleving is normaliter minder op het aanwijsbare seksuele orgaan dan op gevoelens van fusie en loslaten van controle ingesteld. Met name de innerlijke voorstellingen – de representatie, zo'n centraal begrip in de hysterie – zouden bij de vrouw met haar geheimzinnige binnenwaartse geslacht minder duidelijk omlijnd zijn. Zowel bij mannelijke als bij vrouwelijke hysterie gaat het onder meer om het ontbreken van een voorstelling (of om de ontkenning) van het vrouwelijk geslacht, een van de redenen waarom de seksualiteit sterk fallisch gekleurd blijft, wat zich uit in willen opvallen, uitdagen, geldingsdrang als clichématig symbool van geslaagd zijn. Bij de hysterie komt de fallische modus zowel bij de man als bij de vrouw in de plaats van, en als afweer tegen de gevreesde en geloochende vrouwelijkheid, passiviteit en afhankelijkheid. Bij beiden speelt de ontkenning van een te sterke identificatie met de problematische moederfiguur een rol.

De vrouw en haar lichaam

Er zijn twee, of eigenlijk wel drie verschillende redenen voor een grotere narcistische gevoeligheid en een kwetsbaar gevoel van eigenwaarde bij vrouwen.

Ten eerste is het vrouwenlichaam, meer dan het mannenlichaam, een emotioneel slagveld, en tevens een bron van zorg wegens de voortdurende en telkens terugkerende hormonale veranderingen en variaties. Hierdoor is het lichamelijk narcisme van vrouwen kwetsbaarder dan dat van mannen.

Ten tweede moet een meisje allereerst haar moeder behagen, haar eerste liefdesobject, haar eerste partner van dezelfde sekse, haar levenslange voorbeeld. Wat later wil ze ook de liefde en aandacht van haar vader veroveren. Ze kan zeker in beide ondernemingen slagen, maar loopt ook het risico van een dubbele teleurstelling. Bovendien leiden haar hetero- en homoseksuele strevingen tot een versterkte biseksualiteit, en wel in de dubbele betekenis van mannelijk en vrouwelijk willen zijn en behalve naar mannelijke ook naar vrouwelijke liefde hunkeren.

Ten derde loopt een meisje het risico om een nauwe symbiotische band met de moeder te behouden en niet onafhankelijk te worden, iets wat haar gevoel van eigenwaarde aantast.

Al deze factoren samen plus het feit dat een meisje meestal minder op seksualiteit is gericht dan een jongen en meer tijd nodig heeft om van haar lichaam te leren genieten, kunnen haar ertoe aanzetten zich op een quasi-seksuele manier te gedragen. Dit zou een hysterische karaktertrek genoemd kunnen worden, als de behoefte aan liefde en aandacht vermomd wordt als seksualiteit. Haar zoeken naar narcistische steun zou gemakkelijker de vorm kunnen aannemen van willen behagen en anderen een genoegen willen doen, waardoor ze eerder geneigd zal zijn zich op een theatrale en niet authentieke manier te gedragen. Daar ze goed op haar lichamelijke veranderingen en functies let, is ze meer bedacht op lichamelijke gevoelens en meer geneigd om denkbeeldige lichamelijke gewaarwordingen te krijgen of hypochondere angsten te ontwikkelen.

Vrouwen verkiezen vaak lichaamstaal boven verwoording, zodat hun verlangens verborgen blijven, wat Freud deed uitroepen: 'Wat wil de vrouw?' In feite weet zij dat zelf vaak niet. In de negentiende eeuw hadden vrouwen niet veel meer middelen dan flauwvallen of lichamelijke symptomen tot hun beschikking om hun verborgen verlangens kenbaar te maken. Dit werd conversie genoemd – wat wij tegenwoordig somatisering noemen – en onder de rubriek hysterie ingedeeld. Deze diagnose wordt thans betwist, omdat hysterie te veel diverse manifestaties kan hebben die ook cultureel bepaald zijn. 'Hysterie is een mimetische stoornis: het is een nabootsing van cultureel toegestane uitingen van afkeer of leed.'[47]

Hysterie blijft, in de zin van een lichamelijke uiting van emotionele beroering, het prototype en de eerste vorm van neurose, net zoals lichaamstaal de eerste taal van baby's is.

Het psychisch evenwicht van het meisje wordt tijdens haar puberteit, een periode waarin nieuwe impulsen en seksuele driften om de aandacht strijden, voor het eerst zwaar op de proef gesteld. De lichamelijke veranderingen die dan optreden, kunnen angst en schaamte in plaats van trots oproepen. Haar vorm en silhouet veranderen wanneer ze borsten krijgt die er eerst niet waren, en ze moet haar zelfbeeld dienovereenkomstig bijstellen. Ze moet ook haar menarche als definitieve verandering aanvaarden, want daarna zal ze altijd maandelijkse variaties in haar lichaam en psyche ervaren. Ze kan niet langer doen alsof ze de keuze heeft om een jongen of een meisje te zijn (hoewel de onbewuste fantasie dat ze die keuze wel heeft aanwezig kan blijven, een verschijnsel dat ik zowel bij pre- als bij postclimacterische vrouwen vaak ben tegengekomen).

Het lichaam van een meisje verandert zozeer, dat ze aantrekkelijk wordt voor mannen nog voordat ze beseft wat er aan de hand is. Jongens van haar leeftijd lijken eigenlijk jonger; ze heeft niet zo veel belangstelling voor hen, maar volwassen mannen lijken plotseling belangstelling voor haar te hebben. Dit kan angstaanjagend zijn als het meisje niet gereed is om met deze verandering om te gaan, omdat haar innerlijke ervaring van zichzelf zo anders is dan haar uiterlijke verschijning. Bovendien mist ze, zelfs als ze masturbeert, wat niet altijd het geval is, toch een ervaring: ze is nog nooit gepenetreerd. Zoals Brünhilde uitroept: 'Wehe! Wehe! Wehe der Schmach, der schmächlichen Not! Verwundet hat mich, der mich erweckt! Er erbrach mir Brünne und Helm: Brünhilde bin ich nicht mehr!' '...aus Nebel und Grau'n windet sich wütend ein Angstgewirr: Schrecken schreitet und bäumt sich empor!'[48]

Het meisje, en later de vrouw, heeft weinig controle over haar onhandelbare lichaam waarin alles gebeurt: onzichtbaar, verborgen en binnen in haar. Stemmingswisselingen zijn bij meisjes opvallend. Al snel begint er een continu, niet te beheersen lichamelijk en psychisch proces, waarin telkens weer nieuwe onbekende terreinen moeten worden betreden. Het is niet mogelijk tot een eerdere staat terug te keren, het is niet mogelijk om te zien zonder risico van terugval.

Aan de menarche gaat een overgang vooraf: die van onschuldig jong meisje naar humeurige prepuber. Na de eerste menstruatie wordt ze een 'onschuldige', zij het geslachtsrijpe maagd. Zoals gezegd maken de vanaf nu elke maand terugkerende gewaarwordingen in haar lichaam een meisje gevoeliger voor tekenen van lichamelijk welzijn en voor conversie, dat wil zeggen het uiten van emoties via lichamelijke verschijnselen. Misschien was ze voordien wel een wildebras die nog niet had gekozen of ze een mannelijke dan wel vrouwelijke genderidentiteit wilde hebben (en zich nog steeds voorstelde dat ze beide opties had). Nu moet ze wel vrouw zijn, of ze het leuk vindt of niet. De ontwikkeling van een gezond narcisme, een gezond gevoel van eigenwaarde en een gezonde trots op hun vrouw-zijn wordt bij meisjes nogal eens door te veel factoren bedreigd om er zonder kleerscheuren van af te komen.

De menstruatie vergroot de verbijstering van het meisje over haar vrouwelijke genitaliën. Omdat ze er geen controle over heeft, wordt het meisje teruggeworpen op haar oude angsten, uit de tijd dat anus en vagina door elkaar gehaald werden. Haar cloacafantasieën, de kindertheorie waarin één opening verschillende doelen dient – van bevruchting via voortplanting tot uitscheiding –, worden opnieuw beleefd, waardoor ze een hekel aan haar lichaam kan krijgen. Meisjes hebben er soms moeite mee om zichzelf niet als onaantrekkelijk, vies en verachtelijk te beschouwen. Ze moeten schaamtegevoel afweren. Natuurlijk kan een moeder haar dochter helpen een andere kijk op zichzelf te ontwikkelen. Regelmatige gesprekken over het lichaam en de geslachtelijke functies kunnen een bron van inzicht en emancipatie voor het meisje vormen. De positieve bijdrage van de moeder hangt af van de mate waarin zij zelf over lichaamsfuncties en lichamelijke gewaarwordingen kan praten zonder van innerlijke conflicten hierover blijk te geven. Als haar lichaamsbeeld beladen is met taboes en archaïsche fantasieën, zal ze eerder een gebrek aan zelfverzekerdheid en afkeer overbrengen dan tevredenheid met haar vrouw-zijn.

Wat later in de adolescentie kan een meisje zelfgevoel en trots op haar uiterlijk ontwikkelen, zich optutten, uitgaan en zien welk effect ze op mannen heeft. Dit is een experimenteerfase, waarin toekomstige rollen worden getest en waarin ze mannelijke aandacht, die nog steeds evenzeer gevreesd als gewenst kan zijn, trekt en afwijst.

Wanneer een meisje haar eerste seksuele ervaring heeft, haar seksarche, gaat er voor haar, hoe opwindend het misschien ook was, toch ook iets verloren, omdat ze van een maagd in een vrouw is veranderd. En dat is pas het begin, niet het einde van alle veranderingen. In de westerse wereld trouwt een meisje niet op jonge leeftijd en wil ze niet onmiddellijk zwanger worden. Ze moet gedurende lange tijd in staat zijn maatregelen te nemen om haar seksleven te reguleren en zich te beschermen tegen ongewenste zwangerschap en infecties als chlamydia. Dat het in principe mogelijk is zich voort te planten, veroorzaakt echter verlangens, angsten en fantasieën met betrekking tot vruchtbaarheid en onvruchtbaarheid, alsmede ambivalentie over de wens om al dan niet kinderen te krijgen. Maar de biologische klok tikt door, en de tijd om uitermate belangrijke levensbesluiten te nemen is voor vrouwen helaas beperkt.

Als het meisje kinderen wil, moet ze beslissen of ze aan een vaste relatie met een mannelijke partner wil beginnen. Als alles volgens plan verloopt, zal de vrouw voor het eerst gewenst zwanger worden, een ervaring die weer een nieuwe bron van zorg en angst kan zijn. Ook al wilde ze het, eenmaal zwanger heeft ze vaak het gevoel in de val te zitten, omdat ze wederom beseft dat ze haar keuzemogelijkheden kwijt is; op haar besluit terugkomen is er niet bij. Ze is nooit meer géén moeder. Vaak heeft ze het gevoel dat ze, omdat ze dikker wordt, niet goed meer met andere vrouwen kan concurreren. Ze wordt angstig dat haar partner haar niet meer aantrekkelijk zal vinden, naar andere vrouwen gaat kijken enzovoorts.

Ik heb gemerkt dat menige jonge aanstaande moeder een episode doormaakt waarin ze verliefd wordt op de eerste de beste man die toevallig haar pad kruist, als ontsnapping uit haar pas gecreëerde kooi. Maar zelfs als ze niet in uitersten vervalt, krijgt ze beslist gemengde gevoelens, zowel vreugde als spijt, omdat ze nooit meer een vrije vrouw zonder levenslange verantwoordelijkheden zal zijn.

Elke keuze heeft nadelen. Als ze geen kinderen krijgt, is het even onvermijdelijk dat ze later zal betreuren dat ze geen gezin heeft, zelfs als dit ooit een bewuste beslissing is geweest. Maar wanneer er eenmaal een gezin is gevormd, raast de trein onstuitbaar voort naar de middelbare leeftijd, de tijd waarin de kinderen het huis uit gaan, de onontkoombare fase van de menopauze, die uiteindelijk in het schrikbeeld van de ouderdom culmineert. De angst om onvruchtbaar te worden en lichamelijk niet langer aantrekkelijk te zijn is een typische vrouwenklacht, die volledig samenhangt met het lichaam en zijn kuren.

De seksualiteit van een meisje of vrouw kan samen met haar eetlust onderdrukt worden, hetgeen wel tot anorexia nervosa leidt, een reactie die veel op hysterie lijkt vanwege het onjuiste lichaamsbeeld en de afwijzing van de seksualiteit, de biseksualiteit, de behoefte aan aandacht, de theatraliteit en de narcistische kwetsbaarheid die ermee gepaard gaan. Een ziekte als anorexia zou te maken kunnen hebben met hopeloze pogingen om de niet te beheersen veranderingen in haar lichaam in de hand te houden en een seksloos jongensachtig meisje te blijven. De uitermate belangrijke, emotioneel beladen stappen en fasen waarmee haar lichaam te maken krijgt, zouden het meisje uit angst tot frigiditeit kunnen brengen.

Meestal zijn de eerste seksuele ervaringen van een meisje eerder angstaanjagend dan plezierig. Het kan lang duren eer een vrouw leert wat ze prettig vindt en haar wensen, die zo lang onbekend of verborgen voor haar waren, kenbaar maakt. Het kan zelfs heel lang duren eer ze een orgasme krijgt, eer ze uiteindelijk de mogelijkheden van haar lichaam ontdekt en hoe ze die met een partner kan delen. Hopelijk zullen moeders van de eenentwintigste eeuw minder moeite hebben met gesprekken over het lichaam en seksuele of erotische gevoelens, zodat dochters niet langer de noodzakelijke informatie voor het merendeel van hun vriendinnen moeten zien te krijgen.

Erotiek is voor vrouwen ingewikkelder dan voor mannen. Tijdens de adolescentie is het meisje zich er al meer dan de jongen van bewust dat seksualiteit twee aspecten heeft: voortplanting en erotiek. Voor het geslachtsrijpe meisje heeft de clitoris nog steeds één enkele functie: genot. Maar de vagina is een hol orgaan, er kan iets in gestoken worden of iets in verdwijnen, zoals sperma of een penis. Het kan ook als uitgang dienen voor baby's, afscheiding of menstruatiebloed. Deze veelsoortige functies kunnen bij meisjes en vrouwen verwarring wekken over hun lichaam. De vrouw moet emotioneel onderscheid kunnen maken tussen deze verschillende functies, maar tegelijkertijd de verbanden niet uit het oog verliezen.

Tot slot iets over de vrouw en haar ontevredenheden. Meisjes en vrouwen zijn te vaak ongelukkig met hun uiterlijk. Zijn ze blond, dan willen ze donker zijn. Hebben ze krullen, dan willen ze steil haar. Zijn ze klein, dan willen ze groot zijn. Ze willen bijna altijd dunner zijn. Meestal ontbreekt er wel iets om blij te zijn met zichzelf. Wanneer ze zichzelf echt lelijk vinden, heeft dat vaak niet met hun uiterlijk te maken. Het is dan een vertaling in concrete fysieke termen van de wijze waarop ze zichzelf zien. Namelijk als 'slecht' of 'laakbaar', dat wil zeggen jaloers, vijandig, met lelijke gedachten en heksachtige verlangens etc.

Het kan ook zijn dat de voor schoonheid beschikbare ruimte in het gezin volledig door de moeder wordt ingenomen, die als enige het voorrecht geniet om een aantrekkelijke prima donna te zijn, als zodanig bewonderd door de vader. Zij is de lady, het toppunt van vrouwelijkheid, de enige die de geheimen van charme bezit. Dan neemt het meisje onwillekeurig de ruimte in die voor haar overblijft, zij wordt het lelijke eendje, de Assepoester van het gezin. Ze raakt haar gevoel van eigenwaarde kwijt, denkt: Mijn moeder is mooi en aantrekkelijk en ik niet. Doordat het haar aan eigenwaarde ontbreekt, wordt ze afhankelijk van de complimenten en waardering van anderen, die haar voortdurend gerust moeten stellen. Deze stand van zaken maakt vrouwen narcistisch kwetsbaar, een feit dat bij alle Casanova's bekend is en door hen wordt uitgebuit. Een moeder kan het zelfvertrouwen van haar dochter echter sterk stimuleren (of in de weg zitten). Sommige moeders prijzen hun dochter, andere bekritiseren haar om hun eigen kwetsbare psychisch evenwicht te verstevigen.

Vrouwelijke erotiek en opwinding worden als diffuser en minder gemakkelijk te lokaliseren dan de mannelijke ervaren. Dit zou van invloed kunnen zijn op de lichaamsbeleving van het meisje en de manier waarop ze de wereld om zich heen waarneemt. Het lichaamsschema heeft invloed op de cognitie

Naar mijn mening spelen de specifieke kenmerken van de vrouw een rol in het gegeven dat hysterie vaker voorkomt bij vrouwen dan bij mannen. Als allerbelangrijkste geldt dan de bijzondere relatie die de vrouw heeft met haar voortdurend veranderende lichamelijke toestand. Dit aspect van de vrouwelijkheid heeft nooit de aandacht gekregen die het verdient. Behalve met de intersubjectiviteit tussen moeder en dochter, die hen in lief en leed bijeenhoudt, heeft de dochter ook te maken met de dramatische metamorfosen die ze zelf doormaakt.

Hoe hysterie geuit wordt, is afhankelijk van tijd en plaats, en volgt het beschavingsproces op de voet. Het lichaam is echter iets van alle tijden. De uitermate belangrijke, emotioneel beladen stappen en fasen waarmee haar lichaam te maken krijgt, kunnen een meisje angstig maken. Ze zal eerder geneigd zijn haar lichaam als een slagveld te beschouwen, waarop alle emotionele worstelingen moeten worden uitgevochten. Meer dan de jongen is ze geneigd tot somatisering, dat wil zeggen tot omzetting van psychische conflicten, lasten en pijn in fysieke symptomen waarvoor geen fysieke oorzaak kan worden gevonden. Ze wordt gekweld door hoofdpijn, buikpijn, vermoeidheid en misselijkheid. Ze lijdt aan allerlei schijnbaar onverklaarbare lichamelijke pijnen, die mogelijk haar verborgen erotische fantasieën en preoccupaties tot uitdrukking brengen. Soms hebben deze verschijnselen inderdaad betekenis, vooral als de persoon in kwestie geen andere middelen heeft om haar spanningen te uiten of onder woorden te brengen.

Hysterie en de Franse psychoanalyse

De Franse psychoanalytici leggen sterk de nadruk op het anaal-sadistische dat uit het hysterisch universum geweerd wordt. Zowel agressie als schuld wordt sterk verdrongen en liefst bij de ander neergelegd.

De Franse psychoanalyse is de hysterie door de jaren heen trouw gebleven. In 1973, 1984, 1985 en 1986 worden door de *Revue française de Psychanalyse* hele nummers en zelfs jaargangen gevuld met artikelen over hysterie. Laplanche besteedt in zijn *Vocabulaire* ruim aandacht aan de hysterie.[49] In de Engelstalige tijdschriften is het onderwerp daarentegen nauwelijks terug te vinden. Dit verschil heeft te maken met de onder anderen door Lacan geïntroduceerde 'retour à Freud'-traditie in Frankrijk.

De elegantste oplossing om de twee visies, de Engelse en de Franse, met elkaar te verbinden is overigens van de hand van dezelfde Laplanche. Verleiding, passiviteit, hulpeloosheid en problemen rond seksualiteit zijn de kern van de hysterie en van de neurose meer in het algemeen. Laplanche stelt vervolgens vast dat de oraliteit en de orale regressie bij de hysterie in Freuds visie ook tot de seksualiteit in bredere zin behoort. Tevens stelt hij vast dat de oerscènefantasie, de fantasie rond de seksuele relatie tussen de ouders, die al ontstaat in het eerste levensjaar, betrekking heeft op de oedipale triangulatie. Zo verbindt hij de visies van degenen die aannemen dat het bij hysterie om vroegere pre-oedipale stoornissen gaat, en hen die menen dat het om latere oedipale conflicten draait. Door verder niet te spreken van 'pre-oedipaal', maar slechts van 'pregenitaal', implicerend dat er vanaf het begin een driehoek bestaat al is er van genitale seksualiteit dan nog geen sprake, verbindt hij evenals Winnicott en Kernberg doen, Klein en Freud conflictloos postuum met elkaar.

De praktijk

Het idee dat de hysterie niet meer zou voorkomen is een vergissing. Niets is minder waar. Zoals gezegd komen zowel angsthysterie als conversies bij minder geletterden nog veelvuldig voor. De meer geproto-professionaliseerden, die weet hebben van de inmiddels sterk gepopulariseerde psychoanalytische kennis, gebruiken subtieler vormen, die minder doorzichtig zijn. De hysterie gaat mee met tijd en plaats en volgt het civilisatieproces op de voet. Hetzelfde geldt voor aanverwante verschijnselen zoals anorexie, aan de hand waarvan men ook het psychologiseringsproces door de eeuwen heen kan volgen.[50] De hysterie heeft de kameleontische eigenaardigheid dat ze tegemoet weet te komen aan datgene wat de sociale omgeving of de therapeut verwacht. Tegenwoordig zijn dat de existentiële en vaak moeilijk in ziektebeelden in te delen vage klachten. Mogelijk hoort het chronisch vermoeidheidssyndroom hierbij als moderne vorm van hysterie. Hierdoor hoeft overigens niemand zich beledigd te voelen, want hysterie is geen scheldwoord, maar een ernstige toestand, die geenszins op aanstellerij berust.

In de praktijk is hysterie, indien onbegrepen, vaak misleidend en machteloos makend vanwege de verleiding tot en de onmogelijkheid van een zinvolle dialoog, tenminste op het niveau dat de patiënt onwillekeurig aangeeft: de volwassen erotiek. Als er een verband met depressie en met een gebrek aan gevoel van eigenwaarde kan worden gelegd, is ingaan op het juiste niveau en vermijden van de erotiserende interactie beter mogelijk. De ontkenning van de depressie en de rouw om het verloren object wordt immers vaak in onechte opwinding omgezet. De therapeut moet de verleiding weerstaan om het seksuele of volwassen genitale niveau als thema te kiezen, terwijl de angsten zich in een veel primitievere laag van de beleving afspelen.

Een voorbeeld

Katharina, een uit velen met soortgelijke klachten, loopt tegen de vijftig; ze lijdt aan depressieve gevoelens, hevige migraines, hyperventilatie en paniekaanvallen. Sinds een jaar of tien is ze weliswaar gelukkig getrouwd, maar als ik haar vraag hoe ze het vindt geen kinderen te hebben, moet ze hevig huilen. Ze bezoekt mij omdat ze gehoord heeft dat ik 'zo goed' ben en waarschijnlijk 'de enige die haar kan helpen'. Ik ben de laatste in een lange rij van artsen, fysiotherapeuten, acupuncturisten en andere hulpverleners.

Katharina is lief, onschuldig en verleidend, maar stelt zich voor het overige nogal passief op. Ze zegt dat ze weinig over zichzelf weet te vertellen en laat het aan mij over om de juiste vragen te bedenken. Na enkele gesprekken bemerk ik dat ik bezig ben me voor haar in te spannen zonder al te veel respons, behalve de mededeling dat het nog niets geholpen heeft en dat ze weer de hele week met verschrikkelijke hoofdpijn op bed gelegen heeft. Ten slotte suggereer ik maar eens dat ze het wel leuk vindt om mij te zien ploeteren zonder resultaat en zeg tegen haar:

'U hebt een rode sjaal om vandaag, dat brengt me op een

idee. U bent de stierenvechter, en ik de stier die een rode lap voorgehouden krijgt, waar hij vruchteloos op in stormt. Hij kan niet winnen en moet het ten slotte afleggen tegen de stierenvechter.' Om dit beeld moet ze onwillekeurig lachen. Ze voelt goed aan waar ik het over heb en heeft er heimelijk plezier in. Het mij machteloos maken leidt ons terug naar haar eigen gevoel van machteloosheid, haar zelfbeeld als talentloos, mislukt, niets waard etc. Ze zou graag 'intelligent', 'ontwikkeld' en 'bijzonder' zijn. Ze zou bewonderd willen worden. In plaats daarvan heeft ze het gevoel niets voor te stellen.

Als dwarse puber die vroeg het huis uitging, heeft ze bijna elke scholing gemist. Ze ondervond weinig leiding van haar sociaal geklommen en onzekere ouders. Thuis werd nooit over iets gepraat: ze wisselt met haar moeder – die ze bijna dagelijks spreekt – nog steeds uitsluitend 'onbenulligheden' uit. Ze heeft 'nooit iets bijzonders gepresteerd' en ook het feit dat ze geen kinderen heeft voelt ze als een jammerlijk falen.

We exploreren wat Katharina had willen zijn en willen kunnen. We werken min of meer systematisch de rouw van het ouder worden door (zie hoofdstuk 8). Het verdriet om alles wat verloren ging en nooit meer terugkomt, in de eerste plaats de eigen jeugd. De rouw om het verloren object, namelijk de liefde van de ouder van het andere geslacht, wordt vaak genoemd als datgene wat bij de hysterie ontbreekt. Het willen verwerven van een eigen plaats in de wereld staat bij Katharina wel degelijk in verband met jaloezie op haar man. Ze idealiseert en bewondert hem, terwijl ze zelf aandacht trekt door ziek te zijn.

Na een maand of drie 'belle indifférence' komen er bij haar traumatische herinneringen aan doorgemaakte abortussen boven. Ze presenteert levendige fantasieën en volop dromen, rijk aan symboliek rond angst en erotiek. Opeens, al zal het van korte duur blijken, heeft ze veel te vertellen.

Al met al lijken de problemen en de wijze van behandelen, afgezien dan van meer aandacht voor de (negatieve) overdracht, niet eens zo heel verschillend – en de vooruitgang niet zo groot – sinds de gevallen beschreven in de *Studien* en *Dora*.

Concluderend kan gesteld worden dat voorzichtigheid met de hysterie als diagnose zeker geboden is. De *Studien* ontstonden op het moment dat Freud, nog niet geheel los van het oude klassificeren der psychiatrie, begon met therapeutisch luisteren. De hysterie, of welk etiket dan ook, bestaat eigenlijk helemaal niet zolang we kijken vanuit de pychoanalytische situatie, waar we immers zelf in betrokken zijn. 'Hysterie' kan als karikatuur of als scheldwoord fungeren. Het verwerpen ervan kan leiden tot de ontkenning van het feit dat het in de dagelijkse praktijk geenszins aan sprekende voorbeelden ontbreekt. Het 'zuivere beeld', dat nooit heeft bestaan, vullen we tegenwoordig aan met meer genuanceerdere diagnostiek.

Door de literatuur over de hysterie en haar geschiedenis te bestuderen leert men beter kijken. Verschijnselen die zonder deze kennis over het hoofd gezien zouden worden, worden opeens invoelbaar en begrijpelijk. Met name in de diagnostiek van kinderen valt een hysterische of een dwangneurotische karakterontwikkeling dikwijls vroegtijdig te onderkennen, waardoor een behandeling op weg geholpen kan worden. De hysterische cognitieve instelling is ook bij volwassenen vaker herkenbaar, ook als de uiteindelijke diagnose een mengbeeld of een andere dan hysterie wordt. De manier van kijken van de psychoanalyse is, evenals de behandelingstechniek, de laatste honderd jaar uitgebreid, verfijnd en genuanceerd, vooral door de interactie met de behandelaar er veel meer in te betrekken. Een persoonlijkheidsstructuur die we met 'hysterisch' plegen aan te duiden, is desondanks niet helemaal weg te denken. De oorspronkelijke vondsten die de hysterie aan Freud heeft opgeleverd zijn niet alleen van groot historisch belang, maar leveren ook nu nog vaak de nodige klinische kennis op.

De *Studien* staan in een aantal opzichten dichter bij deze tijd dan het latere werk van Freud. Er worden nog geen verabsoluterende beweringen in gedaan, de leer van de seksuele fasen bestond nog niet, evenmin als het Oedipuscomplex. Hij was nog zoekende, zoals dat voor zijn erfgenamen vandaag weer het geval is, nu veel axioma's van de psychoanalyse evenals het theoretisch bouwwerk ervan op losse schroeven staan, terwijl de klinische feiten blijven.

Freuds waarschuwing aan zijn verloofde: 'Zonder het verleden te kennen kan men ook het heden niet genieten', geldt al evenzeer voor de theorie als voor het individu. Om de ontwikkeling van de psychoanalyse te begrijpen is het nodig de honderdjarige van begin af aan te bestuderen. De psychoanalyse als theorie en als wetenschap wankelt thans op haar grondvesten. Een bepaalde manier van denken en waarnemen is wellicht het enige wat er op de lange duur van zal overblijven. Deze psychoanalytische manier van kijken nu was al volop aanwezig in de *Studien*.

Noten

Citaten uit het werk van Freud zijn afkomstig uit de dertigdelige Nederlandse editie van Uitgeverij Boom, die thematisch is ingedeeld in Inleiding tot de Psychoanalyse IP, Psychoanalytische Theorie PT, Psychoanalytische Duiding PD, Ziektegeschiedenissen ZG, Klinische Beschouwingen KB, Cultuur en Religie CR en Psychoanalytische Beweging PB.

Voor de verklaring van psychoanalytische termen en begrippen zij verwezen naar het *Nieuw psychoanalytisch woordenboek* van Harry Stroeken, in 2000 eveneens verschenen bij Uitgeverij Boom.

Hoofdstuk 1

1. C.G. Jung bedacht de term Electracomplex, in *Freud und die Psychoanalyse. Versuch einer Darstellung der psychoanalytischen Theorie* [1913], *Gesammelte Werke* 4, Walter Verlag, Olten, (1971), pp. 107-230, maar werkte de specifieke vrouwelijke ontwikkeling niet verder uit. Freud wees de benaming Electracomplex af. Zie ook Daniel Dervin, The Electra complex. A history of misrepresentations, *Gender and Psychoanalysis*, 1998, 4, pp. 451-470. Ook hij betoogt dat er nooit serieus over het Electracomplex in verband met de vrouwelijke ontwikkeling is nagedacht.
2. Daniel N. Stern (1995), *The Motherhood Constellation. A Unified View of Parent-Infant Psychotherapy*, Basic Books, New York. Stern maakt een voorzichtige uitzondering op het Oedipuscomplex. Hij betoogt dat rond zwangerschap en geboorte de moeder en de grootmoeder van de vrouw, en haar kind, veel centraler staan dan haar man en haar vader. Daar ben ik het mee eens, maar mijns inziens kunnen er wat de vrouwelijke ontwikkeling betreft veel meer kanttekeningen bij het Oedipuscomplex worden geplaatst.

1. Daniel N. Stern (1985), *The Interpersonal World of the Infant. A View from Psychoanalysis and Developmental Psychology*, Basic Books, New York.

2. Zie ook H.C. Halberstadt-Freud (2002), *Mannen en moeders. De levenslange worsteling van zonen met hun moeders*, Van Gennep, Amsterdam.

3. Zie noot 2.

4. M.S. Mahler (1968), *On Human Symbiosis and the Vicissitudes of Individuation*, International Universities Press, New York.

5. M.S. Mahler (1981), Aggression in the service of separation-individuation. Case study of a mother-daughter relationship, *Psychoanalytic Quarterly* 50, 625-638.

6. M.S. Mahler, F. Pine & A. Bergman (1975), *The Psychological Birth of the Human Infant. Symbiosis and Individuation*, Hutchinson, London, zie hoofdstuk 10.

7. Zie bijvoorbeeld T.B. Brazelton & B. Cramer (1991), *The Earliest Relationship. Parents, Infants and the Drama of Early Attachment*, Karnac Books, London; P. Fonagy & M. Target (1996), Playing with reality I, *International Journal of Psycho-Analysis* 77, 2, 217-235; S. Lebovici, (1983), *Le Nourisson, la mère et le psychanalyste. Les interactions précoces*, Paidos le Centurion, Paris.

8. J. McDougall (1986), Eve's reflection. On the homosexual components of female sexuality, in H.C. Meyers (ed.), *Between Analyst and Patient. New Dimensions in Countertransference and Transference*, The Analytic Press, Hillsdale NJ, pp. 213-228.

9. M.M. Khan (1979), The role of polymorph-perverse body-experiences and object-relations in ego-integration, in *Alienation in Perversions*, ed. C. Yorke, The Hogarth Press, London [1962], pp. 31-55.

10. H.C. Halberstadt-Freud (1995), Clara Schumann: 'Frauenliebe und Leben', *De Gids*, nr. 11/12, 852-866.

11. A. Mitscherlich (1973), *Auf dem Weg zur vaterlosen Gesellschaft*, Piper, München; Ned. vert. (1974), *Op weg naar een vaderloze maatschappij. Sociaal-psychologische verkenningen*, Van Loghem Slaterus, Deventer.

12. Zie noot 7.

13. Castoriadis-Aulagnier (1975), *La violence de l'interprétation*, PUF,

Le Fil Rouge, Paris.

14. Zie behalve Stern (1985), noot 1, onder meer S. Brody (1982), Psychoanalytic theories about infant development and its disturbances. A critical evaluation, *Psychoanalytic Quarterly* 51, 526-597; D. Pines (1993), *A Woman's Unconscious Use of Her Body*, Virago, London.

15. M.S. Mahler (1972), A study of the separation-individuation process and its possible application to borderline phenomena in the psychoanalytic situation, *Psychoanalytic Study of the Child* 26, 403-424.

Hoofdstuk 3

1. H.P. Blum (1981), The maternal ego-ideal and the regulation of maternal qualities, in G.H. Pollock & S.I. Greenspan (eds.), *The Course of Life. Psychoanalytic Contributions towards Understanding Personality Development*, vol. III, *Adulthood and the Aging Process*, Mental Health Study Center, Adelphi MA, pp. 91-114.

2. C. Lasch (1975), *Haven in a Heartless World. The Family Besieged*, Basic Books, New York; Ned. vert. (1981), *Haven in een harteloze wereld*, Arbeiderspers, Amsterdam.

3. Zie onder meer P. Ariès (1973), *L'enfant et la vie familiale sous l'ancien régime*, Seuil, Paris; Ned. vert. (1987), *De ontdekking van het kind*, Bert Bakker, Amsterdam; E. Badinter (1980), *L'amour en plus. Histoire de l'amour maternel (XVII-XXe siècle)*, Flammarion, Paris; Ned. vert. (1983), *De mythe van de moederliefde*, Bijleveld, Utrecht; A. Dally (1982), *Inventing Motherhood. The Consequences of an Ideal*, Burnett, London; B. Harris (1979), Two lives, one 24-hour day, in A. Roland & B. Harris (eds.), *Career and Motherhood. Struggles for a New Identity*, Human Sciences Press, New York, pp. 25-45.

4. J. Donzelot (1977), *La police des familles*, Editions de Minuit, Paris; M. Foucault (1961), *Histoire de la folie*, Plon, Paris; Ned. vert. (1975), *Geschiedenis van de waanzin in de zeventiende en achttiende eeuw*, Boom, Meppel; M. Schatzman (1973), *Soul Murder. Persecution in the Family*, Penguin, London; J.M.W. van Ussel (1982), *De geschiedenis van het sexuele probleem*, Boom, Meppel [1968].

5. J. Bowlby (1951), *Maternal Care and Mental Health*, World Health Organization, Geneva; A. Freud (1973), *Infants without Families. Re-*

ports on the Hampstead Nurseries 1939-1945, International Universities Press, New York; H. Nagera (1966), *Early Childhood Disturbances, the Infantile Neurosis, and the Adulthood Disturbances*, International Universities Press, New York; R. Spitz (1945), Hospitalism. An inquiry into the genesis of psychiatric conditions in early childhood, *Psychoanalytic Study of the Child* 1, 53-74.
6. Ariès (1973), zie noot 3; D. Haks (1982), *Huwelijk en gezin in Holland in de 17e en 18e eeuw*, Van Gorcum, Assen; P. Laslett (1965), *The World We Have Lost*, Methuen, London; P. Laslett (1977), *Family Life and Illicit Love in Earlier Generations. Essays in Historical Sociology*, Cambridge University Press, Cambridge; L. De Mause (1974), *The History of Childhood*, Harper, New York; E. Shorter (1975), *The Making of the Modern Family*, Fontana Collins, Glasgow; Ned. vert. (1979), *De wording van het moderne gezin*, Ambo, Baarn, 2e, uitgebreide druk; L. Stone (1977), *The Family, Sex and Marriage in England 1500-1800*, Penguin, London; Van Ussel (1982), zie noot 4.
7. E. Le Roy Ladurie (1984), *Montaillou. Village occitan de 1294 à 1324*, Gallimard, Paris; Ned. vert. (1984), *Montaillou. Een ketters dorp in de Pyreneeën 1294-1324*, Bert Bakker, Amsterdam.
8. P. Richier & D. Alexandre-Bidon (1994), *L'enfance au moyen âge*, Seuil, Paris; W. Frijhoff (1984), Impasses en beloften van de mentaliteitsgeschiedenis, *Tijdschrift voor Sociale Geschiedenis* 10, 406-437.
9. De Mause (1974), zie noot 6.
10. J. Boswell (1990), *The Kindness of Strangers. The Abandonment of Children in Western Europe from Late Antiquity to the Renaissance*, Vintage Books, New York; Ned. vert. (1990), *Overgeleverd aan vreemden*, Balans, Amsterdam.
11. H. Cunningham (1995), *Children and Childhood in Western Society since 1500*, Longman, London/New York; Ned. vert. (1997), *Het kind in het Westen*, Van Gennep, Amsterdam.
12. W.A. Mozart (1948), *Briefe*, herausgegeben von Willi Reich, Menasse, Zürich.
13. I. Origo (1963), *The Merchant of Prato. Daily Life in a Medieval Italian City*, Penguin, Harmondsworth; Ned. vert. (1985), *De koopman van Prato*, Contact, Amsterdam.
14. J. Héroard (1979), Extraits du Journal d'Héroard (1601-1628) sur l'enfance et la jeunesse de Louis XIII, *Nouvelle Revue de Psychanalyse* 19, 268-330.

15. S. Freud (1986), Psychoanalytische opmerkingen over een autobiografisch beschreven geval van paranoia (Dementia paranoides) ('Het geval Schreber'), ZG4, Boom, Meppel/Amsterdam [1911], pp. 9-96.
16. Schatzman (1973), zie noot 4.
17. N. Elias (1979), *Über den Prozeß der Zivilisation* I & II, Suhrkamp, Frankfurt am Main; Ned. vert. (1990), *Het civilisatieproces*, Het Spectrum, Utrecht/Antwerpen [1982].
18. J. Huizinga (1999), *Herfsttij der middeleeuwen*, Contact, Amsterdam [1919].
19. Haks (1982), Stone (1977), Shorter (1975), zie noot 6; S. Schama (1987), *The Embarassment of Riches. An Interpretation of Dutch Culture in the Golden Age*, USA Fontana Press; Ned. vert. (1988), *Overvloed en onbehagen. De Nederlandse cultuur in de Gouden Eeuw*, Contact, Amsterdam; *Kinderen van alle tijden* (1997), Catalogus Noord-Brabants Museum 's-Hertogenbosch, Waanders, Zwolle.
20. A. Macfarlane (1978), *The Origins of English Individualism*, Basil Blackwell, Oxford.
21. D. Riesman (1950), *The Lonely Crowd*, Yale University Press, New Haven.
22. D. de Rougemont (1939), *L'amour et l'occident*, Plon, Paris.
23. Y.A. Verdoorn (1965), *Volksgezondheid en sociale ontwikkeling. Beschouwingen over het gezondheidswezen te Amsterdam in de 19e eeuw*, Aula Spectrum, Utrecht.
24. J.M. Masson (ed.) (1985), *The Complete Letters of Sigmund Freud to Wilhelm Fliess, 1887-1904*, The Belknap Press of Harvard University Press, Cambridge MA/London.
25. S. Freud (1979), Analyse van de fobie van een vijfjarige jongen ('De kleine Hans'), ZG1, Boom, Meppel/Amsterdam [1909b].
26. S. Freud (1980), Uit de geschiedenis van een kinderneurose, ZG3, Boom, Meppel/Amsterdam [1918], pp. ; Idem (1989), Opmerkingen over een geval van dwangneurose ('De Rattenman'), ZG5, Boom, Meppel/Amsterdam [1909c], pp. 9-96; Idem (1980), Fragment van de analyse van een geval van hysterie (Dora), Boom, Meppel/Amsterdam [1905a].
27. E.V. Welldon (1989), *Mother, Madonna, Whore. The Idealization and Denigration of Motherhood*, Heinemann, London.
28. P. Ariès (1979), Entretien, *Nouvelle Revue de Psychanalyse*, L'enfant, 19, 13-26.

29. P. Blos (1985), *Son and Father*, The Free Press, London.
30. N. Chodorow (1978), *The Reproduction of Mothering. Psychoanalysis and the Sociology of Gender*, University of California Press, Berkeley; Ned. vert. (1993), *Waarom vrouwen moederen*, Nijgh & Van Ditmar, Amsterdam.
31. D.W. Winnicott (1972), Ego distortion in terms of true and false self, in *The Maturational Process and the Facilitating Environment*, Hogarth Press, London [1960].

Hoofdstuk 4

1. P. Blos (1967), The second individuation process of adolescence, *Psychoanalytic Study of the Child* 22, 162-187.

Hoofdstuk 5

1. S. Freud (1985), Over de vrouwelijke seksualiteit, KB 3, Boom, Meppel/Amsterdam [1931], pp. 121-146.
2 N. Chodorow (1992), Heterosexuality as a compromise formation. Reflections on the psycho-analytic theory of sexual development, *Psychoanalysis and Contemporary Thought* 15, 267-302. N. Chodorow (1994), *Femininities, Masculinities, Sexualities. Freud and beyond*, Free Association Books, London; J. McDougall (1995), *The Many Faces of Eros. A Psychoanalytic Exploration of Human Sexuality*, Norton, New York/London.
3. S. Freud (1985), Hysterische fantasieën en hun relatie met de biseksualiteit, KB 2, Boom, Meppel/Amsterdam [1908], pp. 55-66.
4. Aischylos (1995), *Oresteia*, vertaald door M. d'Hane-Scheltema, Athenaeum–Polak & Van Gennep, Amsterdam; Sophocles (1999), Elektra, in *Eén familie, acht tragedies*, vertaald door Gerard Koolschijn, Athenaeum–Polak & Van Gennep, Amsterdam; Euripides, Elektra, in idem; J. Giraudoux (1994), *Electre*, Grasset, Paris [1937], en J.-P. Giraudoux (1994), *Electre*, Grasset, Paris [1977]; H. von Hofmannsthal (1908), *Elektra*, Boosey & Hawkes, London; E. O'Neill (1984), *Mourning Becomes Electra*, Jonathan Cape, London [1932].
5. P. Grimal (1986) *The Dictionary of Classical Mythology*, Blackwell

Reference, Oxford/New York.
6. S. Freud (1980), Fragment van de analyse van een geval van hysterie (Dora), ZG 2, Boom, Meppel/Amsterdam [1905a], pp. 17-158.
7. R.B. Blass (1992), Did Dora have an Oedipus complex? A re-examination of the theoretical context of Freud's 'Fragment of an analysis', *Psychoanalytic Study of the Child* 47, 159-187.
8. S. Freud (1980), Over de psychogenese van een geval van homoseksualiteit bij een vrouw, ZG 2, Boom, Meppel/Amsterdam [1920], pp. 175-209.
9. S. Freud (1985), Verslag van een met de psychoanalytische theorie strijdig geval van paranoia, ZG 2, Boom, Meppel/Amsterdam [1915], pp. 17-158.
10. E. Young-Bruehl (1988), *Anna Freud*, Macmillan, London; Ned. vert. (1989), *Anna Freud*, Ambo, Amsterdam.
11. Zie noot 1; S. Freud (1990), De vrouwelijkheid. Colleges inleiding tot de psychoanalyse, nieuwe reeks, IP 3, Boom, Meppel/Amsterdam [1933], pp. 127-152.
12. S. Freud (1985), Een kind wordt geslagen, KB 3, Boom, Meppel/Amsterdam [1919], pp. 21-54.
13. S. Freud (1985), Enkele psychische gevolgen van het geslachtsverschil, KB 3, Boom, Meppel/Amsterdam [1925], pp. 93-112.
14. Zie noot 11, Freud 1933.
15. A. Freud (1923), The relation of beating phantasies to a daydream, *International Journal of Psycho-Analysis* 4, 89-102; zie Young-Bruehl, noot 10.
16. Freud 1931, zie noot 1.
17. Freud 1931, zie noot 1.
18. Freud 1933, zie noot 11.
19. T. Laqueur (1990), *Making Sex, Body and Gender from the Greeks to Freud*, Harvard University Press, Cambridge MA/London.
20. M. Klein (1973), The effects of early anxiety-situations on the sexual development of the girl, in *The Psycho-Analysis of Children*, The Hogarth Press, London [1932], pp. 268-325.
21. R. Stoller (1976), Primary femininity, *Journal of the American Psycho-Analytic Association*, Supplement Female Sexuality, 24, 59-78.
22. I. Fast (1984), *Gender Identity, a Differentiation Model. Advances in Psychoanalysis. Theory, Research, and Practice*, Vol. 2, The Analytic Press, Hillsdale NJ.

23. J. Chasseguet-Smirgel (1970), Feminine guilt and the Oedipus complex, in *Female Sexuality*, ed. J. Chasseguet-Smirgel, Maresfield, London.
24. J. Kestenberg (1968), Outside and inside, male and female, *Journal of the American Psycho-Analytic Association* 16, 457-520.
25. R. Edgecumbe (1976), Some comments on the concepts of the negative Oedipal phase in girls, *Psychoanalytic Study of the Child* 31, 35-62; M.V. Bergmann (1982), The female oedipus complex. Its antecedents and evolution, in *Early Female Development. Current Psychoanalytic Views*, ed. Dale Mendell, SP Medical & Scientific Books, New York/London.
26. H. Roiphe & E. Galenson (1981), *Infantile Origins of Sexual Identity*, International Universities Press, New York.
27. H. Parens (1990), On the girl's psychosexual development. Reconsiderations suggested from direct observation, *Journal of the American Psycho-Analytic Association* 38, 743-772.
28. J. Lampl-de Groot (1956), The evolution of the oedipus complex in women, in *The Development of the Mind* [1927].
29. Edgecumbe 1976, zie noot 25.
30. W.I. Grossman en W.A. Stewart (1976), Penis envy. From childhood wish to developmental metaphor, *Journal of the American Psycho-Analytic Association*, Supplement Female Sexuality, 24, 193-212.
31. McDougall 1995, zie noot 2. Een patiënte die tegen de zestig liep en, hoewel getrouwd geweest, nooit had kunnen vrijen, vertelde me dat ze een mannenonderbroek placht te dragen. Ze herkende dadelijk mijn vraag of ze soms nooit had willen beslissen of ze man of vrouw was, omdat ze liever beide tegelijk zou zijn.
32. B. Grunberger (1970), Outline for a study of narcissism in female sexuality, in *Female Sexuality*, ed. J. Chasseguet-Smirgel, Maresfield, London [1964], pp. 68-83.
33. L. Rotter (1934), Zur Psychologie der weiblichen Sexualität, *Internationale Zeitschrift für Psychoanalyse* 20, 367-374.
34. M. Klein (1973), Early stages of the Oedipus conflict and of super-ego formation, in *The Psycho-Analysis of Children*, The Hogarth Press, London [1928], pp. 179-209; J. Munder Ross (1990), The eye of the beholder. The developmental dialogue between fathers and daughters, in *New Dimensions in Adult Development*, eds. Robert A. Nemiroff & Calvin A. Colarusso, Basic Books, New York.

35. Chasseguet-Smirgel 1970, zie noot 23.
36. De transgenerationele transmissie van trauma's is vooral uit de tweedegeneratieproblematiek van kinderen van in de Tweede Wereldoorlog getraumatiseerde ouders bekend, maar veel ruimer van toepassing. Zie bijvoorbeeld A. Adelman (1995), Traumatic memory and the intergenerational transmission of holocaust narratives, *Psychoanalytic Study of the Child* 50, 343-367; I. Kogon (1995), *The Cry of Mute Children. A Psychoanalytic Perspective of the Second Generation of the Holocaust*, FA Books, London/New York.

Hoofdstuk 6

1. E.K. Dahl (1989), Daughters and mothers. Oedipal aspects of the witch-mother, *Psychoanalytic Study of the Child* 44, 267-280; idem (1995), Daughters and mothers. Aspects of the representational world during adolescence, *Psychoanalytic Study of the Child* 50, 187-204.
2. R.L. Tyson & P. Tyson (1990), *Psychoanalytic Theories of Development, and Integration*, Yale University Press, New Haven/London.
3. N. Friday (1977), *My Mother My Self*, Fontana Collins, Britain/USA; Ned. vert. (1978), *Mijn moeder en ik*, Helmond, Helmond; N. Chodorow (1978), *The Reproduction of Mothering. Psychoanalysis and the Sociology of Gender*, University of California Press, Berkeley; Ned. vert. (1980), *Waarom vrouwen moederen*, Sara, Amsterdam.
4. Sophie Freud (1988), *My Three Mothers and Other Passions*, New York University Press, New York/London.
5. M.M. Oliner (1982), The anal phase, in *Early Female Development. Current Psychoanalytic Views*, ed. Dale Mendell, MTP Press, Lancaster, pp. 24-59.
6. M. Torok (1970), The significance of penis envy in women, in J. Chasseguet-Smirgel, *Female Sexuality*, Maresfield, London [1964].
7. D.K. Silverman (1987), Female bonding. Some supportive findings for Melanie Klein's views, *Psychoanalytic Review* 74, 201-15.
8. D. Bernstein (1993), The female superego. A different perspective, in *Female Identity Conflict in Clinical Practice*, eds. Norbert Freedman & Betsy Distler, Jason Aronson, Northvale NJ/London, pp. 69-100; Tyson & Tyson 1990, zie noot 2.
9. Z.O. Fliegel (1986), Women's development in analytic theory.

Six decades of controversy, in Judith L. Alpert (ed.), *Psychoanalysis and Women. Contemporary Reappraisals*, The Analytic Press, Hillsdale NJ, pp. 3-32.
10. K. Horney (1967), On the genesis of the castration complex in women, in *Feminine Psychology*, Norton, New York [1924].
11. H.E. Lerner (1976), Parental mislabeling of female genitals as a determinant of penis envy and learning inhibitions in women, *Journal of the American Psycho-Analytic Association*, Supplement Female Psychology, 24, 269-83.
12. H. Deutsch (1944, 1945), *Psychology of Women* I & II, Grune & Stratton, New York; Ned. vert. (1951), *Psychologie van de vrouw*, I en II, Contact, Amsterdam/Antwerpen.
13. C. Sarnoff (1976), *Latency*, Jason Aronson, New York.
14. M. Shopper (1979), The rediscovery of the vagina and the importance of the menstrual tampon, in Max Sugar (ed.), *Female Adolescent Development*, Brunner/Mazel, New York.
15. L. Kaplan (1991), *Female Perversions*, Pandora Press, London; Ned. vert. (1991), *Vrouwelijke perversies. De verleiding van Emma Bovary*, Anthos, Baarn.
16. E. Young-Bruehl (ed.) (1990), *Freud on Women*, Norton & Company, New York/London.
17. D. Pines (1993), *A Woman's Unconscious Use of her Body*, Virago, London.
18. C. Merkelbach (1987), Vrouwen en agressie. Van zelfopoffering naar creativiteit, in H. Gerritsma e.a. (red.), *Van kwaad tot erger*, Boom, Meppel/Amsterdam; A. Schwartz (1986), Some notes on the development of female gender role identity, in Judith L. Alpert (ed.), *Psychoanalysis and Women. Contemporary Reappraisals*, The Analytic Press, Hillsdale NJ, pp. 57-82.
19. Zie onder 'rapprochement', in H. Stroeken (2000), *Nieuw psychoanalytisch woordenboek*, Boom, Amsterdam/Meppel.
20. J. Benjamin (1986), The alienation of desire. Women's masochism and ideal love, in Judith L. Alpert (ed.), *Psychoanalysis and Women. Contemporary Reappraisals*, The Analytic Press, Hillsdale NJ, pp. 113-138; idem (1988), *The Bonds of Love. Psychoanalysis, Feminism and the Problem of Domination*, Pantheon Books, New York; idem (1995), *Like Subjects, Love Objects. Essays on Recognition and Sexual Difference*, Yale University Press, New Haven.

21. Brief aan mijn psychoanalyticus (1996), *Tijdschrift voor Psychoanalyse* 3, 158-168.
22. E. Abelin (1971), The role of the father in the separation-individuation process, in *Separation-Individuation*, ed. J. B. McDevitt & C. F. Settlage, International Universities Press, New York, pp. 229-252.

Hoofdstuk 7

1. B. Pitt (1982), Depression and childbirth, in E.S. Paykel (ed.), *Handbook of Affective Disorders*, Churchill Livingstone, Edinburgh, pp. 361-378; I.F. Brockington, G. Winokur & C. Dean (1982), Puerperal psychosis, in I.F. Brockington & R. Kumar (eds.), *Motherhood and Mental Illness*, Academic Press, London, pp. 37-69.
2. E. Esquirol (1845), *Mental Maladies. A Treatise on Insanity*, vert. uit het Frans door E.K. Hunt, Lea & Blanchard, Philadelphia; J. Conolly (1846), Description and treatment of puerperal insanity, *Lancet*, March 28, 349-354.
3. D.W. Winnicott (1958), Primary maternal preoccupation [1956], in *Collected Papers*, Tavistock, London, pp. 300-306.
4. S. Fraiberg (1980), Clinical studies in infant mental health. The first year of life, Basic Books, New York; E.J. Anthony (1982), An overview of the effects of maternal depression on the infant and child, in H. Morrison (ed.), *Children of Depressed Parents. Risk, Identification and Intervention*, Grune & Stratton, New York.
5. D.W. Winnicott (1965), The relationship of a mother to her baby at the beginning, in *The Family and Individual Development*, Tavistock, London, pp. 15-20.

Hoofdstuk 8

1. E. Jacques (1981), The midlife crisis, in S.I. Greenspan & G.H. Pollock (eds.), *The Course of Life. Psychoanalytic Contributions towards Understanding Personality Development*, vol. III, *Adulthood and the Aging Process*, Mental Health Study Center, Adelphi MD, pp. 1-23; D.L. Gutmann (1981), Psychoanalysis and aging. A developmental view, in idem, pp. 81-100.

2. R. Formanek (1986), Learning the lines. Women's aging and self-esteem, in Judith L. Alpert (ed.), *Psychoanalysis and Women. Contemporary Reappraisals*, The Analytic Press, Hillsdale NJ, pp. 139-160.
3. D.L. Gutmann (1990), Psychological development and pathology in later adulthood, in Robert A. Nemiroff & Calvin A. Colarusso (eds.), *New Dimensions in Adult Development*, Basic Books, New York, pp. 170-185.
4. Meyers, H. (1989), The impact of teenage children on parents, in J.M. Oldham & R.S. Liebert (eds.), *The Middle Years. New Psychoanalytic Perspectives*, Yale University Press, New Haven/London, pp. 75-88.
5. L. Rubin (1979), *Women of a Certain Age. The Midlife Search for Self*, Harper & Row, New York; Ned. vert. (1980), *Vrouwen van zekere leeftijd*, Ambo, Baarn; G.H. Pollock (1981), Aging or aged. Development or pathology, in S.I. Greenspan & G.H. Pollock (eds.), *The Course of Life* III, zie noot 1; O. Kernberg, (1980), Normal narcissism in middle age, en Pathological narcissism in middle age, in *Internal World and External Reality. Object Relations Theory Applied*, Jason Aronson, New York/London, pp. 121-134 en pp. 135-154; O. Kernberg (1989), The interaction of middle age and character pathology, in J.M. Oldham & R.S. Liebert (eds.), *The Middle Years. New Psychoanalytic Perspectives*, Yale University Press, New Haven/London, pp. 209-223; E.L. Auchincloss & R. Michels (1989), The impact of middle age on ambitions and ideals, in idem, pp. 40-75; M. Kirkpatrick (1989), Lesbians. A different middle age, in idem, pp. 135-148; A.H. Modell (1989), Object relations theory. Psychic aliveness in the middle years, in idem, pp. 17-26; J. Oldham (1989), The third individuation. Middle aged children and their parents, in idem, pp. 89-104; P. Ornstein (1989), Self psychology. The fate of the nuclear self in the middle years, in idem, pp. 27-39; G.E. Vaillant (1989), The evolution of defense mechanisms during the middle years, in idem, pp. 58-72; M. Viederman (1989), Middle life as a period of mutative change, in idem, pp. 224-239; G. Greer (1991), *The Change. Women, Aging and the Menopause*, Hamish Hamilton, London; Ned. vert. (1992), *Overgang. Over vrouwen en ouder worden*, Meulenhoff, Amsterdam; G. Sheehy (1976), *Silent Passages*, Random, Houston/New York; Ned. vert. (1993), *Overgang. De menopauze: kwelling of rustpunt*, Bigot & Van Rossum, Baarn.

6. S. Freud (1913), Die Disposition zur Zwangsneurose, *Gesammelte Werke* 8; Ned. vert. (1985), De dispositie tot dwangneurose, KB 5, Boom, Meppel/Amsterdam [1913], pp. 147-164.
7. S. Freud (1933), Die Weiblichkeit, in Neue Vorlesungen zur Einführung in die Psychoanalyse, *Gesammelte Werke* 15; Ned. vert. (1990), De vrouwelijkheid. Colleges inleiding tot de psychoanalyse, nieuwe reeks, IP 3, Boom, Meppel/Amsterdam [1933], pp. 127-152.
8. T. Benedek (1950), Climacterium. A developmental phase, *Psychoanalytic Quarterly* 19, 1-27.
9. H.S. Kaplan (1990), Sex, intimacy and the aging process, *Journal of the American Academy of Psychoanalysis* 18, 185-205.
10. H.P. Hildebrand (1990), The other side of the wall. A psychoanalytic study of creativity in later life, in R.A. Nemiroff & C.A. Colarusso (eds.), *New Dimensions in Adult Development*, Basic Books, New York, pp. 467-486.
11. Gutmann, zie noot 3.
12. Meyers, zie noot 4; Oldham, zie noot 5; C.A. Colarusso & R.A. Nemiroff (1981), *Adult Development. A New Dimension in Psychodynamic Theory and Practice*, Plenum Press, New York/London.
13. S. Freud (1985), Over de vrouwelijke seksualiteit, KB 3, Boom, Meppel/Amsterdam [1931], pp. 121-146; S. Freud (1990), De vrouwelijkheid, zie noot 7.
14. W.R. Bion (1970), *Attention and Interpretation*, Maresfield, London.
15. H.C. Halberstadt-Freud (2002), *Mannen en moeders. De levenslange worsteling van zonen met hun moeders*, Van Gennep, Amsterdam.
16. P. King (1980), The life cycle as indicated by the nature of the transference in the psychoanalysis of the middle aged and elderly, *International Journal of Psycho-Analysis* 61, 153-60.
17. M. Klein (1975), A contribution to the psychogenesis of manic-depressive states, in *Love, Guilt and Reparation, and Other Works (1921-1945)*, The Hogarth Press, London [1935], pp. 262-289.
18. E. Young-Bruehl (1989), Looking for Anna Freud's mother, *Psychoanalytic Study of the Child* 44, 391-408.

1. J. Breuer & S. Freud (1895), *Studien über Hysterie*, Deuticke, Leipzig/Wien. De auteurs werden oorspronkelijk in deze volgorde genoemd, in latere Freud-edities is die omgekeerd.
2. DSM-IV (1994), *Diagnostic and Statistical Manual of Mental Disorders*, fourth edition, American Psychiatric Association, Washington DC.
3. I. Veith (1965), *The History of a Disease*, University of Chicago Press, Chicago.
4. S. Freud & J. Breuer (1993), Studies over hysterie, KB5, Boom, Meppel/Amsterdam [1895].
5. O. Kernberg (1975), *Borderline Conditions and Pathological Narcissism*, Jason Aronson, New York; idem (1976), *Object Relations Theory and Clinical Psychoanalysis*, Jason Aronson, New York.
6. A. Krohn 1978), *Hysteria, the Elusive Neurosis*, International Universities Press, New York; S. Mentzos (1993), *Hysterie. Zur Psychodynamik unbewußter Inszenierungen*, Fischer, Frankfurt am Main; M.J. Horowitz (ed.) (1977), *Hysterical Personality*, Jason Aronson, New York; idem (ed.) (1991), *Hysterical Personality Style and the Histrionic Personality Disorder*, Jason Aronson, Northvale NJ/London.
7. J.M. Charcot (1886), *Leçons sur les maladies du système nerveux*, Vol. 3. Paris. In het Duits vertaald door S. Freud, *Neue Vorlesungen über die Krankheiten des Nervensystems, insbesondere über Hysterie*, Toeplitz & Deuticke, Leipzig/Wien.
8. H.F. Ellenberger (1970), *The Discovery of the Unconscious. The History and Evolution of Dynamic Psychiatry*, Basic Books, New York; P. Gay (1988), *Freud. A Life for Our Time*, J.M. Dent & Sons, London/Melbourne; Ned. vert. (1989), *Sigmund Freud. Zijn leven en werk*, Tirion, Baarn; G. Gödde (1994), Charcot's neurologische Hysterietheorie. Vom Aufstieg und Niedergang eines wissenschaftlichen Paradigmas, *Lucifer-Amor, Zeitschrift zur Geschichte der Pychoanalyse. Geschichte der Hysterie* 7, 7-51.
9. S. Freud (1896), Weitere Bemerkungen über die Abwehrneuropsychosen, *Gesammelte Werke* I, pp. 377-405.
10. W. James (1890), *The Principles of Psychology*, Dover Publications, New York; Ellenberger, zie noot 8.
11. R. Le Coultre (1972), Splijting van het Ik als centraal neurose-

verschijnsel, in *Psychoanalytische thema's en variaties*, Van Loghum Slaterus, Deventer.

12. H.S. Decker (1991), *Freud, Dora, and Vienna 1900*, The Free Press, New York.

13. A. Hirschmüller (1989), *The Life and Work of Josef Breuer*, New York University Press, New York/London.

14. Zie Freud & Breuer [1893], hoofdstuk 4.

15. S. Freud (1980), Fragment van de analyse van een geval van hysterie (Dora), ZG2, Boom, Meppel/Amsterdam [1905a], pp. 17-158.

16. J. Kerr (1994), *A Most Dangerous Method. The Story of Jung, Freud and Sabina Spielrein*, Sinclair-Stevenson, London; H.C. Halberstadt-Freud, (1994) De vrouwengek in de psychoanalyse, NRC *Handelsblad*, 23 april, Boeken, p. 3.

17. Freud & Breuer, zie noot 4, p. 307.

18. E. Kris (1954), *The Origins of Psychoanalysis*, Basic Books, New York.

19. R.B. Blass & B. Simon (1992), Freud on his own mistakes. The role of seduction in the etiology of neurosis, in *Telling Facts. History and Narration in Psychoanalysis*, ed. J.H. Smith & H. Morris, John Hopkins University Press, Baltimore/London, pp. 161-183; idem (1994), The value of the historical perspective to contemporary psychoanalysis. Freud's 'seduction hypothesis', *International Journal of Psycho-Analysis* 75, 677-694.

20. H. Israëls (1993), *Het geval Freud*, Bert Bakker, Amsterdam; H.C. Halberstadt-Freud (1993), Het geval Israëls, *Vrij Nederland*, 8 mei, pp.90-91.

21. Revisionisten als J.F. Masson, de latere Alice Miller en de Nederlander Han Isräels hebben evenzeer ongelijk en zijn even reductionistisch en vooringenomen als de psychoanalytici die de mening aanhangen dat Freud de zogeheten verleidingstheorie plotseling verliet. De eersten beweren dat hij dit uit berekening deed, de tweeden dat dit uitsluitend op grond van de ontdekking van het Oedipuscomplex gebeurde. De historische gang van zaken in Freuds hoofd is echter gecompliceerder, genuanceerder en geleidelijker, zoals Blass en Simon in diverse artikelen – een fascinerend verslag van hun historisch onderzoek – uiteenzetten. Zij laten zien hoe Freud worstelt met zijn eigen wensen en projecties en de

wisselwerking daarvan met zijn wetenschappelijke argumenten.
22. J.M. Masson (ed.) (1985), *The Complete Letters of Sigmund Freud to Wilhelm Fliess, 1887-1904*, The Belknap Press of Harvard University Press, Cambridge MA/London, brief van mei 1897.
23. B. Simon (1991), Is the Oedipus complex still the cornerstone of Psychoanalysis? *Journal of the American Psycho-Analytic Association* 39, 641-668; B. Simon & R. Blass (1991), Developments and vicissitudes of Freud's ideas on the Oedipus complex, in *The Cambridge Companion to Freud*, ed. J. Neu, Cambridge University Press, Cambridge, pp. 161-174.
24. H.C. Halberstadt-Freud (2002), *Mannen en moeders. De levenslange worsteling van zonen met hun moeders*, Van Gennep, Amsterdam.
25. K.H. Blacker & J.P. Tupin (1977), Hysteria and hysterical structures. Developmental and social theories, in M.J. Horowitz (ed.), *Hysterical Personality*, Jason Aronson, New York, pp. 95-142; ook in M.J. Horowitz (ed.), *Hysterical Personality Style and the Histrionic Personality*, Jason Aronson, Northvale NJ/London 1991, pp. 15-66.
26. J.S. Grotstein (1992), Reflections on a century of Freud. Some paths not chosen, *British Journal of Psychotherapy* 9, 181-187.
27. W.R.D. Fairbairn (1954), Observations on the nature of hysteria, *Journal of Medical Psychology* 27, 105-125.
28. I. Brenner (1994), The dissociative character. A reconsideration of 'multiple personality', *Journal of the American Psycho-Analytic Association* 42, 819-846.
29. W. Stekel (1908), *Nervöse Angstzustände und ihre Behandlung*, Verlag Urban & Schwarzenberg, Berlin und Wien, 1908 (eerste Duitse uitgave, met een voorwoord van Sigmund Freud).
30. O. Fenichel (1946), *The Psychoanalytic Theory of Neurosis*, Routledge & Kegan, London (1955).
31. W. Reich (1961), *Character Analysis*, The Noonday Press, Farrar Straus & Cudahy, New York [1949].
32. L. Rangell (1959), The nature of conversion, *Journal of the American Psycho-Analytic Association* 7, 632-662.
33. J.O. Wisdom (1961), A methodological approach to the problem of hysteria, *International Journal of Psycho-Analysis* 42, 224-237.
34. E. Zetzel (1968), Contribution to a symposium on indications and contra-indications for psychoanalytic treatment. The so-called good hysteric, *International Journal of Psycho-Analysis* 49, 256-260.

35. E. Brenman (1985), Hysteria, *International Journal of Psycho-Analysis* 66, 423-432.
36. S.L. Gilman et al. (1993), *Hysteria beyond Freud*, University of California Press, Los Angeles/London.
37. P.C. Kuiper (1976), *De mens en zijn verhaal*, Athenaeum–Polak & Van Gennep, Amsterdam.
38. E. de Wind (1984), Some implications of former massive traumatization upon the actual analytic process, *International Journal of Psycho-Analysis* 65, 273-281.
39. B. Simon (1992), 'Incest – see under Oedipus complex'. The history of an error in psychoanalysis, *Journal of the American Psycho-Analytic Association* 40, 955-988.
40. A. Storr (1995), The myth of repressed memory. False memories and allegations of sexual abuse, *International Herald Tribune*, Jan. 23, 7.
41. E.F. Loftus (1993), The reality of repressed memories, *American Psychologist* 48, 518-537.
42. F. Crews (1993), The unknown Freud, *New York Review of Books*, Nov. 18, 61-66. Zie ook *New York Review of Books*, Feb. 3, 1994, 34-43, Dec. 1, 49-57 en Jan. 12, 1995, 42-47.
43. A. Miller (1981), *Du sollst nicht merken*, Suhrkamp, Frankfurt am Main; Ned. vert. (1983), *Gij zult niet merken*, Wereldvenster, Weesp.
44. J.M. Masson (1984), *The Assault on Truth. Freud's Suppression of the Seduction Theory*, Farrar, Straus & Giroux, New York.
45. S. Freud (1985), Hysterische fantasieën en hun relatie met de biseksualiteit, KB 2, Boom, Meppel/Amsterdam [1908], pp. 55-66; idem (1985), Enkele algemene opmerkingen over de hysterische aanval, KB 2, Boom, Meppel/Amsterdam [1909a], pp. 10-110.
46. D. Shapiro (1965), *Neurotic Styles*, Basic Books, New York.
47. E. Showalter (1997), *Hystories. Hysterical Epidemics and Modern Culture*, Columbia University Press/Picador, New York/London.
48. R. Wagner (1995), *Siegfried*, Reclam, Stuttgart.
49. J. Laplanche & J.-B. Pontalis (1973), *Vocabulaire de la psychanalyse*, PUF Paris; Eng. vert. (1988), *The Language of Psycho-Analysis*, Karnac, London.
50. S. van het Hof (1994) *Anorexia Nervosa. The Historical and Cultural Specificity. Fallacious theories and tenacious facts*, Swets & Zeitlinger, Lisse.